Thomas-Müntzer-Ehrung 1989
der Deutschen Demokratischen Republik

Staatliche Museen
zu Berlin

Dasein und Vision

Bürger und Bauern um 1500

Ausstellung
im Alten Museum
vom 8. Dezember 1989 bis
12. Februar 1990

Henschelverlag
Berlin 1989

Gesamtleitung:

Obermuseumsrat Prof. Dr. sc. Günter Schade
Leitung des Arbeitsstabes:
Obermuseumsrat Dr. Manfred Ohlsen
Wissenschaftliche Sekretäre: Dipl. phil. Paul Thiel,
Dr. Rainer Michaelis
Wissenschaftliche Arbeitsgruppe: Obermuseumsrat
Dr. Manfred Ohlsen (Konzeption und Leitung)
Obermuseumsrat Dr. Werner Schade (Stellv. Leiter)
Dipl. phil. Eugen Blume
Dr. Lore Börner
Dipl. phil. Frank Matthias Kammel
Dr. Rainer Michaelis
Dipl. phil. Paul Thiel
Dr. Angelika Wesenberg
Katalogredaktion: Helga Thamm
Konservatorische Betreuung:
Obermuseumsrat Georg Jakob
Technisch-organisatorische Mitwirkung:
Jörg Engelhardt, Heidi Zapke, Hans Pietsch
Ökonomie: Dipl. jur. Günter Reuter
Ausstellungsgestaltung und Aufbau:
DEWAG Schwerin: Marikka Friese,
Hans Jürgen Nurkeit, Michael Fischer

ISBN 3-362-00387-7

1. Auflage

Lizenz-Nr. 414.235/59/89
LSV-Nr. 8128
Printed in the German Democratic Republic
Gesamtherstellung: Grafische Werke Zwickau
625 988 6
02800

Inhalt

Zum Geleit

Mit der Ausstellung »Dasein und Vision. Bürger und Bauern um 1500«, die aus Anlaß der 500. Wiederkehr des Geburtstages von Thomas Müntzer von den Staatlichen Museen zu Berlin veranstaltet wird, ehrt die Deutsche Demokratische Republik das Andenken eines Mannes, der mit seinem Verständnis christlicher Lehren die Gesellschaft maß und zu verändern trachtete. Er gehört zu den großen Persönlichkeiten unseres Volkes. Mit seinem Namen verbinden sich die revolutionären Traditionen der deutschen Geschichte, die bis heute lebendig sind.

Die Thomas-Müntzer-Ehrung 1989 knüpft an die vorausgegangene Martin-Luther-Ehrung 1983 an und setzt damit eine wichtige Seite der Erbepflege unseres Landes fort.

Thomas Müntzer, geboren um 1489 in Stolberg, hingerichtet am Sonntag nach Himmelfahrt, am 27. Mai des Jahres 1525 im Lager der Fürsten zu Mühlhausen, war die profilierteste Persönlichkeit des äußersten linken Flügels der deutschen frühbürgerlichen Revolution, dessen Ziel es war, mit revolutionärer Gewalt eine radikale Umgestaltung der Gesellschaft zu erreichen. Sein Ausspruch »Die Gewalt soll gegeben werden dem gemeinen Volk« verlieh der Reformation Martin Luthers eine historisch neue Dimension: Aus der Revolution der Theologie wurde die Theologie der Revolution.

Die Ausstellung der Berliner Staatlichen Museen steht in einem engen kunst- und geistesgeschichtlichen Zusammenhang mit der im Jahre 1983 an gleicher Stelle gezeigten Ausstellung »Kunst der Reformationszeit«. Sie stellt in den Mittelpunkt dieser neuen Präsentation hervorragender Kunstwerke die Lebensumstände und visionären Vorstellungen von Bürgern und Bauern, die auch für das Wirken Thomas Müntzers bestimmend waren.

Ohne die großzügige Bereitschaft zahlreicher internationaler und nationaler Museen, Sammlungen, kirchlicher und privater Leihgeber wäre diese Ausstellung nicht realisierbar gewesen. Dafür ist allen Beteiligten Dank zu sagen.
Allen Besuchern der Ausstellung wünsche ich viel Freude, Genuß und neue Erkenntnisse.

Dr. Hans-Joachim Hoffmann
Minister für Kultur
der Deutschen Demokratischen Republik

Vorwort

Sechs Jahre sind vergangen, seit die Staatlichen Museen zu Berlin an gleichem Ort mit einer Ausstellung der 500. Wiederkehr des Geburtstages von Martin Luther gedachten. Die »Kunst der Reformationszeit«, so ihr Titel, war zugleich aber auch die Kunst der Epoche der frühbürgerlichen Revolution und der Zeit des Großen Deutschen Bauernkrieges.

Durch die 500. Wiederkehr des Geburtstages von Thomas Müntzer, die wir im Jahre 1989 festlich begehen, rükken jene Epoche und jene Kunst wieder in den Mittelpunkt unseres Interesses. Erneut zeigen die Staatlichen Museen in einer Sonderausstellung, diesmal unter dem Titel »Dasein und Vision. Bürger und Bauern um 1500«, im Alten Museum am Lustgarten eine in einzelne Themenkreise gegliederte repräsentative Auswahl von Kunstwerken aus dem späten 15. bis um die Mitte des 16. Jahrhunderts.

Während die »Kunst der Reformationszeit« dem Besucher einen umfangreichen Einblick in den tiefgreifenden sozialen, geistigen und kunsthistorischen Umwälzungsprozeß vermittelte, durch welchen die von Martin Luther ausgelöste und wesentlich getragene Reformation sowie deren Voraussetzungen und Nachwirkungen gekennzeichnet sind, konzentriert sich die Sonderausstellung zu Ehren Thomas Müntzers auf kultur- und kunstwissenschaftliche Schwerpunkte, die mit dem Leben und Alltag der Städtebürger und Bauern, der Bergknappen und Plebejer jenes Zeitraums eng verbunden sind. Ihre Sehnsüchte und Hoffnungen auf eine bessere Welt, auf einen neuen Himmel und auf eine neue Erde, lösten jene Umwälzung aus, die wir als frühbürgerliche Revolution bezeichnen und die in den Großen Deutschen Bauernkrieg mündete.

Die Ausstellung »Dasein und Vision. Bürger und Bauern um 1500« versucht dieser Entwicklung in fünf Abschnitten Rechnung zu tragen:

– Hinter den Mauern der Stadt
– Des Bauern Erdenleben
– Visionen vom anderen Sein
– Denn der Stein, vom Berge gerissen, ist groß geworden
– Bilder des Leids.

Von Thomas Müntzer gibt es, im Gegensatz zu Martin Luther, kein einziges zeitgenössisches und damit authentisches Porträt. Während wir über den Lebenslauf Martin Luthers, über dessen Eltern, (nahezu) lückenlos unterrichtet sind, sind wir bei Thomas Müntzer, bei dessen Herkunft, intellektuellem Werdegang und späterer Tätigkeit, oft nur auf Hypothesen angewiesen, und vieles ist Legende oder bereits von seinen Zeitgenossen inaugurierte Fälschung und Verleumdung. Nur spärlich fließen die sachlichen Quellen.

Das Datum seiner Geburt, wahrscheinlich um den 21. Dezember 1489, läßt sich nur rückwirkend in Kombination der ihn betreffenden Eintragung in die Matrikel der Leipziger Universität, dem ersten Datum seiner Biographie, erschließen.

Erst in den letzten vier Jahren seines Lebens, in denen sich seine revolutionäre Theologie herausbildete und zum Kampfprogramm in der Auseinandersetzung seiner Zeit wurde, sind auch die Konturen seiner Persönlichkeit sichtbarer und die Spur seines Wirkens deutlicher geworden.

Was für Thomas Müntzer gilt, das Hinaustreten aus dem Dunkel der Geschichte in das grelle Licht eines historischen Augenblicks von nur wenigen Jahren, gilt auch für die tragenden Kräfte der frühbürgerlichen Revolution, besonders für die Bauern, Handwerker, Bergknappen und Plebejer. Wenn auch die Kunst jener Zeit vielfach nur in indirekter Weise von ihnen berichtet, so reflektiert sie doch den großen gesellschaftlichen Umbruch und ihre Erwartungen auf eine neue Zeit. Diesem ehrenvollen Vermächtnis will auch die Ausstellung »Dasein und Vision. Bürger und Bauern um 1500« dienen.

Allen, die zum Gelingen dieser Ausstellung beigetragen haben, insbesondere den zahlreichen Leihgebern aus dem In- und Ausland, sei an dieser Stelle besonders herzlich gedankt.

Günter Schade
Generaldirektor
Staatliche Museen zu Berlin

Albrecht Dürer, Die vier Reiter aus der »Apokalypse«.
Holzschnitt. 1498 (Kat. C7)

Dasein und Vision

Der gewählte Titel »Dasein und Vision« für diese Ausstellung zur Kunst der Zeit unmittelbar vor und während der frühbürgerlichen Revolution in Deutschland bezieht sich auf zwei ihrer Grundthemen und bezeichnet sie mit zwei Begriffen, die von existentieller Bedeutung für menschliches Wirken und Streben sind und doch den notwendig zu machenden Unterschied zwischen dem Realen und Gedachten, dem Besitzen und Begehren, dem Erleben und Erhoffen nicht verwischen. Wenn auch das mit dem geistigen Auge, mit Phantasie und Erleuchtung gezeugte Vorstellbare nie frei sein kann von den Gefahren der Sinnestäuschung und der Illusion, waren Visionen als Ausdruck des Geistes und des Gefühls stets Wegbereiter und Begleiter zu einer neuen Realität.

Menschliches Leben ohne Visionen, Träume und Phantasien ist weder vorstellbar noch wünschenswert, ihm würde viel von seinem Sinn und damit seinem Wert fehlen. Bilden doch Wünsche, Hoffnungen und Erwartungen, individuelle und auf das Allgemeine bezogene, für das Menschengeschlecht eine entscheidende Motivation der Entwicklung.

Eine Welt oder ein jenseitiges Paradies in Schönheit und Glück, Frieden und Gerechtigkeit zu erträumen ist ein fester Bestandteil jahrtausendelanger Menschheitsgeschichte und hat die besten ihrer Vertreter zu bedeutenden Leistungen angeregt. Aber es waren nicht nur die glückverheißenden, verlockenden Visionen, sondern auch die, die Ängste hervorriefen, Bedrohungen und Gefahren suggerierten, die aufrüttelten und Abwehrkräfte entwickelten.

Auch den 95 Thesen Martin Luthers gegen den Ablaßhandel der Kirche lag Visionäres zugrunde – ein anderes Gottesverständnis zur Erlangung der göttlichen Gnade. Daß sie zu einem Fanal wurden für alle, die auf Veränderungen drängten, die sich gegen die weltliche und geistige Macht der Papstkirche, ihren Dogmatismus, ihre Erstarrung und Entartung wandten, für alle, die die Lasten des feudalen Ausbeutungssystems der Kirche und auch der weltlichen Herrschaften abschütteln wollten und eine bessere, gerechtere Welt erstrebten, war nicht absehbar gewesen. Die Rechtfertigung und die Legitimation für die sich dennoch daraus entwickelnde reformatorische Bewegung fand sich in der Bibel, die das Maß aller Dinge sein sollte. Sie wurde zur Vision eines gottgerechten Lebens auf Erden. An ihr mußten sich nunmehr die kirchliche und bald auch die weltliche Hierarchie messen lassen, ihre Rituale, ihre Herrschaftsmethoden und ihre weitgespannten Ansprüche an die Beherrschten.

Die Infragestellung des Bestehenden konnte sich auf Grund der langen Tradition religiösen Denkens, das alle Seiten und Formen des Zusammenlebens, der Erscheinungen der Natur und des Außerirdischen erklärt hatte, nur auf der Basis religiöser Wertvorstellungen vollziehen. Das Ernstnehmen religiöser Überzeugungen gipfelte schließlich darin, das zu verwirklichen, was als »göttliches Recht« verstanden wurde.

Bald zeigte sich jedoch bei der Auslegung der Bibel der Pluralismus der Interessen, nicht nur bei den Verteidigern der Papstkirche, sondern auch bei ihren Opponenten. Besonders entbrannte bei letzteren der Streit darum, wie das neue Dasein aussehen sollte und mit welchen Mitteln man es erreichen könnte. Sollte sich nur die Kirche reformieren, oder sollte sich nicht auch das alltägliche Dasein ändern? Sollte das alte Gesetz weiter herrschen oder die Gebote der Nächstenliebe und Gleichheit? Sollten die einen im Überfluß leben und die anderen der Armut überlassen bleiben?

Thomas Müntzer beantwortete diese Fragen aus seinem Verständnis der Bibel mit letzter Konsequenz für die Lastenträger der Gesellschaft, die Bauern und Plebejer, die unter der Armut und Unterdrückung am meisten zu leiden hatten. Über den Weg ihrer Befreiung führte für ihn der Weg zu einem neuen Zusammenleben auf Erden nach dem Willen Gottes; diesen Willen zu erfüllen sollte das Ziel jedes Christenmenschen sein. Im Gegensatz zu Luther erwartete Müntzer nicht viel von der weltlichen Obrigkeit. Während Luther hoffen durfte, von ihr Unterstützung gegen die Papstkirche und bei der Reformierung des kirchlichen Lebens zu bekommen, konnte Müntzer damit für seine Absichten nicht rechnen, auch wenn er Appelle an die Obrigkeit nicht unversucht ließ. Er vertraute bei der Erfüllung des Glaubensgebotes vielmehr auf die »Kinder Gottes«, die er bei den Armen zuerst zu finden hoffte.

Luthers Aufruf zur Selbstbestimmung in Religionsfragen hatte Dämme eingerissen. Eine Fülle von Fragestellungen und Forderungen drängte in der Folge an die Öffentlichkeit. In Streit- und Schmähschriften, in Beschwerdeartikeln und Programmen, in Versen, Liedern und Zeichnungen wurde gegen die von der kirchlichen und weltlichen Obrigkeit gehüteten Normen zu Felde gezogen. Kirchenkanzeln und Universitätskatheder verkündeten die neuen Ideen, in den

Holzschnitt aus Johann Lichtenberger »Weissagungen«. 1527

Rathäusern und Schenken, auf den Märkten und Dorfplätzen fanden sie nicht nur Widerhall, sondern sie wurden, gemessen an den eigenen Lebensumständen, zu konkreten Erwartungen manifestiert.

In dieser Krise gab es Verbitterung und Leidenschaft, Feindschaft und Haß. Doch die Natur des Menschen zeigte sich auch in spannungsgeladener Zeit facettenreich in Verzagtheit und Zuversicht, Hoffnung und Angst, Begeisterung und Lauheit, auch Dramatisches und Komödiantisches, Ernst und Frivolität, Tränen und Freuden gehörten dazu. Es ging darum, »daß sich nunmehr die Menschen in Spott und Schimpf, in Fluch und Gelächter von dem Alpdruck einer Zwangsherrschaft, der seelischen Nötigung und Einschüchterung befreiten, von der Knechtseligkeit und Untertänigkeit, die ihnen von den Herrschenden gepflanzt worden waren.«[1]

Wenn es auch wichtig genommen wurde, so hatte man dabei nicht allein das Seelenheil im Auge, sondern auch irdische Dinge, die aber nicht selten in den Kontext der Verwirklichung des »Gottesrechts« gestellt wurden. Der Zorn richtete sich gegen die übermäßige Bedrängung durch feudale Lasten und Abhängigkeiten, und es wuchs der Protest gegen die Rechtsverletzungen der kirchlichen und weltlichen Obrigkeit und ihre grausamen, willkürlichen Methoden der Herrschaftsausübung. Man forderte mit größerem Mut die Befriedigung elementarer Bedürfnisse, und die Gesetze sollten allein »menschlicher notdurft und nutzbarkeit« dienen. War es oft die blanke Not, die diese Forderungen diktierte, so war die massenhaft auftretende neue Haltung doch auch Ausdruck eines neuen Selbstbewußtseins, einer heranreifenden Mündigkeit, die den alten Zustand nicht mehr länger hinzunehmen gewillt war.

Die allgemeine Unzufriedenheit drückte sich in vielerlei Formen aus, in Unruhe, Zweifel und Auflehnung, Fronten standen sich gegenüber, Widerspruch traf auf Konformität, der neue Geist auf die Macht. Was sich da im Widerstreit artikulierte, war vielfältig und verwirrend. Heilserwartungen und Untergangsprophezeiungen waren gleichermaßen im Schwange. Erleuchtete, Weissager und Astrologen predigten kommende Gotteswunder oder Teufelswerk. Geprägt und geängstigt von Katastrophen wie Kriege, Seuchen, Dürre und Überschwemmungen, schenkten ihnen viele Menschen Glauben. Der Tod, täglich erlebbar und noch nicht in isolierte Bereiche abgedrängt, war ja ihr ständiger Begleiter. Willkür, Verfolgung und Tortur taten ein übriges und ließen kaum Gefühle von Sicherheit und Geborgenheit aufkommen.

Über allem aber stand für den einzelnen die Erlangung des Seelenheils und das Entgehen der Gefahr von Fegefeuer und ewiger Verdammnis. Befangen im Bewußtsein der eigenen Sündhaftigkeit und der Verderbtheit der Welt,

Nicolaus Hogenberg, Waldschlacht. Holzschnitt. 1522 (Kat. D 25)

meinte man, nur durch die strenge Beachtung der vom kirchlichen Dogma bestimmten Lebensregeln und durch Reue und Buße Gnade erlangen zu können. Glaubensnot und Gewissensqual gehörten daher zur Alltäglichkeit. Das Auftreten der neuen Bibelinterpreten und Reformatoren brachte so nicht nur Erleichterung, sondern auch neue Ängste und Fragen hervor. Konnte eine Fehlauslegung der Bibel nicht verhängnisvoll für das Seelenheil werden? War es bei dem Verständnis der Welt als Jammertal und Pilgerstraße sowie der Verderbtheit und Schuld der menschlichen Natur überhaupt richtig, dem Menschen das Erdenleben erleichtern zu wollen? Heißt es doch in einem Kirchenlied von Lazarus Spengler (1479–1534): »Der Mensch ist gottlos und verflucht, sein Heil ist auch noch ferne, der Trost bei einem Menschen sucht und nicht bei Gott dem Herren. Denn wer ihm will ein ander Ziel ohn diesen Tröster stekken, den mag gar bald des Teufels G'walt mit seiner List erschrecken.«

Die gesellschaftliche Krise war natürlich für viele Menschen auch eine ganz persönliche, den Sinn ihres Lebens berührende, hervorgerufen durch die Erstarrung und Entartung des Alten und die Unwägbarkeiten des Neuen. Sie betraf nachhaltig die Gesamtheit der Verhaltens-, Gefühls- und Einstellungsweisen, war wie jede Krise schmerzhaft und bedrängend, eine nur schwer erträgliche Situation, die nach Entscheidungen verlangte, um eine neue Sinngebung und Identität herbeizuführen. Diese Krise, die auch eine Glaubenskrise war, konnte aber nicht mit rationaler Analyse und Logik gelöst werden, auch wenn diese zur Interpretation der Bibel angewendet wurden, sondern nur durch eine neue Glaubensentscheidung.

Entscheidungen mußten nicht nur getroffen werden für oder gegen die bisherige Glaubensauffassung, sondern auch innerhalb der reformatorischen Bewegung. Hier war es vor allem der Konflikt zwischen den kirchenreformerischen Auffassungen Luthers und den darüber hinaus auf die Gesellschaft zielenden Bestrebungen Müntzers. Hatte er sich schon im Laufe der Ausbreitung der Reformation in den Städten gezeigt, wobei sich die gemäßigten Auffassungen Luthers weitgehend durchsetzten, so bekam dieser Konflikt mit dem Ausbruch des Bauernkrieges eine neue Dimension. In den Programmen der Bauern, und nicht nur in der von Müntzer stark beeinflußten thüringischen Bewegung, sondern unter anderen auch der südwestdeutschen Bauern, finden sich Forderungen, die, aus dem Evangelium abgeleitet, auf eine Einschränkung oder Aufhebung der Feudalordnung zielten. Zwar gab es zwischen der theoretischen Formulierung und der Ableitung praktischer Konsequenzen erhebliche Unterschiede in der sehr zersplittert vorgehenden bäuerlichen Bewegung, aber die auch die theoretische Diskussion stark beschäftigende Frage des Widerstandsrechts gegen eine Gottes Gebote verletzende Obrigkeit beantwortete sie eindeutig für sich durch die Tat.

Die Niederlage der Bauern entschied dann aber auch über das Schicksal der revolutionären Theologie Thomas Müntzers. Seine Vision von einem gerechten irdischen Reich für die »Kinder Gottes« tat die Obrigkeit nun als eine

Albrecht Dürer, Selbstbildnis als Akt. Zeichnung. Um 1505. Weimar, Kunstsammlungen

Lehre des »Aufruhrs« in Acht und Bann. Die menschlichen Hoffnungen auf Verwirklichung größerer gesellschaftlicher Gerechtigkeit ließen sich jedoch dadurch nicht aus der Welt schaffen und blieben Gegenstand der Bestrebungen und des Kampfes späterer Generationen.

Wie auch Luthers Glaubenswandlung und die Resonanz seines Auftretens nicht vorstellbar sind ohne die vorangegangenen Wandlungen innerhalb der Gesellschaft infolge der Stärkung des Bürgertums und seines neuen Selbstverständnisses, das sich besonders in den Ideen des Humanismus artikulierte, so ist auch die Kunst zur Zeit der frühbürgerlichen Revolution in Deutschland nicht denkbar ohne die bereits eingetretenen Wandlungen, insonderheit die von Italien ausgegangene Kunst der Renaissance. Sie hatte mit ihrem Rückgriff auf antike Vorbilder und ihrem Interesse an dem realen Menschenbild eine von christlichen Bildinhalten losgelöste Kunstszene geschaffen und auch eine Veränderung der religiösen Bildthemen im Sinne humanistischer bürgerlicher Anschauungen eingeleitet.

Bereits vor Luthers historisch so bedeutsamem Thesenanschlag wurden die kirchlichen Mißstände von seinen Zeitgenossen tief empfunden, und so waren auch die Künstler vorbereitet für die anstehenden Veränderungen, denen viele von ihnen ihr persönliches Engagement nicht versagten.

Albrecht Dürer, der überragende deutsche Maler, Kupferstecher und Holzschneider dieser Zeit, gestaltete bereits im Jahre 1498 mit seinem Apokalypse-Zyklus »die bildkünstlerische Utopie vom großen Anderswerden«[2], wie er sich auch in seinem gesamten Schaffen den Idealen des Humanismus verpflichtet fühlte. Lucas Cranach d. Ä., der prägnanteste Maler der Reformation, zeigte schon in seinen frühen Bildnissen den Menschen, der Sachlichkeit und Würde ausstrahlt und bei dem man die Fähigkeit zu Selbstbestimmung und geschichtlicher Tat spürt. Auch Albrecht Altdorfer, Hans Baldung Grien, Peter Breuer, Hans Burgkmair, Matthias Grünewald, Hans Holbein d. Ä., Wolf Huber, Anton Pilgram, Jörg Ratgeb, Tilman Riemenschneider und viele andere, deren Autorenschaft zum Teil nicht mehr zu ermitteln ist, gaben mit ihren Werken, geschaffen in der krisenhaften vorrevolutionären Zeit, der Kunst eine neue Aussage – die Botschaft vom Menschen.

Wirkt heute auf uns diese Sprache durch ihre Einbettung in religiöse Thematik oft verschlüsselt, so war sie doch den damaligen Zeitgenossen, die mit den religiösen Bildinhalten umzugehen gewohnt waren, verständlich. Wie die gesellschaftlichen Auseinandersetzungen in Wort und Schrift meist auf dem Boden der Religion ausgetragen wurden, so erfolgte auch in der Kunst die Zurückdrängung des kirchlichen Dogmas vorwiegend mittels der Neuinterpretation religiöser Thematik. Der humanistische Traum vom guten Menschen, der sich entwickelt, den Wissen und Moral auszeichnen, und von einer Welt, die besserungsfähig ist und Frieden wahren kann, zeigte sich gerade in der Wandlung der religiösen Bildsprache.

Da wurden im Bild kirchliche Hierarchien schon in vorreformatorischer Zeit abgebaut und noch älteres mystisches Gedankengut über die direkten Beziehungen des Gläubigen zu Gott sichtbar. Die Gesichter der Apostel, Heiligen und Stifter kennzeichnet nunmehr oft statt Entrücktheit und Hingabe irdische Gemessenheit, Redlichkeit und Verantwortungsbewußtsein, die Tugenden bürgerlichen Selbstverständnisses. Die Passionsbilder zeigen vielfach einen Christus, der unter furchtbaren Leiden eine beeindrukkende Menschlichkeit ausstrahlt, die die verantwortliche Obrigkeit bloßstellt. Und diese Obrigkeit und ihre Schergen sind nicht weltfern, sondern zeitgenössisch, lebensprall und erkennbar. Jeder der Zeitgenossen hatte sie so schon gesehen, richtend, folternd und tötend.

Ernst Ullmann belegt die sich im religiösen Bildmotiv offenbarende geistige Auseinandersetzung im Werk von Lucas Cranach d. Ä.: »›Die Austreibung der Wechsler‹ um 1510 verleiht dem Haß des Volkes gegen den Wucher Ausdruck und scheint den Kampf Luthers gegen den Ablaßhandel vorwegzunehmen. Die ›Zehn-Gebote-Tafel‹ (Wittenberg, Staatliche Lutherhalle) wird zur Darstellung bürgerlicher Moralgrundsätze. Der Holzschnitt ›Johannes der Täufer im Walde predigend‹ von 1516 beschwört die Vorstellung der sozial-religiösen Volksbewegungen herauf ...«[3] Viele Künstler dieser Zeit nutzten so die Möglichkeit, gewissermaßen gleichnishaft mit der Darstellung eines alten Themas auch Relevantes zur Gegenwart mitzuteilen. Ihre Werke verraten dabei viel von ihrem persönlichen Standpunkt, aber auch von dem, was die Betrachter ihrer Bilder als Zeitthemen bewegte.

Das neu entdeckte Interesse am Menschen, an seinem Äußeren, seinen Fähigkeiten und Eigenschaften, brachte die Porträtkunst zu hoher Blüte. Diese realistische Kunst macht uns mit vielen Gesichtern der damaligen Zeit vertraut und ermöglicht, da von Persönlichkeitsvorstellungen geprägt, einen leichteren Zugang zu dem historischen Geschehen. Welche großartigen Porträts hat diese Kunst hinterlassen, auch wieder herausragend ein Dürer und ein Cranach. Durch sie wissen wir, wie sie ausgesehen haben, die Akteure der einen und die der anderen Seite, die Kaiser, Päpste und Fürsten, Luther und Melanchthon, Hutten und Sickingen. Leider wissen wir es nicht von Müntzer, was deutlich macht, wie wichtig doch die Kenntnis des

Albrecht Dürer, Der Marktbauer und sein Weib. Kupferstich. 1519 (Kat. B 8)

Antlitzes von Persönlichkeiten der Geschichte ist. Das um so mehr, als die Porträtkunst nicht nur äußerliche Ähnlichkeit wiederzugeben suchte, sondern danach trachtete, die Individualität der Porträtierten zu erfassen und ein Charakterbild zu entwerfen. Die Kunst verrät viel davon, was die Maler und Zeichner in ihren Modellen sahen und was sich häufig als dauerhaft prägend erwies. Dabei wandten sie sich nicht nur den Herrschenden oder den Geistesgrößen zu, sondern sie fanden auch Interesse an den Männern und Frauen breiterer Volksschichten, insbesondere des Städtebürgertums. Kennzeichnend für die Kunst der vorreformatorischen Zeit ist jedoch auch ein gewachsenes Interesse an der bildlichen Darstellung arbeitender Menschen, so der Handwerker und Bergleute. Diese Bilder, vom humanistischen Menschenbild geprägt, stellen in der Regel die Vertreter der Arbeit mit Würde, Selbstbewußtsein, Fleiß und Begabung dar und verschweigen dabei nicht die Schwere der körperlichen Arbeit. Auch in den Bauerndarstellungen deutet sich ein Wandel von der immer noch vorherrschenden primitiven Charakterisierung zur Erfassung selbstbewußter bäuerlicher Eigenheit an, wie das Dürers Zeichnungen offenbaren.

Mit dem Interesse des Menschen an sich selbst wuchs seine Aufmerksamkeit für seine Umwelt. Dazu trugen zweifellos auch die geographischen Entdeckungen und die Anregungen durch die Wissenschaft bei. Die Entdeckerfreude an der eigenen Umwelt zeigte sich in der Kunst vor allem in der Beachtung der Landschaft, der Pflanzen und Tiere als neuer Sujets, die es um ihres eigenen ästhetischen Wertes willen verdienen, dargestellt zu werden. In Bezug auf Dürer bemerkt dazu Ernst Ullmann: Er »nimmt teil an der Entdeckung der Welt für den Menschen, weckt die Liebe zur Heimat und fördert damit das sich ausbildende Nationalgefühl ... Der Mensch fing an, die Natur zu beherrschen, und so wurde sie für ihn nun auch ästhetisch relevant.«[4]

Mit der Entfaltung der Reformation sahen sich die bildenden Künstler vor eine völlig neue gesellschaftliche und persönliche Situation gestellt, die ihr Schaffen in hohem Maße berührte. Im Kampf für oder gegen die Papstkirche waren sie einerseits aufgefordert zur Parteinahme und zum Eingreifen in die öffentliche Agitation, andererseits erfuhr das Hauptgebiet ihres bisherigen Schaffens, die Kunst für die Kirche, eine starke Einschränkung. Der Kampf gegen die Glaubensgrundsätze der alten Kirche mußte auch die Bewertung der Kunst betreffen, die in sie eingebunden war. In die Leugnung einer göttlichen Gnadenwirkung durch den Ablaß war auch das Stiften von Bildern für die Kirche einbezogen, das als eine dingliche Form des Gnadenkaufs und als Bereicherung der Kirche von reformatorischer Seite verurteilt wurde. Das und auch die Ablehnung des Bildes als Träger des bisher herrschenden kirchlichen Dogmas und als Gegenstand der Anbetung stürzte die kirchliche Kunst in eine Krise, die sowohl die bereits geschaffenen Werke, als auch das künftige Schaffen betraf.

Es konnte nicht ausbleiben, daß die religiöse Kunst zusammen mit der Papstkirche angeklagt wurde, mit dem Bil-

Benedikt Dreyer, Warnung vor den falschen Propheten. Kanzelrelief aus Zarrentin. 1533 (Kat. C 78.5)

derkult den wahren Glauben entstellt zu haben; denn trotz der Wandlung der Bildinhalte in der vorreformatorischen Zeit stand für die einsetzende reformatorische Volksbewegung das religiöse Bild nach wie vor im Dienste der alten Kirche. Zwar ist es zu Bilderstürmereien wie in Wittenberg nur vereinzelt gekommen, doch die Ablehnung der alten Kirchenbilder blieb ein reformatorischer Wesenszug, der in der Folge ihre weitgehende Entfernung aus den Kirchen bewirkte. Das Wort stand zu dieser Zeit höher im Kurs als das Kirchenbild, das so lange ein Gegenstand der Anbetung göttlicher Gegenwart gewesen war. In erster Linie durch das Wort wurde die neue Glaubensauffassung verkündet, die sich auf das Wort der Bibel berief, und man stützte sich darauf auch in der Bilderfrage. Es wäre so unverständlich nicht gewesen, wenn sich die Künstler, die im Bereich der Reformation lebten, wegen der Abwertung ihres bisherigen privilegierten Schaffens als Opfer öffentlicher Kunstfeindlichkeit gesehen hätten, zumal auch durch den Ausfall des Großteils ihrer Aufträge materielle Sorge aufkommen konnte. Doch die meisten von ihnen hatten auf Grund ihrer humanistischen Prägung längst die innere Distanz zu dem gewonnen, was die Auftraggeber eines Al-

Albrecht Dürer, Grablegung Christi aus der »Großen Passion«. Holzschnitt. Um 1498/1499 (Kat. E9)

tarbildes bezweckten; wie aus Dürers Worten hervorgeht, »müßt wahrlich ein unverständiger Mensch sein, der Gemäl, Holz oder Stein anbeten wöllt«.[5]

Die Künstler nahmen meist freudig Partei für die Reformation und später so mancher auch für die Sache der Bauern und Plebejer. Die Graphik, schnell und in großer Zahl produziert, wurde, oft verbunden mit einem Text, zu einem wichtigen Mittel der Auseinandersetzungen. Doch wäre es falsch anzunehmen, daß in den Jahren zwischen Reformation und Bauernkrieg nur einfache Agitationskunst entstand. In dieser Zeit ist unter dem Einfluß der reformatorischen Ideen durchaus künstlerisch Bedeutendes geschaffen worden, wenn wir beispielsweise an »Das letzte Abendmahl« von Jörg Ratgeb (1518/19) oder »Die Kreuzaufrichtung« von Jörg Breu d. Ä. (1524) denken.

Gleichzeitig wandelte sich die reformatorische Auffassung von kirchlicher Kunst. Luther, der ebenso wie Müntzer dem Bilderkult ablehnend gegenübergestanden hatte, die bilderstürmerische Radikalität eines Karlstadt aber nicht billigte, wollte auf das Bild als Träger reformatorischer Ideen letztlich nicht verzichten, nachdem die Porträtkunst nicht wenig zum schnellen Anwachsen der Popularität der Reformatoren beigetragen hatte. Unter Bevorzugung bestimmter biblischer Themen, wie der Erlösung durch die Kreuzigung Christi und der Sakramentsspende des Abendmahls, sowie einer der reformatorischen Theologie entsprechenden Darstellung traditioneller biblischer Themen entwikkelte sich eine neue kirchliche Kunst bei gleichzeitigem Fortbestehen der katholischen Kirchenkunst in den papsttreuen Landesteilen.

Verbunden mit der Ausprägung und Etablierung der reformatorischen Kunst vollzog sich jedoch auch die Wandlung ihrer Aufgabe. Vom Gegenstand der Heiligenverehrung und Wundergläubigkeit wurde sie nunmehr zum Mittel der Veranschaulichung reformatorischer Glaubensvorstellungen mit eindeutiger inhaltlicher Bestimmung und theologischer Zuordnung. Mit der Niederschlagung der Bauern und Plebejer und dem Ende der frühbürgerlichen Revolution war mit dem revolutionären auch das künstlerische Potential mit langzeitiger Auswirkung getroffen worden, was um die Mitte des 16. Jahrhunderts zu einem deutlichen Absinken des Niveaus der deutschen Kunst führte.

Die Ausstellung »Dasein und Vision. Bürger und Bauern um 1500« will zum einen – vorwiegend mit zeitgenössischen bildkünstlerischen Zeugnissen – Einblicke in die Lebensumstände und die Umwelt der beiden für die frühbürgerliche Revolution in Deutschland wichtigsten Klassen geben. Zum anderen will sie für die visionären Vorstellungen jener Zeit, die mit dem materiellen Sein verbunden waren, aber auch eine eigene geschichtliche Tradition hatten, Verständnis wecken und damit Thomas Müntzers Vorstellungswelt deutlicher werden lassen. Es hieße aber, an die Kunst falsche Ansprüche zu stellen, wollten wir in ihr ein getreues Abbild der Zeitvorgänge finden. Sie konnte und wollte weder alle Dimensionen des Daseins noch der Vorstellungswelt erfassen und vermag auch nicht allen Wünschen nach detaillierter bildlicher Information sowie geistiger und emotionaler Determination gerecht zu werden. Solche Anforderungen kann daher auch die Ausstellung nicht erfüllen.

Unter Beachtung, ja Achtung der Anschauungen und Gestaltungsmittel, die diese Kunst bestimmten und ihren kunsthistorischen Wert ausmachen, erleben wir durch sie dennoch viele Lebensumstände aus Stadt und Land. Wir sehen das Bild von Menschen, die sich ihrer Individualität auf neue Weise bewußt wurden, wir erfahren ihren Lebensraum – die vielgestaltige Topographie der Stadt, die Bescheidenheit des Dorfes und den Reiz der Landschaft. Menschliche Hoffnungen und Sehnsüchte können wir auch in den Werken der Endzeiterwartung erkennen. Sicherlich kann uns die bildliche Wiedergabe des heroischen Kampfes der Bauern nicht befriedigen. Nur allzu oft fehlt das Bild zum Ereignis und die vorhandenen, meist erst viel später geschaffenen, sind nur sehr unvollkommene Zeugnisse eines großen historischen Geschehens und geben nicht annähernd die Ausmaße der opferreichen Erhebungen wieder.

Als Sinnbilder für Verfolgung, Folter und Tod beklagen in der Ausstellung die Passionsbilder die Opfer des Bauernkrieges. Sie lassen sie nicht als sinnlos erscheinen, da sie für eine gerechte und den Opfern heilige Sache gebracht wurden.

Manfred Ohlsen

Umrisse des neuen Menschenbildes

Albrecht Dürer, Brustbild einer lächelnden Frau. Silberstiftzeichnung. 1503. Bremen, Kunsthalle (seit 1945 vermißt)

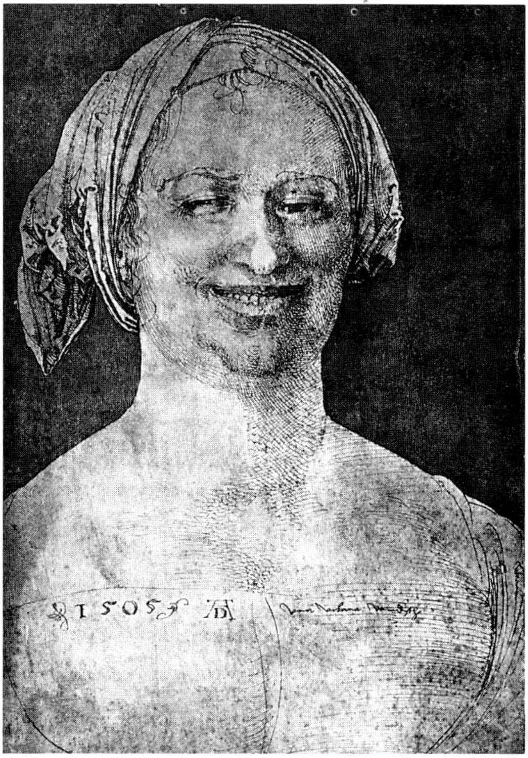

Albrecht Dürer, Windische Bäuerin. Federzeichnung. 1505. London, British Museum (Kat. B29)

Die Bilder und die Dinge leben in der Kunst um 1500 noch ungetrennt miteinander. Es herrschte die Überzeugung, daß Bilder der Wahrheit nahekommen, nicht nur durch äußerliche Übung, sondern durch innere Übereinstimmung. Nicht die Täuschung der Augen, sondern das Darstellungsvermögen des Künstlers gab dabei den Ausschlag. Dem reinen Darstellungsvermögen aber steht die Zeichnung näher als das Bild oder das Bildwerk. So ist erklärt, weshalb die nachdrücklichsten Errungenschaften auf dem Gebiet der Zeichnung erreicht wurden, nicht nur bei Dürer, Grünewald (Mathis Gothart) und Huber, sondern auch bei Leonardo, Michelangelo und Raffael.

Es war daneben auch möglich, das Ergebnis der Zeichnungen in Holzschnitten und Kupferstichen festzuhalten und damit, parallel zum Buchdruck, zur Ausbreitung der Bilder beizutragen. Vervielfältigung bedeutete aber auch die Herauslösung des Kunstwerkes aus seiner bisherigen Aufgabe als Einrichtungsgegenstand, es wurde vom Begleiter von Räumen zu einem Begleiter von Personen, fing in dieser Bedeutung mehr Persönliches ein und strahlte es auch wieder zurück. Den freien Bilddruck, den wir gewöhnt sind, gab es allerdings nicht, weshalb die gedruckten Bilder sich nur innerhalb der vom allgemeinen Gebrauch gesetzten Grenzen entfalten konnten. Sie besitzen daher selten die freien Züge, die man heute in ihnen sucht, zeigen in der Regel eher typisierende als charakterisierende Darstellungen. Zum allgemeinen Gebrauch aber gehörte eine verzerrte Vorstellung vom Bauern, jedenfalls nach unseren

Maßstäben. Nur die Satire auf die Bauern überliefern die Holzschnitte und Kupferstiche der Zeit. Der Stoff dazu war unerschöpflich. Im günstigsten Falle reizte der spröde Gegenstand zur Ausführung eines Kunststückes, wie bei den bekannten Kupferstichen von Dürer, einem Versuch in Rustika. Ruft man sich ins Gedächtnis, welche Möglichkeiten der eindeutigen Aussage Meistern wie Grünewald oder Dürer zur Verfügung standen, so ist auch das Ergebnis von Dürers Bauernkriegssäule aus heutiger Sicht eher ein befremdliches.

Die Würdigung des gemeinen Mannes wurde in Zeichnungen vollzogen, bei Dürer in den wunderbaren Darstellungen seiner Angehörigen, seines Vaters, des Bruders, der Braut und der Mutter. Es sind vor allem Darstellungen von Frauen, in denen Dürer gelassene Menschlichkeit erschließt. Die Bildnisse der Männer betreffen in jedem Fall eher Stand und Rang, sind stärker in das soziale Gefüge eingebunden. Die Aufgabe bei den Zeichnungen war in erster Linie Wahrheitsbewältigung, ein hochgestecktes Ziel, das Dürer bei einem frühen Versuch, dem Brustbild einer lächelnden Frau, ehemals in Bremen, noch nicht ganz erreichte. Kalligraphie überdeckt immer einen Mangel an sinnlicher Fülle, setzt Geläufigkeit an die Stelle von bewundernder Offenheit.

Dürer wird mehrmals Frauenköpfe mit dem Stift gezeichnet haben, wie jene kräftige, verschlossene Gestalt in Rotterdam, deren Darstellung in der Ausstellung zu sehen ist. Die Krone seiner Studien bildet die Büste jener namenlosen Frau, die er als una vilana wendisch, wenn nicht alles täuscht, zweimal mit der Feder gezeichnet hat, die bekannte Fassung in London, eine noch umstrittene auf Pergament in Privatbesitz. Die Bäuerin lacht. Diese seelische Offenheit genügte, Dürer zu fesseln – den Maler, der bei der Gemütsregung einer Standesperson, die er zu malen hatte, die völlige Beruhigung der Gesichtszüge abgewartet hätte!

Bedeutet in Luthers Sprache »ein wendischer Bauer« offenbar eine besonders bescheidene soziale Existenz, so dürfte sich Dürer hier wie ein Mann gefühlt haben, dem die Samariterin am Brunnen begegnet ist. Wiederholt hat sich diese Begegnung nicht, auch wenn Dürers ferneres Werk so ungewöhnlich warme Bildniszeichnungen wie die Mohrin Katharina in Florenz enthält. Zusammengefaßt, zu unüberbietbarer Höhe gebündelt, damit visionär gefaßt ist alle Erfahrung des Zeichnens nach der schlichten Figur in der Kohlezeichnung der Mutter Dürers von 1514. Dies ist natürlich nicht das Bildnis einer gewöhnlichen Frau. Es enthält das Eingeständnis einer Verwandlung, wenn der Sohn in Demut die letzte Erscheinung der Mutter festzuhalten wagte, die ihm seit der Kindheit in jüngerer Gestalt vertraut war. Dürer opferte das Bild seiner Erinnerung. Die besondere Anspannung half Bildhaftes zu entbinden, das gewöhnlich nicht hervortritt. In einer Art von Erschütterung, in der andere neue Erdteile mit den Händen ergriffen oder die Gnade Gottes zu erforschen suchten, fand Dürer die wahre Geschichte der Frau, die ihn geboren hatte.

Dürers Zeichnung steht allein. Über Grünewald (Mathis Gothart) haben Sympathie und Verwandtschaft nie eine derartige Gewalt besessen. Seine Köpfe brennen in einem gesteigerten Licht, seine Gestalten sind aus Wasser und Rauch, lösen sich vor den Augen des Betrachters in ungeheure Weiten auf – gemeint sind immer seelische Weiten. Hat man die Köpfe Dürers und Grünewalds in sich aufgenommen, so sind alle anderen Gegenstände erklärt: die Landschaften Hubers und Altdorfers, die Tiere und Pflanzen Dürers, Cranachs, der Holbeins. Zu wiederholen war das nicht. Die Nachahmung, die sich der Tierstudien und Pflanzendarstellungen Dürers in reichem Maße angenom-

Albrecht Dürer, Bildnis der Mutter.
Kohlezeichnung. 1514.
Berlin (West), Kupferstichkabinett

men hat, hat gerade ihre Unwiederholbarkeit bewiesen.[1] Die seelischen Möglichkeiten der Naturzeichnung und der Naturmalerei waren danach lange Zeit verschüttet. Das Bild der Zeit, das aus vielen Vorstößen zusammengesetzt ist, die zum größten Teil nicht miteinander verbunden, oft frei und in äußerster Ungebundenheit vorgetragen sind, bezieht sich auf die gemeinsame Grundlage.

Eine Zeitlang trugen das religiöse Fundament und der Brauch der Kirchenbilder noch die Kunst. Das Volk war mit der Religion verbunden. Seine Phantasie und sein Gewissen waren von ihr weitgehend ausgefüllt. Die besondere Wirksamkeit bestand darin, daß die Künste sich in dem Bereich breiter Öffentlichkeit vollzogen. Religion und Kultur lebten bis dahin noch nicht im Widerstreit. Luthers Wirk-

Albrecht Dürer, Christus am Kreuz. (Kat. A 112)
Gemälde auf Holz. 1508 (?).
Dresden, Staatliche Kunstsammlungen, Gemäldegalerie

samkeit bestand darin, daß er sich um eine Veränderung der Kirche bemühte, ohne die bestehende Ordnung in Frage zu stellen. Die Verhältnisse, gegen die sich Luther wandte, bewegten die Menschen überall in Europa, unabhängig davon, ob sie seiner Bibelübersetzung in die deutsche Sprache teilhaftig werden konnten oder nicht. Das Gewissen wurde von ihm nachhaltig berührt. Das konsequentere Vorgehen Müntzers oder Karlstadts gewann keinen dauernden Einfluß. Unter den verschiedenen Versuchen erwies sich der Luthers als der wirksame, weil er, mehr oder weniger bewußt, die Tragfähigkeit der Verhältnisse richtig beurteilte. Auch wenn er den Aufstand der Bauern scharf verurteilte, war er weit davon entfernt, die geschichtliche Berechtigung ihrer Forderung in Frage zu stellen.[2]

Zum ersten Mal umspannte das Gewissen der Zeit die gesamte Gesellschaft einschließlich der sozialen Schichten, die praktisch ohne Wortführer waren. Noch schärfer als bei Müntzer und Luther sprach das Gewissen bei Thomas Morus, der sich darüber empörte, daß die Schafe die Bauern seiner Heimat auffraßen.[3] Die Gestalten der Bauern und Handwerker, sah man sie auch noch in Verzerrung, waren nicht mehr zu ignorieren. Bezeichnend für diese Situation ist ein Initialen-Alphabet des Züricher Verlegers Froschauer, bei dem die einzelnen Buchstaben verschiedenen Gestalten der biblischen oder mythologischen Überlieferung zugeordnet sind, das A dem Anfang, verkörpert in Adam und Eva, das W dem Wilhelm Tell, das Z den Bauern bei der Feldarbeit.[4] Wieweit gerade das kleine Format die Möglichkeit bot, umstrittenes Gedankengut zu verstecken, zeigt das Beispiel des Bauernalphabets von Hans Holbein d. J., wo die brave Behaglichkeit Behamscher Bauern durch unzweideutige Derbheit in den Schatten gestellt wird. Auch eine repräsentative bürgerliche Darstellung wie der Augsburger Geschlechtertanz des Narziss Renner von 1522, Kriegsverlust des Berliner Kupferstichkabinetts, zeigt am Unterrand, aber innerhalb der Umzäunung, eine ansehnliche Gruppe »bofel folck«.[5]

Sicherlich lebt die deutsche Kunst dieser Zeit von der Ausfüllung rhetorischer Vereinbarungen. Da es die autonome Landschaftsdarstellung genaugenommen noch nicht gab, überrascht es nicht, bei dem Bahnbrecher der Landschaftszeichnung, dem Passauer Meister Wolfgang Huber, die Golgatha-Begründung zu finden. So steht am Anfang seiner Zeichnungen ein Seelen-Golgatha vom Jahre 1502, ein bescheidenes Blatt, das Grabgewölbe, Kreuz und aufgehende Sonne wie absichtslos zusammengestellt.[6] Über zwanzig Jahre später – die Stufe der Motivmontage ist endgültig überwunden – wird die Golgathalandschaft zu einem Frühlingssturm mit vollem Einsatz der Farben, die drei Kreuze erscheinen abgedrängt als Marginalie. Die klassische Kreuzigung erfährt sogar in der Malerei eine bedeutende Wendung, indem der Gekreuzigte von der Seite gesehen wird (Cranach, Gemälde in München 1503), was von der auf Maria bezogenen Kreuzigung herzuleiten ist (Dürer, Gemälde in Dresden um 1498), oder der Betrachter gerät in den Rücken der Todeszeugen (Altdorfer, Zeichnung in Braunschweig 1512). Dies sind nicht beliebige Umstellungen auf einer indifferenten Bühne. Die vertiefte Andacht tastet sich in unbekannte Bereiche vor.

Dem Vorurteil der hohen Geburt setzt das Zeitalter die Erkenntnis des wahren Lebens entgegen. Das klingt im Glücksbuch des Petrarca so: »Freude: Ich bin auff das Klärest gesporn. Vernunft: Du thore, klarheit sucht man nit in der gepurt, sondern im leben, unnd auch offt (das du dich verwundern wyrdest) im sterben.«[7] Die Erforschung des Sterbens greift zu dieser Zeit nur noch selten auf die ältere Form der »Kunst des Sterbens« zurück. Sie wählt den Augenblick des Kreuzestodes Christi als Gegenstand der Andacht, in dem Christus verloren über der Landschaft hängt. Der Augenblick der tiefsten Verlassenheit wird von Dürer als Abend über einer Landschaft mit Bäumen dargestellt – eine Gruppe von drei Birken wiederholt die Anordnung Christi zwischen Maria und Johannes. Der Aufblick, der im Augenblick der Einsamkeit Gott zu fassen sucht, wird zu einem wichtigen Motiv, das offenbar von den Regeln der Rhetorik nicht aufgefangen werden konnte und sich erst in den Darstellungen El Grecos, Rubens' und Renis entfaltete. Hier waren nicht nur die Grenzen zeitgenössischer Aufnahmefähigkeit erreicht, die Bilderfindung bereitet einem Teil des Publikums auch heute Schwierigkeiten, weil sie in scheinbar unbegreiflicher miniaturhafter Feinheit vorgetragen wurde. Das Auge wollte der Darstellung so nahe wie möglich folgen.

Dürers kleines Kruzifix geistert eine Weile durch eine Reihe von Cranach-Kreuzigungen mit dem bekennenden

Mathis Gothart, Aufsteigender.
Kreidezeichnung. Um 1511.
Berlin, Staatliche Museen, Kupferstichkabinett

Hauptmann.[8] Zur monumentalen Fassung des Todesmoments, wie sie wohl Michelangelo vorschwebte, kam es nicht. Bei Grünewald allerdings gelingt die Darstellung des Toten in überwältigender Verlassenheit, über der das Händepaar der Maria wie ein Vogelpaar im Fluge flattert.[9] Vorbereitet mag eine so extreme Fassung durch kleine graphische Blätter, wie Baldungs Kupferstich von 1509, gewesen sein,[10] bei dem die Beweinung auf das Nebeneinander von Maria und dem toten Christus verkürzt ist. Niemals war der Kreuzestod so eindringlich vor das Gewissen der Menschheit gestellt worden. In dieser Nähe verschwand der Unterschied des besonderen göttlichen Leids und des persönlichen Leids des einzelnen, der vor das Bild trat. Diese sehr nahe Auffassung vom Tod des Gottessohnes war ebenso von großer Frömmigkeit wie von starker Weltlichkeit. Keine Heiligenscheine halten mehr Abstand, das halb undeutliche Profil des Johannes, ein paar absurde Schildhalter, zwergenhaft im Vorweisen der bunten Wappenschilde, eine in ihrer Trauer schwächliche Magdalena am Rande und neben ihr, viel endgültiger, die Kanten von Kreuz- und Leiterhölzern begleiten den Toten.

Die Gestalt, in die man sich unter den Heiligen am liebsten und am ausführlichsten versetzte, war nicht Augustinus oder Paulus, sondern Hieronymus. Seine Gestalt der

Albrecht Altdorfer, Der heilige Hieronymus an der Mauer. Kupferstich. Um 1515 (Kat. C 27)

Lucas Cranach d.J., Bäuerliche Wächter aus einer Auferstehung Christi. 1545. Mansfeld, St.-Georgskirche

weltlichen Entsagung und des bildungsmäßigen Weitblicks war die Lieblingserscheinung unter den Heiligen, bis hin zu Dürers Hieronymus im Gehäuse. Hieronymus in diesem Augenblick der Begegnung war wohl die farbigste und menschlich anziehendste Persönlichkeit, vielleicht sogar, weil man ihn an Rang dem Augustinus oder Paulus nachstellen konnte. Dürer hat sich in ihn hineingefühlt, aber auch eine so für sich stehende Darstellung wie Altdorfers Kupferstich zeigt, welche inneren Möglichkeiten ausgeschöpft werden konnten. Eine prächtige Gestalt, der bei der Betrachtung der Schrift des Propheten Habakuk die Worte entfahren konnten: »Schön ist das gesagt: *Ich will aufsteigen*, denn immer steigt man hinauf zum Volk, das sich anschickt zum Kampf.«[11] Dürers Hieronymus zeigt nur die beschauliche Seite. Das Ausfahren und Ausschreiten (»Ich habe meine Zeit gehabt, ich bin gelaufen, soviel ich konnte«) wäre eine Aufgabe Grünewalds (Mathis Gotharts) gewesen. Altdorfer hat ihre Bedeutung geahnt, wie der Kupferstich des laufenden Hieronymus zeigt.

Darstellungen des gemeinen Mannes erscheinen am Rande kirchlicher Bilder, bei der Passion Christi oft in Gestalt der Häscher, Folterknechte und Wachleute am Grabe Christi, wie bei Cranachs Auferstehung Christi in der Georgskirche zu Mansfeld. Trägt eine dieser Assistenzfiguren individuelle Züge, so ist wohl auf ein Stifterbildnis zu schließen. Wenn Müntzer Christus, Maria, Joachim und David als die großen Gestalten nennt, die aus der Armut kamen, so hätte der Hinweis auf Lazarus, den armen Mann, den Christus zum Entsetzen der Reichen wieder zum Leben erweckte, nahegelegen. Sicher gab es Predigten und Bilder in diesem Sinne, aber eine größere Bedeutung erlangte die Gestalt des Lazarus nicht. Ihr fehlte es offenbar an eigener Kraft und Haltung. Die überwiegende Meinung scheint gewesen zu sein, daß man für sein Gewissen selbst zu streiten habe. Luther: »Es ist nichts Zartlicheres im Himmel und auf Erden und das weniger Schimpfs leiden kann denn das Gewissen. Man spricht, es sein ein zartlich Ding um ein Auge, aber das Gewissen ist noch viel zärtlicher und weicher.« Die Römerin Lukretia war eine der Heldinnen, die sich aus verletzter Tugend töteten, um das Zeichen für den Sturz einer tugendlosen Regierung zu geben. Das Bild der Lucretia war zu Beginn der Reformation ohne Zweifel ein Beispiel in diesem Sinne. Wir wissen zufällig aus einem Bericht des Inhabers der obersten Polizeigewalt in der Stadt Magdeburg, daß einem Magdeburger Buchhändler zusammen mit Druckschriften Luthers am 26. April 1523 eine Holztafel mit dem Bildnis des Reformators als Junker Jörg beschlagnahmt wurde, auf dessen Außenseite das »Bild der heiligen Lucretia« gemalt war,[12] sicher nicht nur, um das Bild des Dr. Luther zu verstecken, sondern aus inhaltlichen Gründen. So mögen sich in vielen Fällen die Bilder in ihrer Bedeutung gesteigert haben, weit über unsere Begriffe, denen Verkettungen oder Zusammenhänge undeutlich geworden sind.

Unsere Interpretation der Zeit ist in weitem Maße auf Marginalien angewiesen, die reichlicher erhalten sind als die Hauptstücke. Diese waren bei Wechsel der Gesinnung viel stärker der Zerstörung oder der Beschädigung ausgesetzt als die Holzschnitte in den Büchern. Dabei sind die Zeugnisse wichtiger Momente des Umbruchs von besonderem Interesse, weil in ihnen die Spannung der Situation unmittelbar zur künstlerischen Aufgabe wurde. Aus diesem Grunde kann das frühe Bildnis Luthers als Mönch alle späteren Bildnisse des Reformators überragen, nicht allein weil sein Gegenstand der junge scharfzüngige Mann ist, sondern weil sich in seiner Person die Hoffnungen der Mehrheit vereinigten wie später nicht mehr.

In den Kämpfen der Reformation und des Bauernkrieges vermochte sich das Bild des freien einfachen Menschen, dessen Umrisse schon Gestalt gewonnen hatten, nicht zu bestätigen. Es trat in den Hintergrund, ohne dem Gedächtnis der Menschheit ganz zu entgleiten. Vielleicht konnte sich seine Form noch eine Zeitlang der Achtung erfreuen. Viel schwerer war das Verständnis für die Kraft des inneren Antriebs zu bewahren, das unter der Niederlage der Bauern und unter den Niederlagen, denen die Reformation ihre Durchsetzung mitverdankte, leiden mußte. Viel schwerer als die handwerklichen Grundlagen waren die geistigen getroffen. Aber auch gefallene Bilder haben eine zähe Kraft.

Werner Schade

A

Hinter den Mauern der Stadt

Schlank ragende Kirchturmspitzen und mächtige, steile Dächer der Kirchenschiffe, hohe geschmückte Giebel von Bürgerhäusern und massige Speichergebäude, eingeschlossen von wehrhaften Mauern und dicken Tortürmen – das ist die Silhouette der spätmittelalterlichen Stadt, wie sie, geborgen im Landschaftshintergrund oder als Ambiente eines heilsgeschichtlichen Ereignisses, in zahlreichen Darstellungen auf Altartafeln überliefert ist. In diesem gebauten Lebensraum, der von einer vielfältig differenzierten Sozialgemeinschaft bewohnt wurde, vollzog sich das Zusammenleben und Wirken verschiedener Gruppen und Schichten der ständischen Gesellschaft, wurden soziale Konflikte ausgetragen, die, wie das städtische Leben überhaupt, eine vielgestaltige künstlerische Artikulation erfuhren. Patrizier und Kaufleute, Krämer und Handwerker, Säkularklerus und Ordensgeistliche zählten zu den Bewohnern der Stadt, Dienstboten und Knechte, Büttel und Spielleute, »öffentliche« Mädchen und andere sogenannte Unehrliche hausten hinter ihren Mauern und bevölkerten die Gassen. Scharen von »Habnits«, Armen und Bettlern stellten sowohl ein Massenphänomen wie eine soziale Konstante des spätmittelalterlichen Stadtorganismus dar. Das stetige Ringen städtischer Eliten mit den großen oder kleinen Zünften um die Ausübung beziehungsweise Gewichtung der regierenden Gewalt, um das Stadtregiment, kennzeichneten diesen ebenso wie der Kampf um die Durchsetzung der Interessen der einzelnen Fraktionen des Stadtbürgertums und die unterschiedlichsten Bemühungen kommunaler Führungsschichten um die Erhaltung des inneren Friedens als Voraussetzung für das Funktionieren des Gemeinwesens. Dies schließt die Bewältigung eines Unruhepotentials ein, das in den Massen der städtischen Unterschichten, die gegen 1500 etwa 50 Prozent der urbanen Bevölkerung ausmachten, allzumal existierte.

Die Stadt aber stellt gleichzeitig einen mit Bildern ausgezeichneten Lebensraum dar. Diese bildeten ein signifikantes Element urbanen Daseins, gestalteten es mit und spiegelten es wider. Wohl kaum einem Glied der spätmittelalterlichen Gesellschaft war es möglich, einen so intensiven Umgang mit bildkünstlerischen Äußerungen zu pflegen wie dem Stadtbewohner. Die Kirchen waren angefüllt mit Altären und Andachtsbildern, ihre Wände mit Malereien bedeckt. Die Portale gerahmt mit Bildwerken, trugen die Fassaden oftmals skulpturalen Schmuck. Öffentliche Profangebäude, vor allem die Rathäuser, waren mit ausführlichen Bildprogrammen versehen, Plätze mit plastisch gestalteten Brunnenanlagen geziert, Wohngebäude städtischer Oberschichten mit bildkünstlerischem Schmuck sichtbar als solche in der Stadtlandschaft markiert.

Auf den Märkten und vor Kirchenportalen bot man graphische Blätter und kleine Andachtsbilder feil, deren Preise wohl selbst den Mittelschichten gestatteten, Bilder zu erwerben und sie in ihrer privaten Sphäre zu benutzen. Korporationen, wie Bruderschaften, Gilden oder Zünfte, aber auch Familien und ebenso Einzelpersonen besorgten fromme Stiftungen von Werken, die sowohl in den allen zugänglichen Teilen des Kirchenraumes als auch in privaten Kapellen zur Aufstellung kamen. Die umfassende künstlerische Ausstattung der Sakralräume an der Wende zum 16. Jahrhundert erfährt wohl mit den modernen Begriffen »Bilderboom« oder »Bilderflut« eine annähernd adäquate Charakterisierung. Neben ihren Aufgaben der Glaubensvermittlung, der Repräsentation, des Schmuckes und des Opfers als Mittel der Heilsversicherung trugen die Kunstwerke immer auch den Charakter des Kommunikationsmittels, vermöge dessen visuelle Verständigung, soziale Kommunikation innerhalb der Stadtgemeinde funktionierten. Zugleich spiegelten sich in religiösen Inhalten und ästhetischen Formulierungen gesellschaftliche Lebenszusammenhänge, geltende Wert- und Normsysteme, Konflikte und Probleme, oft aber auch überraschende Entwürfe und Lösungsangebote. So ermöglicht das Eindringen in ästhetische Muster und Formulierungen bildkünstlerischer Äußerungen partiell das Aufdecken von Lebens- und Funktionszusammenhängen, ja von Grundfragen menschlichen Verhaltens und Grundwerten der spätmittelalterlichen Stadtgemeinde, der innerhalb des gesellschaftlichen und geistig-kulturellen Umbruchprozesses im zweiten und dritten Jahrzehnt des 16. Jahrhunderts eine entscheidende Rolle zukam. Die am Vorabend der Reformation zu verzeichnende Intensität des religiös-kirchlichen Lebens, das, gebunden an Frömmigkeitsformen, die stark mit dem Bild operierten, nicht als kunstimmanenter, sondern sozialhistorischer Vorgang gelesen werden muß, erweist sich somit als Prozeß vervielfachter Kommunikation, der unter anderem bislang nicht artikulierte Perspektiven, Erregungen und Hoffnungen großer Massen von Menschen, geradezu ganzer Bevölkerungsschichten – transformiert in bildliche Zeichen – reflektiert. Andererseits offenbart sich das existentielle Interesse an der Vermittlung von Heilstatsachen als Bestandteil der zeitgenössischen geistigen Ordnung, einem breit verwurzelten Bedürfnis nach neuartiger Vergegenwärtigung religiöser Inhalte entgegenkommend. Die visuelle Kommunikation nahm im Schnittpunkt energischer Widersprüche und der Vermittlung zwischen in ästhetischen Strukturen überhöhten politischen und geistigen Interessen einen neuen, dynamischen Charakter an.

Das faszinierende Phänomen der plötzlichen Hochblüte der Bildnismalerei allein gibt eine bezeichnende Sicht auf die gewachsenen Ansprüche gehobener Schichten der Stadtbevölkerung. Die bildhafte Manifestation des Individuums ist sowohl beredter Ausdruck bürgerlichen Repräsentationsdranges und Selbstbewußtseins als auch wachsender Selbsterkenntnis und -inszenierung.

Eine Fülle von Elementen aus den Wirklichkeitsbereichen von Handel und Verkehr, Handwerk und Gewerbe floß in vielfältiger Weise in die religiösen Darstellungen ein, die im Resultat ernsthafter künstlerischer Empirie ein Spannungsfeld zwischen Naturnähe und Idealisierung gestalteten. Visuelle Alltagserfahrungen wurden zu Umräumen verdichtet, in denen Heilige ihr nachvollziehbares Erdenleben verbringen und ihre Wunder wirken. Überraschende Einblicke in Werkstattinterieurs und in das Tätigkeitsfeld mittelalterlicher Handwerker zeigen auf zünftischen Altarstiftungen den Patron nicht selten demonstrativ in reicher Festtagskleidung, trotzdem aber mit den typischen Instrumenten des Gewerbes ausgestattet, und künden so vom gehobenen Status und dem Sozialprestige der Auftraggeber. Zudem reflektiert dieses religiös überhöhte »Arbeitspathos« die hohe Wertschätzung des Werkens im Gemeinwesen und das Wissen um seine grundlegende Bedeutung für die städtebürgerliche Existenz. Letztlich spiegeln selbst die zahllosen Darstellungen des gemeinen Mannes an Architekturgliedern mit tragender, also dienender Funktion die Beachtung des Dienstes in der und für die Gemeinschaft. In besonderer Weise fand gerade die Schilderung des um 1500 vor allem in Böhmen und Mitteldeutschland blühenden Erzbergbaus Eingang in Werke sakraler beziehungsweise liturgischer Bestimmung, die auf das Bewußtsein von dieser übergroßen, das gesellschaftliche Leben aktivierenden Reichtumsquelle gegründet waren.

Selbst das Dasein unterster Schichten, der Plebejer und Bettler, überliefern bildliche Zeugnisse, die zumeist in den Vitendarstellungen karitativer Heiliger anzutreffen sind, deren Kulte auf Grund des drastischen Elends und grassierender Seuchen im Spätmittelalter eine Aktivierung erfuhren. Solche erzählenden Bilder der Wohltätigkeit stellten eine immerwährende Aufforderung zum Nachvollzug dar und damit einen Versuch zur Lösung beziehungsweise Regulierung sozialer Probleme innerhalb der Stadtgemeinde. In vermittelter Form sind so Informationen über Sitten, Alltags- und Festkultur der Städter auf uns gekommen. Den Adressaten waren die Werke Verständigungsmuster und demonstrierten ihnen Normen gesellschaftlichen Zusammenlebens. Ebenso zeichenhaft formulierte Interessen, Ziele und Ansprüche des Stadtregiments begegnen dem Betrachter vor allem in den Ausstattungen und Fassadengestalten der Rathäuser, oftmals Bestrebungen des Führungsregimes offenbarend, die Stadt in eine entfaltete Heils- und Weltgeschichte einzubetten.

In der Stadt, die außerdem als geschlossener Sakralraum begriffen werden kann, entwickelten sich spezifische Formen volkstümlicher Frömmigkeit, die von den städtischen beziehungsweise kirchlichen Eliten geduldet oder akzeptiert wurden, die man aufgriff und gebrauchte, oder denen man mit ablehnender Distanz gegenübertrat. Zu diesem facettenreichen Bild zählt die fabulierende Annenverehrung ebenso wie die gewaltige Marienpropaganda, der Armeseelenkult wie das ekstatische Wallfahrtswesen. Im Spannungsfeld zwischen individueller Verinnerlichung und Intellektualisierung des Glaubens auf der einen, kollektiver Ekstase und spektakulärem Mirakelwesen auf der anderen Seite bot sich der Raum, eschatologische Ängste und Befürchtungen auszuleben, aber auch soziale und religiöse Unruhen und Aufbruchsbewegungen aufzufangen. Der radikale Umschwung in historisch kürzester Spanne von einer rauschhaften Bilderfrömmigkeit zu bedrohlichem Bildersturm gehört zu den aufregendsten Prozessen der Zeit.

Die Produzenten der Werke, die Bildhauer und -schnitzer, Maler, Stecher und Goldschmiede, deren Werkstätten in der Stadt angesiedelt waren, waren tief in die gesellschaftlichen Prozesse eingebunden und gestalteten mit ihren ästhetischen Formulierungen die bewegte Zeit entscheidend mit. Wenige bekannte Schicksale, wie das Tilman Riemenschneiders, der seinen aufrührerischen Ungehorsam gegen den Stadtherrn 1525 mit der Folter büßte, das Jörg Ratgebs, der nach der Niederschlagung der Bauernaufstände als einer ihrer Anführer gevierteilt wurde, das des Ulrich Creutz, der Kontakt zu Müntzer hatte, aber nahezu ausschließlich im Dienste des mitteldeutschen Adels arbeitete, das Holbeins, der Basel nach der Reformation verließ und nach England ging, oder das des Sohnes Peter Breuers, den Auftragsmangel zwang, den Beruf eines Bäckers zu ergreifen, stehen für die unzähligen namenlosen Künstler und ihre Entscheidungsmöglichkeiten und -zwänge in der Gesellschaft hinter den Mauern der Stadt.

F. K.

A 1 (Farbtafel)
Lucas Cranach d. Ä.
Bildnis des Hans Luther (um 1458–1530). 1527
Gemälde auf Rotbuchenholz. 38 × 25 cm
Eisenach, Wartburg-Stiftung,
Inv. M 70

Es handelt sich um den Vater Martin Luthers, der aus einer Bauernfamilie in Möhra (Kr. Bad Salzungen) stammte. Er entzog sich jedoch 1483 seiner »natürlichen« sozialen Sphäre und wurde in Eisleben Bergmann. Bereits 1484 hatte er als Hüttenmeister in Mansfeld zwei Schmelzöfen gepachtet, mit denen er sich offensichtlich einen ansehnlichen Wohlstand erwirtschaften konnte. Seit 1497 war Hans Luther sogar Ratsherr und seit 1520 Mitglied des Inneren Rates.

Das meisterlich gemalte Bildnis ist durch die postume Inschrift am oberen Tafelrand in den Rang eines Epitaph-Gemäldes gehoben worden (vgl. auch die Porträtzeichnung in der Wiener Albertina – Schade Taf. 116).

Gegenstück zum Bildnis der Margarethe Luther (A2).

Friedländer/Rosenberg (1932) S. 75 Nr. 253; Scheidig (1953) S. 100, S. 209 Bild 5; Koepplin/Falk (1974/1976) S. 690 Abb. 341, S. 693 Nr. 613; Schade (1974) S. 54, S. 384 Anm. 390, Taf. 117; Ullmann (1982) S. 50, Abb. 17; Noth (1985) S. 93, Taf. 62. R. Mi.

A2 (Farbtafel)
Lucas Cranach d. Ä.
Bildnis der Margarethe Luther (um 1463–1531). 1527
Gemälde auf Rotbuchenholz. 38 × 25 cm
Eisenach, Wartburg-Stiftung, Inv. M 69

Dargestellt ist die aus Eisenach stammende Mutter Martin Luthers.

Gegenstück zum Bildnis Hans Luthers (A1), vgl. auch dortige Bemerkungen.

Friedländer/Rosenberg (1932) S. 75 Nr. 254; Scheidig

A4

(1953) S.100, S.209 Bild 6; Koepplin/Falk (1974/1976) S.690 Abb.342, S.693 Nr.614; Schade (1974) S. 54, S.384 Anm.390, Taf.118; Noth (1985) S.93, Taf.63. R. Mi.

A3 (Farbtafel)
Meister aus dem Umkreis Cranachs
Bildnis eines jüngeren Mannes. Um 1510
Gemälde auf Holz. 27 × 19 cm
Zürich, Privatbesitz

Das bescheidene bürgerliche Bildnis scheint in der Verbindung plastischer und malerischer Elemente nicht so sehr an Burgkmair, wie bisher angenommen wurde, sondern an Cranach anzuknüpfen, etwa auf einer ähnlichen Stufe wie der von Cranach herkommende Hans Döring.
W. S.

A4 (Abbildung)
Werkstatt des Hans Gitschmann von Ropstein,
nach Hans Baldung Grien
Scheibe mit Darstellung des heiligen Georg. Um 1515
Farbglas, Schwarzlotmalerei. H. 29,5 cm, Br. 26 cm
Halle, Staatliche Galerie Moritzburg
Inv. 669

Für die Freiburger Kartause entwarf Hans Baldung, der seit 1512 in Freiburg am Hochaltar des Münsters arbeitete, achtzehn Fenster mit lebensgroßen Figuren. 1897 konnten fünf davon für das geplante Kaiser-Friedrich-Museum in Berlin erworben werden; 1945 wurden sie zerstört. Ein Hauptwerk unter ihnen war der heilige Georg mit dem kaiserlichen Wappenschild. Eine zweite, kleinere Ausführung zeigt nur die Büste des Georg, jedoch mit einer noch lebendigeren Charakterisierung des Kopfes und einer sehr differenzierten Auswisch- und Radiertechnik im Schwarzlotauftrag, so daß man eine Ausführung durch Hans von Ropstein persönlich, vielleicht als Modell, annehmen mag. Wie die anderen Figuren der Kartause auch, besaß der heilige Georg porträthafte Züge. Schmitz vermutete in ihm ein Abbild des Jacob Heimhofer, eines kaisertreuen breisgauischen Adligen.

Schmitz (1913) S.136f.; Hermans (1953) S.119ff.; Kunsthandwerk der Dürerzeit (1971) Abb.165; Jahn (1969) Abb.245. A. W.

A5
Nach Albrecht Dürers Gemälde von 1497
Bildnis der sog. Fürlegerin. Um 1600
Gemälde auf Lindenholz. 58,5 × 42,5 cm
Leipzig, Museum der bildenden Künste
Inv. 1708

Das »Bildnis einer Fürlegerin« gehörte über Jahrzehnte zu den umstrittensten Werken aus Dürers Frühzeit. Die Diskussion galt vorrangig der Eigenhändigkeit, Zusammengehörigkeit, Identifizierung und Provenienz des in mehreren Versionen existierenden Porträts. Heute läßt sich mit Sicherheit sagen, daß die beiden mit Wasserfarben auf Leinwand gemalten Exemplare, die das junge Mädchen einmal mit hochgestecktem geflochtenem, zum anderen mit offenem Haar zeigen (Staatliche Museen Preußischer Kulturbesitz Berlin-West, bzw. Frankfurt/Main, Städelsches Kunstinstitut) als die Originale anzusehen sind (ihre Provenienz ist lückenlos bis in die Sammlung des Grafen Arundel zurückzuverfolgen); die entsprechenden beiden Holztafeln in Leipzig und Augsburg gelten dagegen als Kopien aus der Zeit der Dürer-Renaissance um 1600. Ungeklärt bleibt weiterhin, ob Dürer dasselbe Modell in verschiedenen Posen dargestellt hat (Panofsky sah darin die Verkörperung der Voluptas – worauf die Liebessymbolkraft besitzenden Zweige von Eryngium und Abrotanum deuten könnten – und der Castitas).

Ungelöst bleibt ebenso die Frage der Identifizierung. Das Geschlechterbuch der Familie Fürleger, deren Wappen, einmal in der bürgerlichen, einmal in der klerikalen Form, auf den beiden Leinwandbildnissen angebracht sind, enthält keine Katharina, die 1497 18 Jahre alt war (dies die Inschrift auf dem Cartellino, die nur in der Leipziger Fassung zu entziffern ist). Gümbel wollte die Buchstaben auf der schwarzen Einfassung des Hemdes als K(ordul)A D(omina) D(e) W(olfsthal) auflösen; dieses aus einer der reichsten Nürnberger Familien stammende Mädchen heiratete am 19.6.1497 Anton Tucher. Neuerdings wird auch noch Katharina Frey, die Schwester von Dürers Frau Agnes, in Vorschlag gebracht.

Innerhalb seines Porträtwerks hat Dürer hier zum ersten Mal das auf Dirk Bouts zurückgehende Kompositionsschema des Ausblicks aus einem Fenster in die Landschaft verwendet. Gewand und Frisur der Porträtierten begegnen wir in frappierender Übereinstimmung wieder in einer um 1500 entstandenen Folge von Kostümzeichnungen Nürnberger Frauen, und zwar auf dem im Besitz der Baseler Öffentlichen Kunstsammlung befindlichen Blatt mit der Aufschrift »Also gand dy Junckfrawen zum dantz in Nörmerck«.

Gümbel (1928); Flechsig (1928) S.349ff.; Grossmann (1944) S.173ff.; Buchner (1953) S.151f.; Giesecke (1969) S.139ff.; Anzelewsky (1971) S.146/147, Abb.47; Panofsky (1977) S.54f., 408; Kat. Paintings (1978) S.142. S. H.

A6
Lucas Cranach d. Ä.
Bildnis eines jungen Mannes. Anfang 16. Jh.
Gemälde auf Holz. 20,4 × 14,7 cm
Krakau, Wawel-Museum
Inv. Dep. 356 (Dep. 11)

A7
Bartholomäus Bruyn
Zwei Tafeln mit der Darstellung von St. Peter
und St. Bartholomäus mit Stifterehepaar. 1. Hälfte 16. Jh.
Gemälde auf Holz. Je 26 × 80 cm
Krakau, Wawel-Museum, Inv. 1110/1111

A8
Christoph Amberger (?)
Bildnis eines Bürgers. 1. Hälfte 16. Jh.
Gemälde auf Holz. 38,5 × 28 cm
Krakau, Wawel-Museum, Inv. 1117

A 9 (Abbildung)
Anton Heusler
Bildnis des Nicolaus Seidel, Ratsverwandter zu Annaberg. Nach 1525
Gemälde auf Lindenholz. 53,2 × 35 cm
Nürnberg, Germanisches Nationalmuseum, Inv. Gm 225

Es wird sich hier um ein postumes (nach Seidels Tod entstandenes) Bildnis handeln.

Lutze/Wiegand (1936) Textbd. S. 67/68, Bildbd. Abb. 387.
R. Mi.

A 10 (Farbtafel)
Jacopo de' Barbari
Bildnis Albrechts von Brandenburg als Domherr. 1508
Gemälde auf Holz. 68,3 × 53,3 cm
Privatbesitz

Aus der strengen Frontalität ist das Gesicht aufblickend nach links gewandt. Cranach hat Großartigkeit in diesem Sinne vorgeschwebt, als er seinen Fürstenaltar (Dessau, FRR 20) malte, der zudem in der Farbigkeit des Italieners verankert ist. Albrecht stand zum Zeitpunkt des Bildnisses mit achtzehn Jahren an der Schwelle seiner großen Laufbahn, die zugleich ein Stück Aufstieg des Hauses Brandenburg bedeutete.

Koepplin/Falk Bd. I (1974) S. 56 Nr. 4. W. S.

A 11
Lucas Cranach d. Ä.
Bildnis einer Dame mit Apfel. 1527
Gemälde auf Eichenholz. 38 × 25 cm
Prag, Nationalgalerie, Inv. DO 18

Friedländer/Rosenberg (1932) S. 58 Nr. 150; Schade (1974) S. 55, S. 385 Anm. 408, S. 84, S. 388 Anm. 616, Abb. 132, S. 462 Nr. 132. R. Mi.

A 12 (Abbildung)
Hans Holbein d. Ä.
Bildnis der Frau eines Steinmetzen. Um 1505
Gemälde auf grundiertem Papier. 12,2 × 8,8 cm
Prag, Nationalgalerie, Inv. 38282

Dieses Bildnis folgt, wie Armin Kunz erkannt hat, einer gut überlieferten Silberstiftzeichnung in Berlin (West), Katalog der Zeichnungen, K. d. Z. 2575, die auch den Hinweis auf die Person enthält. Bereits diese Zeichnung ist in der Gegend von Hals und Wange mit dem Pinsel schraffierend übergangen. Die Mittel der Studie in Prag sind bei kaum verändertem Maßstab viel breiter und malerischer. In der Art, wie trotz der schwimmenden Formen das Kopftuch über der Stirn räumlich klar gefaßt ist, erweist sich das Blatt als eine eigenhändige Neufassung des Bildnisses. W. S.

A 13 (Farbtafel)
Wolfgang Huber
Brustbild einer Frau mit Barett. Um 1545 (?)
Rötel und Kreide über rot aquarelliertem Inkarnat, mit weißer Kreide gehöht (dem Umriß reichlich folgend ausgeschnitten). Auf der Rückseite Bruchstück vom Halbfigurenbildnis einer Frau mit zusammengelegten Händen. 231 × 214 mm
Wien, Albertina, Inv. 26164

Die Darstellung ist auf das Gesicht konzentriert, das wie mit Pastellstiften gearbeitet scheint. Die unruhig gesetzten Lichter erinnern an Hubers Handstudien in Dresden (Winzinger 152), die wohl gegen 1525/1530 entstanden sind (Gemälde, ehemals in Straßburg, Winzinger 300).

Winzinger (1979) S. 123 Nr. 122. W. S.

A 14
Wolfgang Huber
Brustbild eines Mannes. Um 1545
Kreide und Rötel auf vergilbtem Papier. 187 × 152 mm
Wien, Albertina, Inv. 26165

Die Zeichnung ist in kunstloser Frontalität scheinbar nachlässig gearbeitet: ein Hügel aus rundlichen Flecken, in den durch Augen, Nase und Mund überraschend klare Akzente gesetzt sind. Sicherlich handelt es sich um eine der seltenen ungeläuterten Naturaufnahmen im Werk Hubers, wie bereits Winzinger erkannt hat.

Benesch (1932) S. 17 f.; Winzinger (1979) S. 122 f. Nr. 121.
W. S.

A 15
Lucas Cranach d. Ä.
Bildnis der Margaretha von Savoyen. Um 1530
Gemälde auf Rotbuchenholz. 50 × 34,7 cm
Dessau, Schloß Georgium, Gal. Nr. 13

Cranach, der sich 1508 am Hof der Statthalterin Margaretha aufhielt, hat möglicherweise ihr Bildnis dort gezeichnet oder eines der Bildnisse der Zeit nach 1507, die sich in zahlreichen Fassungen erhalten haben, nach Sachsen gebracht (vgl. das Gemälde in Ambras Inv. 5615).

Die Redaktion der Formen entspricht Cranachs persönlichem Stil der Zeit um 1530 mit großen fließenden Linien und kraftvoll gerundeten Gesichtsformen. Deren wunderbarer Zusammenhang scheint den Bildern der Niederländer allerdings überlegen.

FR (1933) 258; FRR (1975) 321. W. S.

A 16 (Abbildung)
Ambrosius Holbein
Bildnis eines jungen Mädchens. 1516
Silberstift, Feder in Graubraun, Rötel, weiß gehöht. 191 × 138 mm
Dessau, Schloß Georgium, Inv. B IV/11

Friedländer (1914) Nr. 35; Schilling (1954) S. 27; Boerlin (1969) Nr. 104; Schade (1963) Nr. 135; Weltschätze (1985) Nr. 271.

A 17
Schweizer Meister
Bildnis eines jungen Mannes mit Barett. Um 1530
Bez. mit der später hinzugefügten Signatur H.
Silberstift, mit Feder und Pinsel in schwarzer Farbe übergangen (im Umriß ausgeschnitten). 235 × 210 mm
Dessau, Schloß Georgium, Inv. B IV-13

Friedländer (1914) Nr. 46.

A9

A 18
Meister AL
Bildnis des Herzogs Georg von Sachsen. 1535
Sign. u. dat. Kupferstich. 84 × 55 mm
Berlin, Staatliche Museen, Kupferstichkabinett
Inv. B-252

A 19
Meister AL
Bildnis des Herzogs Georg von Sachsen. 1536
Sign. mit dem Zeichen des Künstlers, rechts: AL, dahinter ein Blatt
Inschrift zwischen den beiden Wappen:
M:D. XXXVI
Kupferstich. 110 × 78 mm
Berlin, Staatliche Museen, Kupferstichkabinett
Inv. 763-143

Herzog Georg von Sachsen, ein entschiedener Gegner der Reformation, gehörte zu den Fürsten, deren Heere den Aufstand der Bauern niederschlugen. Sein Bildnis hat ein unbekannter Meister am Dresdener Hof in drei Stichfassungen geschaffen, wovon der kleine Stich von 1535 (vgl. Kat. A 18) allgemein bekannt ist, während der bei Brulliot I (1832) Nr. 299 beschriebene größere Stich von 1536 zu den Seltenheiten gehört.

Nagler (1893) S. 360 Nr. 797; Le Blanc (1854 ff.) II S. 502 Nr. 3 (»Laub«). W. S.

A 20
Bayerischer Meister
Büste eines jungendlichen Diakons. Ende 15. Jh.
Kalkstein. H. 38 cm
Berlin, Staatliche Museen, Skulpturensammlung
Inv. 7756

Demmler (1930) S. 256.

A 21 (Abbildung)
Fränkischer Meister
Heilige Elisabeth. Um 1500
Lindenholz. H. 79 cm
Magdeburg, Kloster Unser Lieben Frauen
Inv. Pl 208

Elisabeth, in die turbulenten Falten eines weiten Mantels gehüllt, trägt in der Linken Buch und Brotlaib. Über dem zerbrechlich wirkenden Hals und dem zierlichen Kopf erhebt sich eine mächtige Haube, die ihr das Aussehen einer stattlichen Bürgersfrau verleiht. Der freundliche, individuelle Charakter der Erscheinung ist sicherlich mit der Wirkungsabsicht des Bildes der bedeutenden Patronin kommunaler Armen- und Krankenfürsorge zu erklären.

Der unbekannte Meister muß die Skulptur der heiligen Elisabeth vom Münnerstädter Altar genau vor Augen gehabt haben, die Tilman Riemenschneider gegen 1492 geschaffen hatte. Die Vorbildhaftigkeit eben dieses Gestaltmusters läßt sich an der Drapierung des Gewandes ablesen. Noch deutlicher begegnet es in der Ausführung der Kopfpartie: Die Form der Haube mit dem über die Brust ge-

A 12

A 16

worfenen Sendeltuch ist von der Münnerstädter Elisabeth übernommen, dem Gesicht allerdings wurde trotz der Verwendung gleicher Gestaltungsmodi, wie den bemerkenswerten Schlitzaugen, ein völlig anderer, geradezu kecker Ausdruck verliehen.

Bildhauerkunst in Magdeburg, Magdeburg o.J. (1969) Abb. 72, 73. F.K.

A 22
Niederbayerischer Meister
Männlicher Heiliger. Um 1520
Pappelholz. H. 156 cm
Berlin, Staatliche Museen, Skulpturensammlung
Inv. F 119

Die unstimmige perspektivische Umsetzung des aufgeschlagenen Buches überrascht ebenso wie die interessante Gestaltung der Physiognomie des Heiligen. Ein geradezu zerknülltes Antlitz mit zerfurchter Stirn, ragendem Kinn, tiefer Kinngrube und lappig weichen Hautfalten verleiht dem Gesicht höchst individuelle und frappierend drastische Züge. Den Gläubigen in den Heilspersonen nicht idealisierte, sondern eindrückliche Charaktere gegenüberzustellen darf als Angebot einer Vermittlung von Heilstatsachen innerhalb einer veränderten gesellschaftlichen Wirklichkeit verstanden werden.

Die aus Gotteszell im Bayerischen Wald stammende Skulptur weist in den fließenden Bewegungen und im Faltenschema den Formenkanon des Donaustils auf. Zusammen mit einer heiligen Äbtissin (ehem. Sammlung Gumprecht, Berlin) schreibt Wolter den Heiligen einem Meister zu, der seine Werkstatt in Regensburg unterhalten haben mag. Figurenkomposition, Gewandmodellierung und auffällige Details, wie das geknickte linke Bein, das der Mantel wie eine dünne Folie bedeckt, sind Werken des Landshuter Bildschnitzers Hans Leinberger vergleichbar, zum Beispiel der Gottesmutter von St. Kassian in Regensburg. Dies läßt wohl den Schluß zu, hier der Schöpfung eines Bildschnitzers gegenüberzustehen, der, wie zahlreiche Meister im weitesten Umraum von Landshut, unter Leinbergers Einfluß geraten ist.

Wolter (1914) S. 69. F.K.

A 23/24 (Abbildung A 23)
Mitteldeutscher Meister
Zwei männliche Köpfe. Nach 1522
Lindenholz. H. jeweils 29 cm
Freiberg, Stadt- und Bergbaumuseum
Inv. 55/19 a und 55/19 b

Die beiden Flachreliefs stammen aus dem ehemaligen Zisterzienserkloster Altzella bei Nossen, dem 1540 säkularisierten Hausmonasterium der Wettiner. Das Kloster, eines der bedeutendsten obersächsischen Kunstzentren, war wohl Sitz einer Schnitzerwerkstatt. Vermutlich wurden die beiden Reliefköpfe von einem dort ansässigen Meister gearbeitet; der fragmentarisch erhaltene Denkmälerbestand läßt aber eine auf Vergleiche gestützte, sichere Aussage nicht zu.

A 21

A 23

Offensichtlich geht dem Kopf des jungen Bärtigen der Cranachsche Holzschnitt »Luther als Junker Jörg« von 1522 voraus. So liegt es nahe, auch für den Turbankopf, den eine besonders weiche, lappige Hautmodellierung auszeichnet, an eine graphische Vorlage zu denken. Der originale Funktionszusammenhang der Stücke bleibt bis heute rätselhaft. Naheliegend ist wohl eine profane Ikonographie. Eine spekulative Betrachtung könnte in ihnen Teile eines bildkünstlerischen Ausstattungsprogrammes des Saales der Klosterbibliothek sehen, die Abt Martin von Kochau, ein gelehrter Humanistenfreund, 1506 im Obergeschoß des Konversenhauses einrichten ließ, um den weitgerühmten Buchbestand angemessen unterzubringen.

Maedebach (1955) S. 7; Magirius (1962) S. 157. F. K.

Frühe deutsche Bildnismedaillen von Hans Schwarz und Matthes Gebel

In der Zeit des großen Umbruchs der gesellschaftlichen, ökonomischen, weltanschaulichen und künstlerischen Verhältnisse entstand mit der Bildnismedaille eine durch Humanisten und finanzkräftige Auftraggeber geförderte Kunstgattung, deren Blüte ähnlich wie in der Porträtmalerei und -graphik auf der Neubewertung des Individuums beruhte. Das kleinformatige Medaillenkunstwerk war geeignet, Aussehen und Wesen einer Persönlichkeit in ansprechender, aussagekräftiger und praktikabler Form festzuhalten und nicht nur das Eigenwertgefühl des Dargestellten zu bekräftigen, sondern ihm auch bei der Mit- und Nachwelt ein gutes Angedenken zu verschaffen.

Der Maler Antonio Pisano schuf vor 1440 in Italien als erster runde Porträtreliefs mit beziehungsreichen Rückseitenbildern und hatte damit die Medaille »erfunden«, die in seinem Lande bald auch durch viele andere Künstler verbreitet wurde. Obwohl diese Medaillen in Deutschland nicht unbekannt geblieben waren, dauerte es doch fast acht Jahrzehnte, bis sie auch hier ihre Meister fanden.

Es war Hans Schwarz, der die Medaillenkunst nördlich der Alpen, wenn nicht einführte, so doch binnen kurzem zu einem bekannten und begehrten Medium der Persönlichkeitsdarstellung machte. Er ist als erster deutscher Medailleur anzusehen, der außerhalb offizieller Münzstätten als freier Künstler arbeitete. Mit meist in Bronze gegossenen Reliefs kreierte er in der deutschen Porträtkunst Neues und Eigenständiges.

Hans Schwarz, 1492 geboren, entstammte einer angesehenen Augsburger Familie, ging in die Bildhauerlehre und legte einige in Holz geschnitzte Kleinplastiken vor, bevor er 1517 seine erste Medaille schuf, die den bekannten Augsburger Humanisten Konrad Peutinger darstellt. Der Reichstag zu Augsburg bot ihm 1518 die Gelegenheit, seine Art der Porträtwiedergabe bei den dort versammelten Fürsten, bei deren Gefolgsleuten und beim Bürgertum bekannt zu machen, wie die etwa 25 Medaillen aus diesem Jahr belegen. Mehrmals hielt sich Schwarz auch in Nürnberg auf, doch scheint er als wandernder Konterfetter unterwegs gewesen zu sein, denn aus den Medaillen ist u. a. auf Aufenthalte in Polen, Dänemark und Frankreich zu schließen, bevor sein Lebensweg sich im dunkeln verliert. Das Todesdatum ist unbekannt.

Künstlerischer Ausgangspunkt waren für Schwarz in Holz geschnittene Modelle, die den geplanten Medaillen in Größe und Form entsprachen. Seine Absicht war die in knappen, kräftigen Formen konzentrierte Wiedergabe des bestimmten Menschen, der durch Ausdruck, Haltung und auch modisches Beiwerk charakterisiert wird.

Nicht nur in Augsburg, sondern auch im reichen Nürnberg fand die deutsche Bildnismedaille lebhaftes Interesse. Seit Mitte der zwanziger Jahre des 16. Jahrhunderts war hier Matthes Gebel tätig, ein Meister, der den Goldschmiedestil in der Medaillenkunst entfaltete. Gebel ist von unbekanntem Herkommen, dürfte um 1500 geboren worden sein. Er erhielt 1523 das Nürnberger Bürgerrecht und lebte hier, abgesehen von einigen Kunstreisen, bis zu seinem Tode 1574. Die letzten Medaillen seines mit etwa 350 Stücken bekannten Werkes entstanden Mitte der vierziger Jahre. Er wird zwar Bildhauer genannt, muß aber in enger Verbindung zur Goldschmiedekunst gestanden haben, und so verwendete er wie die Goldschmiede für den Modellschnitt weichen Speckstein und schuf feine, kleinformatige, vielfach in Edelmetall gegossene Bildnisse von äußerster Akkuratesse. Mit minutiöser Sorgfalt ist allen Einzelheiten von Gesicht, Haar, Gestalt und Kleidung nachgegangen; die Schrift mit zierlichen Buchstabentypen und häufig ein feiner Laubrand vervollständigen das Porträtstück. Ungeklärt ist, ob die 1525/1526 entstandene Medaillengruppe (Kat. A 47—59), die durch einen schlanken, hohen Schrifttyp und einen eigenwillig gestalteten Brustabschnitt auffällt, zum Frühwerk von Matthes Gebel gehört oder einem unbekannten Meister zuzuschreiben ist, der sich in der Medaillenkunst jedoch nicht weiter verfolgen läßt.

In den Werken der beiden produktivsten Renaissancemedailleure Hans Schwarz und Matthes Gebel geben sich zwei sehr unterschiedliche Künstlertemperamente zu erkennen. Beide haben zur Verbreitung der neuen Kunstgattung in Deutschland beigetragen, stehen aber nur stellvertretend für die vielen anderen kreativen Meister, die der frühen deutschen Bildnismedaille nicht weniger zu Ansehen und Erfolg verholfen haben.

Alle Medaillen Berlin, Staatliche Museen, Münzkabinett

Hans Schwarz

A25
Bildnis des Konrad Peutinger (1465–1547, Augsburger Jurist und Stadtschreiber). 1517
Bronze, gegossen, einseitig. ∅ 88–89 mm
Habich I.1 Nr. 111.

A26
Bildnis des Pfalzgrafen Friedrich II. (1482–1556, 1508 Pfalzgraf, 1522 Reichsstatthalter Kaiser Karls V., 1544 Kurfürst). 1518
Bronze, gegossen, einseitig. ∅ 46 mm
Habich I.1 Nr. 115.

A27 (Abbildung)
Bildnis des Urban Labenwolf (1487–1554, Augsburger Rotschmied). 1518
Medaillenmodell, Holz, einseitig. ∅ 68 mm
Habich I.1 Nr. 121.

A27

A28
Bildnis des Matthäus Lang von Wellenburg, Erzbischof von Salzburg (1468–1540, aus bürgerlicher Augsburger Familie, 1511 Kardinal, 1519 Erzbischof von Salzburg). o. J.
Bronze, gegossen, einseitig. ∅ 70–75 mm
Habich I.1 Nr. 122.

A29
Bildnis des Hans Burgkmair (1473–1531, Maler in Augsburg). 1518
Bronze, gegossen, einseitig. ∅ 68 mm
Habich I.1 Nr. 127; Kat. Kunst der Reformationszeit (1983) C 49.1.

A30
Bildnis des Pfalzgrafen Heinrich, Bischof von Worms (1487–1552, 1518 Propst in Aachen, 1521 in Ellwangen, 1523 Administrator von Worms). 1518
Silber, teilvergoldet, gegossen, einseitig. ∅ 46 mm
Habich I.1 Nr. 148.

A31
Bildnis des Sebald Pfinzing (1487–1543, Nürnberger Ratsherr und Alter Bürgermeister, mehrfach als Gesandter der Stadt tätig). 1518
Bronze, gegossen. ∅ 47 mm
Habich I.1 Nr. 149; Kat. Nürnberg 1300–1550 (1986) Nr. 213.

A32
Bildnis des Georg von Elz (Landkomtur des Deutschritterordens im Elsaß und in Burgund, Vertreter des Hochmeisters auf dem Augsburger Reichstag 1518). o. J.
Bronze, gegossen, einseitig. ∅ 69 mm
Habich I.1 Nr. 144.

A33
Bildnis des Martin Tucher (1460–1528, Nürnberger Ratsherr und Alter Bürgermeister, Erbauer der Tucherhäuser). 1519
Medaillenmodell, Holz, einseitig. ∅ 58 mm
Habich I.1 Nr. 161.

A34
Bildnis des Ulrich Starck (1484–1549). 1519
Bronze, gegossen, einseitig. ∅ 68 mm
Habich I.1 Nr. 167.

A35
Bildnis des Melchior Pfinzing (1481–1535, 1512 Propst von St. Sebald in Nürnberg, 1517 von St. Alban in Mainz, Geheimsekretär Kaiser Maximilians, Mitautor des »Theuerdank«). 1519
Bronze, gegossen. ∅ 68 mm
Habich I.1 Nr. 174; Kat. Kunst der Reformationszeit (1983) C 48.4.

A39

A47

A36
Bildnis des Berthold Graf zu Henneberg (1493–1549). o. J.
Bronze, gegossen, einseitig. ∅ 55 mm
Habich I.1 Nr. 178.

A37
Bildnis des Eitel Friedrich Graf zu Hohenzollern (1495–1525, Heerführer Kaiser Karls V.). 1520
Bronze, gegossen. ∅ 58 mm
Habich I.1 Nr. 181.

A38
Bildnis des Lorenz Stayber (1485/1486–1539, Nürnberger Ratsmitglied, kaiserlicher Rat). 1519
Bronze, gegossen, einseitig. ∅ 47 mm
Habich I.1 Nr. 182.

A39 (Abbildung)
Bildnis des Andreas Imhof (1491–1579, Nürnberger Ratsmitglied und Alter Bürgermeister). 1519
Bronze, gegossen, einseitig. ∅ 52 mm
Habich I.1 Nr. 183.

A40
Bildnis der Ursula Imhof (1501–1525, Ursula Schlauderbacher, aus Nürnberger Bürgersfamilie, seit 1518 vermählt mit Andreas Imhof). 1518
Bronze, gegossen, einseitig. ∅ 53 mm
Habich I.1 Nr. 184.

A41
Bildnis der Ursula Pfinzing (vermählt 1519 mit Seifried Pfinzing, gestorben 1539). o. J.
Bronze, gegossen, einseitig. ∅ 55 mm
Habich I.1 Nr. 187.

A42
Bildnis des Friedrich Beham (1491–1533, 1518 Nürnberger Ratsmitglied, 1531 Alter Bürgermeister). 1519
Bronze, gegossen, einseitig. ∅ 58 mm
Habich I.1 Nr. 189.

A43
Bildnis der Felizitas Imhof (Tochter Willibald Pirckheimers, 1515 vermählt mit Hans Imhof, 1528 in zweiter Ehe mit Hans Kleeberger, gestorben 1530). o. J.
Bronze, gegossen, einseitig. ∅ 56 mm
Habich I.1 Nr. 190.

A44
Bildnis des Albrecht Dürer. 1520
Blei, einseitig. ∅ 56 mm
Habich I.1 Nr. 201; Kat. Kunst der Reformationszeit (1983) C 49.2; Nürnberg 1300–1550 (1986) Nr. 216.

A45
Bildnis des Pfalzgrafen Georg, Bischof von Speier (1486–1529, 1499 Dompropst zu Mainz, 1513 Bischof von Speier). 1520
Bronze, gegossen. ∅ 66 mm
Habich I.1 Nr. 214.

A46
Bildnis der Schwestern Magdalene Haunold und Margarete Tetzel (Töchter des in Nürnberg ansässigen Mathes Metel, Magdalene vermählt mit Sebastian Haunold, Margarete mit dem Nürnberger Patrizier Sigmund Tetzel). 1523
Bronze, gegossen. ∅ 56 mm
Habich I.1 Nr. 247 und 245 Anm.

Unbekannter Nürnberger Meister. 1525/26

A47 (Abbildung)
Bildnis des Wolf Ketzel (1472–1544,
Nürnberger Bürger). 1525
Bronze, gegossen, einseitig. ∅ 45 mm
Habich I.2 Nr. 905.

A48
Bildnis der Barbara Ketzel (1505–1540,
Tochter von Wolf Ketzel, unverheiratet gestorben,
obwohl hier mit Brautkranz dargestellt). 1525
Bronze, gegossen, einseitig. ∅ 50 mm
Habich I.2 Nr. 907; Nürnberg 1300–1550 (1986) Nr. 219.

A49
Bildnis des Markgrafen Casimir von Brandenburg-Ansbach
und der Gemahlin Susanna von Bayern. 1525
Silber, gegossen. ∅ 42 mm
Habich I.2 Nr. 910.

A50
Bildnis des Johann von Gutenberg (1454–1538,
Domdechant in Würzburg, Mitglied der Domkapitel
in Mainz und Bamberg). 1526
Bronze, gegossen, einseitig. ∅ 50–51 mm
Habich I.2 Nr. 920.

A51
Bildnis des Bernhard Baumgartner (1492–1549, seit
1519 im Nürnberger Rat, 1530 Alter Bürgermeister). 1526
Bronze, gegossen, und Silber, gegossen. ∅ 40 mm
Habich I.2 Nr. 927.

A52
Bildnis des Christof Fürer (1479–1537,
Nürnberger Patrizier). 1526
Silber, gegossen. ∅ 38 mm
Habich I.2 Nr. 928.

A53
Bildnis des Sebald Staiber (1484–1534, Nürnberger
Patrizier, seit 1509 Mitglied des Größeren Rates). 1526
Silber, gegossen. ∅ 39 mm
Habich I.2 Nr. 929.

A54
Bildnis des Georg Ketzel (1462–1533, reicher
Nürnberger Kaufherr). o.J.
Bronze, gegossen. ∅ 39 mm
Habich I.2 Nr. 930.

A55
Bildnis des Georg Koetzler (1497–1544/1545,
Nürnberger Ratsmitglied). 1526
Silber, gegossen. ∅ 40 mm
Habich I.2 Nr. 931.

A56
Bildnis des Clemens Volckamer (1495–1541,
Nürnberger Ratsherr, war 1530 Teilnehmer am Augsburger
Reichstag und Mitunterzeichner der Augsburger
Konfession). 1526
Bronze, gegossen. ∅ 38 mm
Habich I.2 Nr. 932.

A57
Bildnis des Hans Neukum (1495–1563, aus Lindau,
1525 Nürnberger Bürger und Ratsherr). 1526
Bronze, gegossen. ∅ 39,5 mm
Habich I.2 Nr. 938.

A58
Bildnis des Johann Geuder (1496–1557, Nürnberger
Ratsherr). 1526
Bronze, gegossen. ∅ 40 mm
Habich I.2 Nr. 941.

A59
Bildnis des Christoph Kress (1484–1535,
Nürnberger Bürger, 1525 Kriegsrat des
Schwäbischen Bundes gegen den Bauernaufstand,
1530 Deputierter Nürnbergs auf dem
Augsburger Reichstag, 1532 Oberster
Hauptmann Nürnbergs). 1526
Silber, gegossen. ∅ 39 mm
Habich I.2 Nr. 945; Nürnberg 1300–1550 (1986) Nr. 222.

Matthes Gebel

A60
Bildnis des Christoph Kress (siehe A59). 1526
Bronze, gegossen. ∅ 39,5 mm
Habich I.2 Nr. 957.

A61
Bildnis des Albrecht Dürer. 1527
Bronze, gegossen. ∅ 39 mm
Habich I.2 Nr. 959; Kunst der Reformationszeit
(1983) C 49.3; Nürnberg 1300–1550 (1986) Nr. 225.

A62
Bildnis des Albrecht Scheurl (1482–1531,
Nürnberger Ratsmitglied. In jungen Jahren
Probierer und Wardein in der sächsischen Münzstätte
Annaberg). 1527
Silber, gegossen. ∅ 40,5 mm
Habich I.2 Nr. 961.

A63
Bildnis des Hans Neukum (siehe A57). 1527
Silber, gegossen, schwach teilvergoldet. ∅ 20,5 mm
Habich I.2 Nr. 963.

A64
Bildnis des Georg Hermann (1491–1552, aus Kaufbeuren, heiratete eine Augsburgerin, stand in Diensten der Fugger, deren Bergwerk in Schwaz er leitete). 1527
Bronze, gegossen. ∅ 46 mm
Habich I.2 Nr. 964.

A65
Bildnis des Christoph Tetzel (Nürnberger Ratsherr, gestorben 1544). 1528
Silber, gegossen, vergoldet. ∅ 28 mm
Habich I.2 Nr. 972.

A66
Bildnis des Melchior Pfinzing (siehe A35). o. J.
Silber, gegossen. ∅ 27 mm
Habich I.2 Nr. 970.

A67

A67 (Abbildung)
Bildnis des Martin Geuder (1455–1532, Nürnberger Patrizier, verheiratet mit einer Schwester Willibald Pirckheimers). 1528
Bronze, gegossen. ∅ 36 mm
Habich I.2 Nr. 973; Nürnberg 1300–1550 (1986) Nr. 227.

A68
Bildnis des Jakob Heller (Nürnberger Bürger, gestorben 1542). 1529
Bronze, gegossen. ∅ 30 mm
Habich I.2 Nr. 988.

A69
Bildnis des Stephan Stainper (Stein- und Siegelschneider in Nürnberg, 1530 Goldschmiedemeister). 1529
Bronze, gegossen. ∅ 32 mm
Habich I.2 Nr. 990.

A70
Bildnis des Hieronymus Holzschuher (1469–1529, seit 1499 Nürnberger Ratsmitglied). 1529
Bronze, gegossen. ∅ 41,5 mm
Habich I.2 Nr. 993.

A71
Bildnis des Georg Hermann (siehe A64). 1529
Bronze, gegossen. ∅ 29 mm
Habich I.2 Nr. 1000.

A72
Bildnis des Georg Hermann (siehe A64). 1529
Bronze, gegossen. ∅ 39 mm
Für die beiden Medaillen von 1529 erhielt Matthes Gebel 16½ Gulden.
Habich I.2 Nr. 1001; Nürnberg 1300–1550 (1986) Nr. 228.

A73
Bildnis des Ludwig Holzschuher (Nürnberger Ratsmitglied, gestorben 1567). 1534
Medaillenmodell, Stein, einseitig. ∅ 30 mm
Habich I.2 Nr. 1104.

A74
Bildnis des Jakob Muffel (1509–1569, Nürnberger Patrizier, Ratsmitglied und Alter Bürgermeister). 1532
Medaillenmodell, Stein, einseitig. ∅ 40 mm
Habich I.2 Nr. 1074.

A75
Bildnis des Johann Fernberger von Egenberg und Sohn (aus Tiroler Adelsgeschlecht, im Dienste Kaiser Maximilians und oberster Sekretär König Ferdinands, gestorben 1553). 1532
Medaillenmodell, Stein, einseitig. ∅ 39 mm
Habich I.2 Nr. 1076.

A76
Bildnis des Hans Puchner (1502–1551, Messerschmied in Nürnberg). 1537
Medaillenmodell, Stein, einseitig. ∅ 39 mm
Habich I.2 Nr. 1147. L. B.

A77
Das Kuttenberger Bergrecht der Familie Dačický von Heslov. 1524
Gouache auf Pergament. 200 × 160 mm
Prag, Bibliothek des Nationalmuseums, Sign. I F 34

Illumination auf dem Vorsatzblatt: Der thronende König Wenzel II. verleiht einer Deputation von Bergleuten ihre Statuten; unten: Silbergewinnung.

Die Ikonographie des ganzseitigen figuralen Bildes zeigt in typisch spätgotischer deskriptiver Art die Gewinnung des Silbers und dessen nachträgliche Bearbeitung. Die Szene ist in der Komposition zersplittert, aber sehr anschaulich. Die detaillierten Zeichnungen haben didaktische Absicht. Die Landschaft mit Holzbauten und deren Einrichtungen sowie unterirdischen Stollen, im Querschnitt gezeichnet, beweisen die Milieukenntnis des Künstlers.

Schematisch ist auch der obere Teil des Bildes behandelt, wo ein Ereignis vom Ende des 13. Jahrhunderts geschildert wird: die Erteilung des Bergrechts von Kuttenberg durch König Wenzel II. Das Selbstbewußtsein des Kuttenberger Patriziats, dem bewußt war, daß die Stadt die Schatzkammer des ganzen Königreichs bildete, hat nicht nur in den Darstellungen der Bergbau- und Münzprägungstätigkeiten Ausdruck gefunden, sondern auch in der Schilderung des für die Geschichte der Stadt und ihren Reichtum entscheidenden Ereignisses.

Der Bergrechtssammelband knüpft ikonographisch an das Kuttenberger Graduale aus dem Jahre 1471 an, das sich in der Staatsbibliothek der ČSSR in Prag befindet, sowie an ein weiteres Kuttenberger Graduale aus der Zeit um 1490 in der Österreichischen Nationalbibliothek in Wien und an das heute vermißte Titelblatt, ausgeschnitten aus einem unbekannten Buch, das im Privatbesitz in Wien aufbewahrt wird.

Die Thematik des Bergbaus beschränkt sich aber nicht nur auf die Titelblätter. Im Wiener Graduale ist zum Beispiel eine Reihe von Bordüren-Szenen enthalten. Zwei solcher Darstellungen, als Zeichnungen ausgeführt, finden sich auch in unserem Sammelband.

Der Illuminator war ein kaum durchschnittlicher Handwerker. Chytil stellte fest, daß es sich nur um ein Abbild der großen Kuttenberger Gesangbücher handelt.

Chytil (1896) S. 56; Bartos (1926) S. 48, S. 226; Hoffmann (1971) S. 71. P. B.

A78

Sächsischer Maler, tätig 1. Hälfte 16. Jh.

Wachs Erzs Wachs auffem Marianpergk. 1539

Aus: Hans Rudhardt, Bergbüchel von den Berckstedten in Furstenthumben zu Sachßen

Doppelseitiges Aquarell. 200 × 400 mm

Halle, Universitäts- und Landesbibliothek

Wilsdorf (1987) Abb. 63.

A79

Hans Hesse

St.-Wolfgangsaltar. Um 1515

Gemälde auf Holz. Mitteltafel 110 × 88,5 cm; Flügel je 110 × 36 cm; Predella 28 × 106 cm

Buchholz (Annaberg-Buchholz), Kirchengemeinde St. Katharinen

Die Mitteltafel zeigt den heiligen Wolfgang, den man vor allem im Erzgebirge als Patron des Bergbaues verehrte. Sein Attribut, die Axt, wurde dafür zum Grubenbeil gewandelt. In der Landschaft des Hintergrundes (sie wird erstmals im Schaffen Hesses verwendet, und zwar als Heiligen-Ambiente) ist die Legende von der Auffindung des Erzes durch den Propheten Daniel bildkünstlerisch zitiert (vgl. Rülein von Calw, Ein Nutzlich Bergbüchleyn, Leipzig 1500). Auf der Predella ist das von zwei Engeln gehaltene Schweißtuch der heiligen Veronika dargestellt. Der linke Flügel zeigt eine Mondsichelmadonna (Offenbarung Johannis 12, 1–17), die Rückseite St. Petrus. Auf dem rechten Flügel wird St. Katharina geschildert, auf der Rückseite St. Paulus. Das Marterwerkzeug der heiligen Katharina, das Rad, wurde in Beziehung zum Schaufelrad gesetzt, um einen Anlaß für ihre Verehrung (unter den Bergleuten) zu erhalten. Die Bergstadt Buchholz bestimmte St. Katharina zur lokalen Schutzheiligen. Der Altar wird das Auftragswerk einer vornehmlich von Bergleuten gebildeten Wolfgangsbruderschaft gewesen sein.

Präzise Zeichnung und zurückhaltende, tonige Farbwerte kennzeichnen die Malerei. Hesse schuf hier ein Meisterwerk, das seine reife Schaffensphase (etwa 1517 bis 1524) einleitete.

Sandner (1983) S. 49 f., Abb. 35–40, S. 152 Nr. 8. R. Mi.

A80

Hans Weiditz

Bergbau. Um 1519/1520

Aus: Petrarca, Glücksbuch I, Kap. 54

Holzschnitt. 95 × 157 mm

Alle Beiträge von Hans Weiditz (Petrarca: Glücksbuch) sind folgenden Exemplaren entnommen:

Berlin, Museum für Deutsche Geschichte

Gotha, Forschungsbibliothek, Sign. Poes 4 417/3 Rara

Leipzig, Universitätsbibliothek

Weimar, Zentralbibliothek der Nationalen Forschungs- und Gedenkstätten der klassischen deutschen Literatur

Zwickau, Ratsschulbibliothek, Sign. 34. 1. 8

Dresden, Staatliche Kunstsammlungen, Kupferstich-Kabinett

Entgegen dem Text, der die Suche und den Abbau von Gold moralisch kritisiert – (»die Schätze, eine Anreizung böser Dinge die den höllischen Seelen ... zugewidmet, werden ausgegraben«) – bleibt die Darstellung bei der kenntnisreichen Schilderung der verschiedenen Arbeitsprozesse des Bergbaus.

Musper (1927) 116; Scheidig (1955) S. 105; Wilsdorf (1975) S. 103–174. E. B.

A81

Freiberger Meister

Bergmann. Um 1520

Holz, originale Fassung. H. 90 cm

Freiberg, Ev.-luth. Domgemeinde

Die Darstellung, die sicherlich innerhalb einer Stiftung der Bergknappenschaft entstand, gibt Zeugnis von Selbstbewußtsein und Selbstwertgefühl einer sozialen Schicht. Plastische Entschiedenheit, sicherer Bau und die bewußte Wahl einfacher und strenger Formen reflektieren die Mentalität und das gewünschte Erscheinungsbild der vermutlichen Auftraggeber.

Hentschel (1926) S. 39; Magirius (1977) S. 224. F. K.

A82

Jörg Breu d. Ä.

Frage an einen Münzmeister. Um 1530

Einblattholzschnitt, koloriert, mit typographischem Text

Sign. unter der 5. Textspalte rechts: Wolfgang Rösch, Formschneyder; als Drucker fraglich

Blattgr. 391 × 290 mm Gotha, Schloßmuseum, Inv. 39,43

Eine Bild-Text-Polemik gegen Münz-, Maß- und Gewichtsverfälschung, betrügerische Kaufleute und Ablaßhandel. Ganz rechts am Bildrand, und als solcher noch erkennbar, ein Narr, der auf die gesamte Szene hinweist.

Ein zweiter Zustand des Blattes in den Staatlichen Museen Preußischer Kulturbesitz, Berlin (West), Inv. 44–1909 (ehem. Slg. Schreiber), nicht koloriert, verschnitten.

Geisberg (1924ff.) 353; Meuche/Neumeister (1976) B 6.

P. Th.

A 83

Peter Flötner

Der zugrunde gerichtete Handwerker. Um 1535

Einblattholzschnitt, koloriert, mit typographischem Text. Drucker: Hans Guldenmund, Nürnberg (?)

Blattgr. 365 × 237 mm

Gotha, Schloßmuseum, Inv. 40, 47

Ein zerlumpter, mit den Insignien der Armut, der Krankheit und des unsteten Lebens versehener Handwerker (u. a. zerschlissene Zunftfahne mit Spatenblatt und Kothaufen, Klapper der Aussätzigen, Pilgerzeichen) sucht auf einem (nach rechts stürmenden) einhörnigen Eber, welcher allerdings im Text (Zeile 10) als »Sau« bezeichnet und damit in die Tradition der Schandbriefe verwiesen wird, mühsam Balance zu halten. Hinter ihm ein Teufel mit vier welken Brüsten, hochgehaltener Brille der Eitelkeit (?) und der Krücke Saturns (?). Unter dem eindrucksvollen »Sinnbild des Gegenglücks« (Schade [1983]) 37 Zeilen gereimter Text, in dem der Dargestellte sein Unglück beklagt. Eine unkolorierte und in Details abweichende Kopie nach dem Gothaer Exemplar in Erlangen, Universitätsbibliothek.

Geisberg (1924ff.) 828; Meuche/Neumeister (1976) B 10; Kunst der Reformationszeit (1983) C 54. P. Th.

A 84

Meister des Hederlein, tätig 2. Viertel 16. Jh. in Nürnberg

Das Schiff der verdorbenen Handwerksleut. Um 1535

Einblattholzschnitt, koloriert, mit typographischem Text (letzterer nicht vor 1545). Drucker: Hans Hofer, Augsburg. Blattgr. 397 × 280 mm

Gotha, Schloßmuseum, Inv. 39, 40

In einem Boot drängen sich die unterschiedlichsten, an ihren Attributen erkennbaren Handwerker. Im Hintergrund ein Boot mit weiteren Handwerksleuten, welche, die überlieferten Traditionen bereits verachtend, nur noch in den Tag hinein leben. Als Gleichnis dafür, daß es mit der Auflösung der Zünfte und dem einsetzenden Frühkapitalismus im ehrbaren Handwerk bergab geht, wandelt sich die ursprünglich christliche Symbolik des Schiffes zum profanen Sinnbild der Zeitläufe und der Gesellschaft. Einziges bisher nachgewiesenes Exemplar.

Geisberg (1924ff.) 104; Meuche/Neumeister (1976) B 46.

P. Th.

A 85

Anton Pilgram

Kanzelträger. Um 1490

Sandstein. H. 115 cm

Berlin, Staatliche Museen, Skulpturensammlung, Inv. 8580

Der aus der Stiftskirche zu Öhringen bei Heilbronn stammende Kanzelträger zählt zu den bedeutendsten Leistungen der spätgotischen deutschen Bildhauerkunst.

Wie die lokale Überlieferung belegt, wurde die Trägerfigur in nachmittelalterlicher Zeit als Darstellung eines »Bauernsimpel« mißverstanden. Gemeint war jedoch ein Steinmetz, der sich, mit der rechten Hand auf einen Werkstein gestützt, mit aller körperlichen Kraft und inneren Energie in den Dienst seines Werkes stellt: als Stütze der Kanzel, von der aus das Wort Gottes verkündet wurde. Diese bildhafte Darstellung der eigenen Rolle im Dienste des Kirchenbaus und damit zugleich im Dienste der christlichen Gemeinschaft offenbart das Selbstbewußtsein spätmittelalterlicher Werkleute.

Der Wecken im Wams und das Hufeisen am Rücken symbolisieren die elementare Lebenshoffnung auf täglich Brot und beständiges Glück.

Demmler (1938) S. 161–172; Troescher (1950) S. 141ff.; Oettinger (1951) S. 24ff., S. 105 Nr. 4; Maedebach, Bildwerke I (1958) Nr. 27; Koepf (1961) S. 45; Knoblauch (1970) S. 376–384, 417–422; Schubert (1987) S. 37–47. L. L.

A 86

Mitteldeutscher Bildhauer

Kniender Wappenhalter. Um 1510

Quarzsandstein. H. 31,5 cm

Berlin, Staatliche Museen, Skulpturensammlung

Inv. AE 400

Der kleine kniende Mann präsentiert das sächsische Stammwappen. Die subtilen Bildungen der Kopfpartie, der stilisierten Haartracht und des Gewandes überraschen ebenso wie die der Figur intendierte energische Spannung und ihr momentaner Ausdruck. Die Kleidung – gegürtetes Wams, enge Beinlinge und Stiefel – kennzeichnet die Gestalt als »gemeinen Mann«. So jedenfalls darf man sich den Habitus von Werkleuten vorstellen, wie ihn der Schöpfer der Skulptur, ein mitteldeutscher Steinmetz, wohl selbst besaß. Das Stück ist als Teil eines größeren bauplastischen Zusammenhangs von einem wohl in Magdeburg geschulten, später in Halle wirkenden Künstler geschaffen worden.

Kammel (FuB 29). F. K.

A 87

Unterfränkischer Meister

Heiliger Eligius. Anfang 16. Jh.

Lindenholz. H. 74 cm

Berlin, Staatliche Museen, Skulpturensammlung, Inv. 2706

Demmler (1930) S. 186; Gerstenberg (1932) S. 18; Fründt Bildwerke II (1972) Nr. 47; Deutsche Kunst der Dürerzeit (1971) Nr. 3.

A 88

Niedersächsische Werkstatt

Figurenknaggen. Um 1530

Eichenholz. H. 47 cm

Stade, Schwedenspeicher-Museum

A88.1

Die Knaggen, als Balkenstützen dienende kurze Kanthölzer am Fachwerkbau, stammen wahrscheinlich von der Fassade des Hauses Bungenstraße 1 in Stade. Die 20 erhaltenen Stücke des Figurenzyklus umfassen sowohl Bürger- und Landsknechtsdarstellungen, als auch solche von Propheten und die des Sündenfalls. Eingebeilte Zahlen in den meisten Knaggen sind wohl als Versatzmarken zu verstehen. Trotz der einfachen und stilisierten Formensprache der Gestalten beeindrucken Plastizität und spontaner Ausdruck.

Neben der architekturschmückenden Funktion muß die so gestaltete Bürgerhausfassade vor allem als Repräsentationsmuster verstanden werden, das den Sitz sozialer Ober- bzw. Führungsschichten in der Stadt visuell anzeigte. Das Bildprogramm, in dem sich Erfahrungsinhalte der alltäglichen städtischen Umwelt und Gedankengut der religiösen Sphäre durchdringen, ist bisher noch ungeklärt.

Stadt im Wandel (1985) Nr. 206.

A88.1 (Abbildung)
Dukatenkacker
Inv. 11003

Die städtisch – in Wams mit Halskrause, Barett und Kuhmaulschuhe – gekleidete Figur, die eine alltagssprachliche Wendung für merkantile Kapitalakkumulation visualisiert, läßt die Beinlinge herab, um in hockender Stellung ihrer gewinnbringenden Tätigkeit nachzugehen.

A88.2
Mann mit Schüssel
Inv. 11002

Der nach der eingebeilten Ziffer zugehörige, in ein bauschiges Wams Gekleidete fängt mit zugehaltener Nase den Segen des Dukatenkackers auf.

A88.3
Mönch
Inv. 11015

Soutane und übergroße Tonsur zeigen den geistlichen Stand des Dargestellten an. Der Buchbeutel mag Verweis auf die Verwaltung des Predigtamtes sein, das in den Städten vor allem von den Bettelorden intensiv ausgeübt wurde.

A88.4
Frau mit Henkelkanne
Inv. 11017

In langem weitem Kleid mit trichterförmigen Ärmeln und einer mit einer Schleife geknoteten Haube begegnet uns wohl eine Frau aus den städtischen Mittelschichten. Das mit Rand und Bügelgriff versehene Gefäß trägt sie geschultert an einem Stabe.

A88.5
Frau mit Henkelkorb
Inv. 11019

Das modisch lange, parallel gefältelte Gewand mit Schulterumhang und großem Kragen sowie die elegante Netzhaube stellen die weibliche Tracht wohlhabender Kreise der Stadtbevölkerung vor. Einen Korb am Arm, ist die Linke zur Rede erhoben. Die auch an anderen Knaggenfiguren zu verzeichnende Rede- und Zeigegestik läßt auf eine paarweise Anordnung der Gestalten schließen.

F. K.

A89
Nürnberger Goldschmied
Deckelbecher. Ende 15. Jh.
Silber, vergoldet. H. 41 cm
Leningrad, Staatliche Ermitage, Inv. 7293

Kunsthandwerk der Dürerzeit (1971) Abb. 30.

A90
Süddeutscher Meister (?)
Kleine Doppelscheuer. 2. Hälfte 15. Jh.
Jaspis, Steinschnitt in silbervergold. Fassung. H. 16 cm
Dresden, Staatliche Kunstsammlungen, Grünes Gewölbe
Inv. V 523

Das zierliche, mit spiralig drehenden Kanneluren geschnittene Doppelschälchen besteht aus dunkelrot-gelb und braun-gelb geflecktem Jaspis. Es fand vermutlich als Salzgefäß Verwendung. Die schlichte Blattzahnung an Fuß und Schalenrand verweist auf typische Einfassungen an Bergkristallgefäßen des 14. und 15. Jahrhunderts. Das obere Fußschälchen und die Einfassung des Jaspisknaufes sind spätere Ergänzungen.

Hahnloser/Brugger-Koch (1985) Nr. 398. J. K.

A 91
Schlesischer Meister (?)
Teller mit Darstellung der Verkündigung. Ende 15. Jh.
Zinn, gegossen, graviert und gepunzt. ∅ 37,7 cm
Berlin, Staatliche Museen, Kunstgewerbemuseum
Inv. 1969, 98

Kunsthandwerk der Dürerzeit (1971) Abb. 100.

A 92
Meister G. aus Löwenberg/Schlesien
Schleifkanne der Löwenberger Tuchknappen. Vor 1523
Zinn, gegossen, graviert. H. 63 cm
Wrocław, Nationalmuseum

Große Schleifkannen aus Zinn gehörten zum kostbaren Besitz reicher Zünfte; ihr Name beschreibt die Bewegungsart der gefüllten Gefäße auf dem Tisch. Sie stammen meist aus dem 16. und frühen 17. Jahrhundert, der Blütezeit des städtischen Handwerks. Eine besondere Gruppe bilden die zwischen 1480 und 1530 in Schlesien entstandenen, reich gravierten Kannen mit einem festen, nur wenig variierten ikonographischen Programm: Auf der zylindrischen, häufig facettierten Wandung sind der Gekreuzigte mit Maria und Johannes oder Maria mit dem Kinde neben Heiligen unter maßwerkgeschmückten Baldachinen dargestellt. Die Gravierungen lehnen sich eng an Kupferstiche des Meisters ES und Martin Schongauers an.

Hintze (1926) Nr. 825; Kunsthandwerk der Dürerzeit (1971) Nr. 106; Lehrs (1894) Sp. 242. A. W.

A 93
Meister aus Sagan/Schlesien
Schleifkanne der Laubaner Hufschmiede. Um 1520
Zinn, gegossen, graviert. H. 60 cm
Leipzig, Museum des Kunsthandwerks
Inv. 07.647

Die Gravierung zeigt unter maßwerkgeschmückten Baldachinen die Madonna mit fünf Heiligen: Eligius, Dorothea, Barbara, Katharina, Margarete.

Hintze (1926) Nr. 998; Hanisch (1961) Kat. 13; Kunsthandwerk im Grassimuseum (1978) Nr. 13. A. W.

A 94
Augsburger Meister (Kopie nach Albrecht Dürer)
Bildnis Jakobs II. Fugger (1459–1525). Spätes 16. Jh. (?)
Gemälde auf Lindenholz. 61 × 48 cm
Berlin, Staatliche Museen, Gemäldegalerie
Kat. Nr. 557

Der Dargestellte war der siebte Sohn des Stammvaters der Fugger von der Lilie und Begründers der gleichnamigen Handelsgesellschaft in Augsburg.

Auf seine Initiative hin beteiligte sich das Unternehmen auch am Silber- und Kupferbergbau, was dem Handelshaus auf diesem Gebiet eine Monopolstellung in Europa einbrachte.

Unser Bildnis ist eine Kopie des Leinwandgemäldes von Albrecht Dürer (um 1518), das sich heute in den Städti schen Kunstsammlungen der Staatsgalerie Augsburg (68 × 52 cm, Inv. 717) befindet. Einer Mitteilung F. Winklers, Berlin (1962) zufolge, könnte das Berliner Bild eine Arbeit des Georg Pencz sein, wahrscheinlicher ist aber ein Augsburger Anonymus.

Anzelewsky (1971) S. 250, Abb. 106. R. Mi.

A 95
Pieter Coecke van Aelst
Der Geldwechsler
Feder in Braun, laviert. 171 × 180 mm
Wien, Albertina
Inv. 7852, L. 174

Das Motiv des Geldwechslers ist uns aus der niederländischen Tradition seit Jan van Eyck vertraut, in der deutschen fehlt es. Die Anlage der Zeichnung ist betont bildparallel und übersichtlich. In flachem Relief wird eine Wiederbelebung von Dürers »Hieronymus im Gehäuse« angestrebt.

Benesch (1964) Nr. 132. W. S.

A 96
Hans Weiditz
Bauer und Ritter beim Wucherer. Um 1519/1520
Aus: Petrarca, Glücksbuch I, Kap. 56
Holzschnitt. 97 × 155 mm

Das Zusammentreffen von Bauer und Ritter beim Geldwechsler ist im Zusammenhang mit der erzieherischen Absicht des Buches ein kritischer Ausdruck des Aufgebens standesgemäßer Ordnung unter frühkapitalistischen Bedingungen. (Vgl. Narrenschiff, Wucher und Aufkauf, Leipzig 1986, Nr. 93)

Musper (1927) 118; Scheidig (1955) S. 107. E. B.

A 97
Hans Weiditz
Halle und Hof eines Großkaufmanns. Um 1519/1520
Aus: Petrarca, Glücksbuch II, Kap. 56
Holzschnitt. 142 × 154 mm

Um die Klage »von einem schweren Geschäft« zu illustrieren, montiert Weiditz das Gegenbild über den Kopf des Kaufmanns: freies unbeschwertes Schreiten durch die Landschaft.

Die Wiedergabe des Kaufmanns als »Studierenden« im Gewölbe erinnert an Darstellungen des Hieronymus im Gehäuse und ist offenbar eine Anspielung auf die nur dem Geschäft dienende Bildung der Kaufleute.

Musper (1927) 243; Scheidig (1955) S. 252. E. B.

A102

A98 (Farbtafel)
Bayerischer Meister
König aus einer Anbetung. Um 1520
Lindenholz, originale Fassung. H. 54 cm
Berlin, Staatliche Museen, Skulpturensammlung
Inv. 8168

Die kostbaren Gewänder des heiligen Königs erklären die Gestalt zum Glied einer Eliteformation der spätmittelalterlichen Gesellschaft. Der ärmellose Mantel, das reich geschlitzte, farbenprächtige Wams, Barett und Kinnbinde sowie der in Resten erhaltene lederne Stiefelschmuck gehören zur zeitgenössischen Gewandmode, die sowohl in aristokratischen Kreisen, als auch von Vertretern städtischer Führungsschichten getragen wurde. Die Faszination, die aristokratische Kultur auf die oberen Schichten des Bürgertums ausübte, führte zur Übernahme beziehungsweise Nachahmung und Vermischung von Verhaltensweisen und Erscheinungsmustern, die ein soziales Prestige durch Luxus signalisieren sollten.

So das Stück Teil eines in einer städtischen Kirche aufgestellten Bildwerkes war, läßt sich der mittels exklusiver Mode und zeremoniell gemessenem Bewegungsstil zur Schau gestellte normative Habitus als Identifikationsmuster wie auch als Reflex patrizischen Standesstolzes lesen.

Demmler (1930) S. 254. F. K.

A99
Ingolstädtisch
Schandbrief des Hans Paulsen Nauber (auch: Neuber).
Um 1500 (?)
Typographischer Text mit Siegel und aquarellierter Zeichnung mit Deckweiß.
Auf der Rückseite Text von unbek. Hand. 264 × 250 mm
Nürnberg, Germanisches Nationalmuseum, Inv. HB 2527

Schmäh- oder Schandbriefe (pictura famosa) finden sich vom hohen Mittelalter bis weit in das 17. Jahrhundert. Sie wurden oft als letztes Druckmittel privat zugestellt oder an öffentlichen Orten (z. B. Türen von Kirchen, Rathäusern, Bordellen, am Pranger) angeschlagen, wenn ein zumeist aus dem Adel, dem höheren Klerus etc. stammender Schuldner seinen finanziellen Verpflichtungen trotz mehrfacher Mahnung nicht nachkommen konnte. Damit verbunden war das sog. Einlager, auch Leistung oder Einreiten genannt. Darunter verstand man die Kosten, die dem Schuldner zusätzlich dadurch entstanden, daß man sich im Falle seiner Insolvenz an die von ihm gestellten Bürgen hielt und diese bis zur Begleichung der Schuld in einer vom Gläubiger benannten Stadt oder in einem Wirtshaus unter Arrest stellte. Die Bürgen, auch als Wahr- oder Währbürgen bezeichnet, besiegelten die Schuldurkunde mit.

Der Bischof von Bamberg (?) schuldete dem Hans Paulsen Nauber (auch: Neuber), akademischer Bürger oder herzoglicher Beamter zu Ingolstadt, und anderen die

Summe von 750 Rheinischen Gulden. Davon war noch eine Restforderung von 200 Gulden offen, für die Heinrich von Guttenberg (gest. 1506 auf der Burg Grieffen) die Bürgschaft übernommen hatte. Deshalb der blaue Schild mit einer weißen (statt gelben) Rose unter dem Kuhschwanz und daneben der typographische Text: »Hie ist die geleichnus Heiuczen von Guetenberg jnsigels da mit Er die lewt ymb das Ir betreugt«. Das Siegel des Gläubigers (im Schild ein aus Wolken kommender Schwertarm, über und neben der Tartsche die Buchstaben S P N) unter dem typographischen Haupttext mit 27 Zeilen. Nach Hupp frühestes Beispiel eines gedruckten Schandbriefes.

Hupp (1930) S. 31–33. P. Th.

A 100
Augsburger Meister, tätig 1. Hälfte 16. Jh.
Betrügerische Geldgeschäfte. Um 1535
Einblattholzschnitt, koloriert, mit typographischem Text (letzterer nicht vor 1545)
Drucker: Hans Hofer, Augsburg?. Blattgr. 397 × 286 mm
Gotha, Schloßmuseum, Inv. 39, 36

Unter dem Originaltitel »Vom wucher. Furkauff vnd Tryegerey« die bildliche Darstellung einer Stadt, in der verschiedene betrügerische Geldgeschäfte vor allem zum Schaden des gemeinen Mannes abgewickelt werden. Letzterem bleibt oft nur der Selbstmord als Ausweg, wie im Text angesprochen und im offenen Dachboden des Hauses rechts oben gezeigt wird. Auch in den Schlußzeilen kommt eine negative Sicht auf den Frühkapitalismus zum Ausdruck. Einziges bisher nachgewiesenes Exemplar.

Geisberg (1924 ff.) 1582; Meuche/Neumeister (1976) B 45. P. Th.

A 101
Niclas Stör
Der Schatz und das Herz. Um 1530
Einblattholzschnitt, koloriert, mit typographischem Text.
Formschneider: Wolfgang Resch;
Drucker: Friedrich Peypus, Nürnberg;
Text: Hans Sachs. Blattgr. 284 × 394 mm
Gotha, Schloßmuseum, Inv. 37, 16

Christus segnet den »gemeynen kasten« und wird damit als Schirmherr der Armenfürsorge dargestellt. Während sich eine zahlreiche Menge, von links durch einen offenen Torbogen kommend, vor dem bescheidenen Kasten zusammenfindet, steht der vom Teufel inspirierte reiche Mann mit seinem großen Kasten auf der rechten Seite isoliert und allein. Er hält seine Schätze geizig unter Verschluß, und deshalb wendet ihm Christus den Rücken zu. Die Habgier des Reichen ist ohne Segen. Durch die Darstellung Christi in einer Halle mit zwei Rundbogenfenstern, die Ausblick auf eine Stadt bieten, wird die Sorge um die Bedürftigen und Armen zur Amtspflicht jeder guten Obrigkeit erklärt. Der den Holzschnitt begleitende und erläuternde Text fordert den Leser/Betrachter auf, sich zwischen Gott und dem Mammon zu entscheiden.

Geisberg (1924 ff.) 1351; Meuche/Neumeister (1976) B 25. P. Th.

A 102 (Abbildung)
Straßburger Formschneider. 2. Hälfte 15. Jh.
Die Zehn Gebote. Um 1460
Einblattholzschnitt, koloriert. 230 × 335 mm
München, Staatliche Graphische Sammlung, Inv. 81528

Schreiber (1926) 1846.

A 103
Passauer Werkstatt
Weihwasserbecken. 1512. Inschrift: confratres
Knotenkalkstein. H. 31 cm, ∅ 43 cm
Berlin, Staatliche Museen, Skulpturensammlung
Inv. AE 252

Das Becken stammt aus dem Augustiner-Chorherrenstift St. Nicola zu Passau. Als fromme Stiftung zweier Kanoniker ausgewiesen, sind deren Wappen und die Anfangslettern ihrer Vornamen am Beckenrand eingemeißelt. F. K.

A 104
Norddeutscher Meister
Heiliger Erasmus und Henkersknecht von einem Opferstock aus der Kirche zu Granzin (Kr. Lübz). Um 1500
Eichenholz. H. 54 cm (Erasmus), 47 cm (Henkersknecht)
Schwerin, Staatliches Museum, Inv. Pl. 131

Mecklenburgische Jahrbücher, Schwerin, 42 (1877) S. 174; Hegner (1983) Nr. 196.

A 105
Mecklenburgisch
Bettelbrett aus der Kirche zu Brüel (Kr. Sternberg).
Anfang 16. Jh.
Eichenholz. H. 24 cm
Schwerin, Staatliches Museum, Inv. MK 52

Das Brüeler Bettelbrett (u. a. auch Bedel, Almosenbrett oder Sammelbrett genannt) stellt ein typisches Exemplar dieser vielerorts zum Einsammeln von Spenden benutzten Gerätschaften dar. Die Figuren an der Rückwand, den Apostel Andreas und eine nicht mehr sicher zu bestimmende weibliche Heilige darstellend, veranschaulichten den Gläubigen die allgemeine Vorstellung, daß sie ihre Gabe nicht einer anonymen klerikalen Institution, sondern wirklich jenen Heiligen – häufig den Patronen der eigenen Pfarrkirche – überreichten, wofür sie deren Beistand auf Erden und ihre Fürsprache im Jenseits erhofften.

Für die wirtschaftliche Lage der Kirchen und der an ihnen tätigen Kleriker stellten im späteren Mittelalter Spenden und Stiftungen einen wesentlichen Faktor dar.

Wentzel in: RDK Bd. II (1948) Sp. 168–172; Hegner (1983) Nr. 199. L. L.

A 106 (Abbildung/Mittelstück)
Regensburger Werkstatt
Armeseelenaltar. 1488
Inschrift: herr . Sigmvnd . graner . Elizabeta . sein . hausfraw . M° . ccc . exxxviii
Holz, originale Fassung. 125 × 188 cm
Regensburg, Museen der Stadt, Inv. HV 1445

A106

Das Retabel aus der Kollegiatstiftskirche Unserer Lieben Frauen zur Alten Kapelle in Regensburg wurde 1488 von Elisabeth Graner für ihr und ihres vier Jahre zuvor verstorbenen Gatten Seelenheil gestiftet. Es war dem Armeseelenkult bestimmt, der in der Überzeugung des späten Mittelalters wurzelte, daß den im Fegefeuer Leidenden durch die Lebenden Linderung ihrer Qualen und schließlich Erlösung zuteil werden könne. Gebete, Meßstiftungen, Fasten, Almosen und materielle Vermächtnisse an Kirchen und Spitäler waren die praktischen Auswirkungen, die den Hinterbliebenen wiederum Dank und Hilfe der Seeligen sichern sollten.

Die Mitteltafel zeigt eine Deesis-Gruppe. Von den Aposteln Simon und Bartholomäus wird dem Weltenrichter die Stifterfamilie empfohlen. Der Schutzmantelmadonna, dem Schmerzensmann und den armen Seelen vor dem »Fons Vitae«, dem das erlösende Blut Christi bergenden Lebensbrunnen, kommen die fürbittende Mittlerschaft zwischen Gottvater und den Menschen zu. Die beiden unteren Reliefs zeigen in belehrender Gegenüberstellung die Befreiung der Seelen aus dem Fegefeuer, denen die Engel die von den Hinterbliebenen gespendeten Suffragien bringen, und die Hölle, die, aus Schmelzöfen gebildet, vom Teufel verschlossen wird, während ein bewaffneter Engel als Vollstrecker des letzten Urteils auftritt.

Die oberen Flügelreliefs zeigen den Höhepunkt der Eucharistie, die Elevation der Hostie als symbolhafte Annahme der für die armen Seelen gestifteten Messe, und die Darstellung des guten und schlechten Gebetes: Während sich der Kleriker ganz seinen Meditationen hingibt, hegt der Laie sogar während des Betens sündige Gedanken. Lastersymbole hinter seinem Rücken meinen Geiz, Eitelkeit, Unzucht, Trunksucht und Habgier. Die unteren Reliefs verzeichnen die Werke der Barmherzigkeit: Nackte werden gekleidet, einen Pilger beherbergt man, stillt seinen Hunger und Durst; schließlich folgen in knappen Zeichen das Erlösen der Gefangenen und das Begraben der Toten, wobei ein über dem Beinhaus fliegender Engel schon die Erwekkung des Fleisches verkündet. Das Retabel kompilatorischen Charakters, dessen im Höchstmaß didaktische, zeichenhaft knappe Darstellungen vor allem die Gläubigen der unteren Bevölkerungsschichten tief beeindruckt haben müssen, offenbart einen Aspekt der facettenreichen spätmittelalterlichen Volksfrömmigkeit.

Halm (1921) S.14; RDK Bd. I (1937) Sp.1086; Vetter (1960) S.209; Liedke (1977) S.14–17. F.K.

A107 (Abbildung)
Meister von Mauer
Mondsichelmadonna. Um 1515–1525
Lindenholz. H. 85cm
Zürich, Privatbesitz

Das dem donauländischen Bildschnitzer zugeschriebene Werk, dessen Notname sein Hauptwerk – den Marienaltar der Pfarrkirche zu Mauer bei Melk – bezeichnet, wird vor allem durch die überaus freundliche, heitere Ausstrahlung bestimmt. Der Figuren- und Gewandstil mag von

A107

fränkischen Arbeiten angeregt sein. Die jugendliche Gottesmutter schaut freundlich-versonnen über das vor ihrer Brust ausgelassen strampelnde und fröhlich lachende Kind hinweg. Selbst das lunarische Gesicht in der Sichel verzieht sich zu einem Lächeln. Im Gegensatz zur brüchig-stilisierten Gewandfaltung weist der naturnah gebildete, pralle und von Lebendigkeit strotzende Körper des nackten Knaben mit seinen Hautfalten und Fettwülsten weiche und rund schwellende Formen auf.

Christus, dessen auffällig demonstrierte Körperlichkeit offensichtlich seine menschliche Natur betonen soll, umklammert mit der linken Hand eine Weintraube. Es verlockt, das auf das lebensspendende Blutopfer Christi verweisende Symbol im Sinne des freudigen, jubilierenden Charakters des Andachtsbildes vielmehr als Hinweis auf das glückliche Jenseits, das dem Menschen durch den Erlösertod zuteil wird, zu deuten. F. K.

A 108
Schwäbischer Meister
Thronende Madonna mit Stifter. Um 1500
Weidenholz. H. 76 cm
Berlin, Staatliche Museen, Skulpturensammlung, Inv. 5544

Auf dem Schoß der anmutigen Jungfrau sitzt der lockige Knabe, gewinnend lächelnd, mit belehrender Geste, ein aufgeschlagenes Buch in der Hand. Das nachdenkliche Antlitz der Gottesmutter scheint das Nachsinnen über das Mysterium ihres Sohnes zu spiegeln, die Walnuß in ihrer Rechten zeigt es symbolhaft auf: Wie der Kern der Frucht durch die hölzerne von der grünen Schale getrennt wird, so scheidet das Kreuzesholz die göttliche Natur Christi von der menschlichen.

Das Bildwerk, für einen Altarschrein geschaffen, stand einst – flankiert von den Heiligen Ulrich und Afra – in der Pfarrkirche zu Oberfinningen. Die beiden Assistenzfiguren befinden sich noch heute dort. Der zur Rechten Mariens kniende Stifter, dessen Ordenstracht ihn als Benediktiner ausweist, wird ein Geistlicher des Benediktiner-Reichsstiftes St. Ulrich und Afra zu Augsburg gewesen sein, das die Patronatsrechte für die Pfarre besaß. Sich des künftigen Lebens im Himmel mittels einer reichen Stiftung zu versichern war wohl Hauptanliegen des Spenders. Seine bildliche Darstellung förderte sein Ansehen, half sein Andenken zu bewahren und an geistliche Übungen zugunsten seines Seelenheils zu erinnern. Schließlich aber sicherte sein Bild im Verein mit den Heiligendarstellungen des Altars eine indirekte, aber immerwährende Präsenz der Patronatsherrschaft.

Demmler (1930) S. 217; Maedebach, Bildwerke I (1958) Nr. 42; Meyer (1972) S. 777. F. K.

A 109 (Abbildung)
Augsburger Meister
Geburt Mariae. Um 1520
Lindenholz. 52 × 77 cm
Berlin, Staatliche Museen, Skulpturensammlung
Verwaltetes Kulturgut aus der Sammlung Bollert

Die nur in apokryphen Evangelien beschriebene, in der volkstümlichen und Erbauungsliteratur des 15. Jahrhunderts aber mit schier unglaublicher Fabulierlust ausgeschmückte Szene wird in einer Wochenstube vorgeführt, die mit einem behäbigen, bildfüllenden Kastenbett als Ausweis häuslicher Kultur der bürgerlich-städtischen Gesellschaft bezeichnet ist. Der das Kind liebkosenden Anna trägt man Früchte herbei, während Joachim, hinter dem Betthaupt sitzend, in ein mit Kugeln gefülltes Gefäß greift, das wohl ein fortunatisches Symbol darstellen soll. F. K.

A 110
Rheinische Werkstatt
Kabinettscheibe mit Darstellung der Geburt Johannes des Täufers. 2. Viertel 16. Jh.
Farbloses Glas, brauntonige Grisaillemalerei
H. 25 cm, Br. 19,9 cm
Frankfurt am Main, Historisches Museum, Inv. X 13444

Einzig der im Hintergrund den Namen seines Sohnes aufschreibende Zacharias bestimmt die Szene eindeutig. Alles weitere ist die reich ausgemalte Genredarstellung einer bürgerlichen Wochenstube zu Beginn des 16. Jahrhunderts. Die Darstellung mit der in einem großen Bett erhöht ruhenden Elisabeth und den sich um das Neugeborene kümmernden Frauen ist in italienischem Kompositionsschema wohl nach niederländischem Vorbild in feinem Grisaille gemalt. Es ist eine kleine Scheibe für den bürgerlichen Wohnraum, und sie zeigt aus der bedeutungsvollen und tragischen Vita des Heiligen einen intimen, privaten Moment. Die Blüte der Kabinettscheibenmalerei, ein besonders reizvolles Gebiet der deutschen Kunst des 15. und 16. Jahrhunderts, hängt mit dem Aufschwung der weltlichen Kunst und der Entwicklung der Wohnkultur gleichermaßen zusammen. Viele bedeutende Künstler haben in dieser Zeit Entwürfe zu Kabinettscheiben gezeichnet.

Beeh-Lustenberger (1965) Kat. 60. A. W.

A 111
Daniel Schwegeler
Christus am Kreuz. Um 1505–1510
Feder in Braun auf Pergament. 184 × 137 mm
Basel, Kupferstichkabinett, Inv. U. XV. 39

Das Bild des Gekreuzigten ohne Begleitfiguren ist im Grunde abzuleiten von den Darstellungen Betender vor dem Kruzifix. Als persönliches Andachtsbild ist es ausgewiesen durch das Wappen des Baseler Bischofs Christoph von Utenheim. Dem Blatt fehlt die Gewalt der Improvisation, durch die sich der Zeichner (zur Gleichsetzung mit Daniel Schwegeler siehe Kat. D 6) sonst auszeichnet; dafür bot das Pergament mit seiner Strenge wenig Spielraum.
W. S.

A 112 (Abbildung S. 18)
Albrecht Dürer
Christus am Kreuz. 150 (zu ergänzen zu 1508 oder 1509)
Gemälde auf Birnbaumholz. 19,9 × 15,8 cm
Dresden, Staatliche Kunstsammlungen,
Gemäldegalerie Alte Meister, Inv. 1870

A 109

Das kleine Bild ist in der Zeit der Vorbereitung des Altarbildes für Matthäus Landauer (seit 1508) entstanden. Darauf deuten die Verwandtschaft des verkürzten Fürstenkopfes neben dem Kaiser dort und die ausschwingende Landschaft. Dürer soll nach Sandrarts Überlieferung damals einen Kruzifixus neben der Marter der zehntausend Christen für Friedrich den Weisen gemalt haben (ein Gemälde Cranachs d. J. von 1540, das dem Dresdner Kruzifix unterlegen ist, scheint diesen Sachverhalt zu bestätigen). Als Kleinformat ist zu vergleichen der büßende Hieronymus (Anzelewsky 14), der mehr als zehn Jahre früher angesetzt wird.

Die Besonderheit, daß hier nicht einfach der Gekreuzigte wie bei Kat. A 111 dargestellt ist, sondern die Zwiesprache des Sterbenden mit Gottvater, hat die Einordnung mit erschwert. Die Darstellung der Zwiesprache findet sich sonst erst in Entwürfen Michelangelos aus der Zeit zwischen 1535 und 1540 (R. Hausherr 1971). Diese Neuerung geht vermutlich auf Johannes von Staupitz zurück und verleiht der Darstellung Christi am Kreuz eine besondere Dimension, indem das innere Erleben des Sterbens angesprochen wird. Gegen die Ansetzung des Bildes in die Jahrzehnte um 1800 (Kunst der Reformationszeit [1983] S. 366f.) spricht der formale Befund ebenso eindeutig wie der technische Nachweis von Blei-Zinn-Gelb durch die Analyse von Hermann Kühne vom 7. 10. 1970. Die besondere ikonographische Gewalt des Täfelchens würde keine Verankerung finden. W. S.

A 113
Hans Springinklee
Die Anbetung des Kindes. Um 1519
Holzschnitt. 207 × 174 mm
Berlin, Staatliche Museen, Kupferstichkabinett,
Inv. 790-143

Der Holzschnitt ist eine selbständige Fassung des Hauptmotivs von Dürers Paumgärtner-Altar von 1498 in München. Springinklees Verdienst besteht in der sorgfältigen Aufteilung der Flächen und in der besonderen Betonung der Architekturformen in Anlehnung an die Antike. Am verdunkelten Himmel erscheint undeutlich der Engel der Hirtenverkündigung.

Bartsch VII S. 328 Nr. 51; Dodgson I (1903) S. 373 3. (3).

W. S

A 114
Hans Springinklee
Apotheose Kaiser Maximilians. 1519
Holzschnitt. 560 × 402 mm
Berlin, Staatliche Museen, Kupferstichkabinett
Inv. 772-10

Das anläßlich des Todes von Kaiser Maximilian unter der Redaktion von Wolfgang Stabius entstandene Blatt hält die Erinnerung an ein geplantes Gegenstück zur Ehrenpforte des Kaisers, dem bekannten großen Holzschnitt Dürers fest: die sogenannte Andachtspforte, an der Maria, Andreas, Georg, Sebastian, Maximilian, Leopold und Barbara erscheinen sollten. Deutlich ist die Anlehnung, die Spring inklee an die Architekturformen der Ehrenpforte (an der er als Mitarbeiter Dürers beteiligt war) suchte, obgleich ihm deren perspektivische Durchbildung Schwierigkeiten bereitete.

Passavant III S. 207 Nr. 269; Dodgson I (1903) S. 407 ff., Nr. 78; Geisberg (1924 ff.) 1343. Kunst der Reformationszeit (1983) S. 166 C 4. W. S.

A 115
Lucas Cranach d. Ä.
Entwurf eines Wandelaltars mit aufklappbaren Innenflügeln. Zwischen 1515 und 1520
Feder mit Bister, grau und gelblichbraun laviert
250 × 253 mm
Weimar, Kunstsammlungen
Inv. KK 97

Die Altarvisierung entstand in Vorbereitung von Arbeiten für die Stiftskirche in Halle im Auftrag Kardinal Albrechts von Brandenburg. Die Ausführung des Entwurfs läßt sich nicht nachweisen. Es sind insgesamt fünf Beispiele erhalten. Sie gleichen einander in den Maßen, der Ausstattung mit beweglichen Flügeln, den weiß belassenen Predellen und dem Ornament. Alle Mitteltafeln tragen eine Szene aus der Passion, doch nur das Weimarer Modell zeigt bei geschlossenen Flügeln nicht vier nebeneinanderstehende Heiligenfiguren, sondern die Anbetung der Könige. Das Dürer-Monogramm auf dem Altarblatt mit der Kreuznagelung Christi ist falsch.

Gabelentz (1912/13) I, 3–4; Scheidig (1953) Nr. 317; Schade (1963) Nr. 65; Oehler (1971) S. 79 ff.; Jahn (1972) S. 48/49; Barth (1986) Nr. 33. R. B.

A 116
Albrecht Dürer
Maria als Königin der Engel. 1518
Holzschnitt. 302 × 215 mm
Berlin, Staatliche Museen, Kupferstichkabinett
Inv. B-201

Maria trägt den Rosenkranz. Scharen von Engeln spenden Musik, Früchte und Blumen, eine schwere Krone wird vom Himmel herabgetragen, zu dem helle, gekröseartige Wolkensäume emporführen.

Meder (1927) 211 d; Strauss (1980) 189; TIB (1980) 101.
W. S.

A 117
Nikolaus Kremer
Christus mit Maria, Gottvater und dem Heiligen Geist. 1520
Gemälde auf Holz. 23,5 × 17,5 cm
Privatbesitz

Die Verschmelzung verschiedener Themen ist bezeichnend für die Frömmigkeit am Anfang der Reformationszeit. Die Darstellung des Schmerzensmannes mit klagenden Engeln folgt einem Holzschnitt Baldungs von 1511 (Mende 7). Der Griff Marias nach dem Arm Christi stammt aus dem Schema der Beweinung Christi. Die Erscheinung Gottvaters in den Wolken mit der Taube des Heiligen Geistes gleicht die Darstellung einem Gnadenstuhlbild an, wie es in freier Weise Baldung in seinem Holzschnitt des Leichnams Christi, von Engeln getragen, um 1515/1517 formulierte. Unmittelbare Anregung für Kremer war ein Gemälde Baldungs von 1513 (Freiburg, Augustinermuseum – von der Osten 22).

Rott 1938 S. 91 Abb. 43; von der Osten (1983) S. 92.
W. S.

A 118
Fränkischer Meister
Anna Selbdritt. Um 1520
Lindenholz, mit Resten originaler Fassung. H. 75 cm
Eisenach, Wartburg-Stiftung, Inv. P 3

Die Darstellung der Anna Selbdritt folgt hier dem altertümlichen Typ, der keine Generationsabfolge abbildet, sondern Maria und den Jesusknaben als verschieden alte Kinder darstellt. Dabei hielt sich der Bildschnitzer sehr eng an ein allgemeines Gestaltmuster, das, im Gegensatz zur bisherigen Meinung, obendrein mit der in Süddeutschland stilprägenden Formenauffassung des Veit Stoß verbunden wurde. Ein nahe verwandtes Werk besitzt das Bayerische Nationalmuseum München (Inv. MA 1307). Es weist nicht nur das gleiche Formengut auf, sondern zeigt in nahezu identischen Details der Gesichts-, Haar- und Gewandbildung die gleiche künstlerische Handschrift.

Kunst der Reformationszeit (1983) S. 64. F. K.

A 119 (Abbildung)
Meister von Ottobeuren
Heilige Sippe. Um 1525
Lindenholz, originale Fassung. H. 16,2 cm
London, Victoria & Albert Museum
Inv. 573-1872

Die drei Reliefs, die ein Hausaltärchen bildeten, thematisieren eine der beliebtesten Darstellungen des 15. und frühen 16. Jahrhunderts: die legendäre Verwandtschaft Christi. Aus Aufzeichnungen der Legenda Aurea im Zuge der intensiven populären Marien- und Annenverehrung als Bildtyp entwickelt, versammeln sich um die zentrale Gruppe der Anna Selbdritt die beiden Schwestern Mariens samt ihrer Kinderschar. Umstanden werden die Matronen von ihren Ehegatten, wobei die drei Männer Annens im Verein erschienen sind und dem Kindersegen mehr oder weniger Aufmerksamkeit widmen.

Sicherlich hängt der Gebrauch dieser Form des Familienbildes mit dem sich entwickelnden genealogischen Interesse des Bürgertums zusammen, reflektiert aber ebenso das Bedürfnis nach in den Evangelien nicht mitgeteilten Informationen. Andererseits eignet sich der Topos, ein bürgerliches Familienideal zu propagieren bzw. zu spiegeln. Das moralisch unstete Leben in spätmittelalterlichen Städten bot kirchlichen und städtischen Institutionen Gründe genug, mit dem im Bild vorgeführten Familienmodell die Ehe als Grundform gesellschaftlicher Organisation und einzig anerkannte Form der Geschlechterbeziehung zu bekräftigen.

Baxandall (1974) Nr. 15; Held (1987). F. K.

A 120 (Farbtafel)
Oberdeutscher Meister
Tod Mariae. Um 1500
Glasgemälde, farbiges und weißes Hüttenglas, Schwarzlot. H. 117 cm, Br. 57,5 cm
Wörlitz, Gotisches Haus, Inv. I-644

Formgebung und Farbkomposition des Glasgemäldes aus der oberdeutschen Schule zeugen von der sich differenzierenden und vertiefenden Welt- und Menschensicht, von einem sich verstärkenden Diesseitsbezug an der Wende von der Spätgotik zur Renaissance. Ein Vergleich mit den beiden Glasgemälden Kat. E 28/29, in denen noch die tradierte flächig-statuarische Auffassung spürbar ist und typenhafte Physiognomik vorherrscht, verdeutlicht diese Entwicklung.

Gerahmt von einem Rundbogen, entwickelt sich die Komposition der Heiligengruppe um Maria und den segnenden Christus in die Tiefe eines gotischen Kirchenraumes, oben beschlossen vom thronenden Gottvater mit der Taube des Heiligen Geistes. Die Gestalten sind (abgesehen von den zwei späteren Ergänzungen) bereits individuell charakterisiert – in verhaltener Trauer und verehrender Anbetung. Darin und nicht zuletzt auch in der körperhaften Modellierung durch nuancierte Schwarzlotgravuren beweist sich das hohe künstlerische Vermögen des Schöpfers dieser Scheibe.

Rahn (1885) Nr. 6; Schmitz (1913) S. 119, Abb. 168. R. A.

A 121
Albrecht Dürer
Christus am Kreuz. 1505
Aquarell und Feder in Scnwarz. 312 × 214 mm
Wien, Albertina, Inv. 3096, D 310

Die Zeichnung gehört zusammen mit zwei gleichartigen Zeichnungen gekreuzigter Schächer zu den Dürer abgeschriebenen Arbeiten. Die Lösung des Problems scheint darin zu bestehen, daß Dürer in diesen Jahren für seine Schüler vorbildliche Fassungen entwickelt hat, die sie als Muster studieren konnten. Diese Lehrstücke sind im Grunde weniger Zeichnungen als abgekürzte Miniaturen, Beispiele einer außerordentlichen Kunstfertigkeit, die erst im Hinblick auf kleine Gemälde, wie den Hieronymus in der Landschaft (Anzelewsky 118) und die kleine Tafel in Dresden, für Dürer gesichert erscheinen.

Winkler Bd. I (1936) 325; Panofsky (1977) 591; Koschatzky/Strobl (1971) S. 148 Nr. 160. W. S.

A 122
Deutscher Meister
Kruzifixus. Anfang 16. Jh.
Holz. H. 65 cm
Lieberose, Ev.-luth. Kirchengemeinde

Die starken Verwitterungserscheinungen des Holzes weisen darauf hin, daß der Kruzifixus über lange Zeit im Freien angebracht war. Als originaler Präsentationsort aber muß zweifellos der Kirchenraum angesehen werden. Trotz des heutigen Zustandes kann das Werk als qualitätvolle Schnitzarbeit des frühen 16. Jahrhunderts bestimmt werden, dessen Gestaltmuster in Süddeutschland geprägt wurde. Sowohl die Gestaltkomposition des ruhigen, aber dennoch gespannten Körpers, wie auch einzelne Formen – z. B. der zweigeteilte Kinnbart oder die über die Schulter fallende Lockensträhne – scheinen dem Riemenschneiderschen Formenkanon entlehnt, dessen Faszinationskraft und innovatorischer Gehalt besonders in Süddeutschland eine rasche Ausbreitung bewirkten. Ob der Kruzifixus nun das Werk eines wandernden und vielleicht in Franken ausgebildeten Bildschnitzers ist oder ob es sich dabei möglicherweise um Kunstimport handelt, bleibt bislang ungeklärt. F. K.

A 123
Mitteldeutscher Meister
Schmerzensmann. Um 1480
Bronze, Hohlguß. H. 86 cm
Schulpforte, Erweiterte Oberschule Pforte

Der Typ des Fürbittschmerzensmannes taucht in der Plastik erst gegen 1400 auf. Beide Hände erhoben, werden zwei Gebärden miteinander verschmolzen: das Vorweisen der Wundmale mit dem antiken Bittgestus, der Orantenhaltung. Der theologische Sinngehalt ist auf Christus, den Mittler und fürbittenden Erlöser gerichtet, der sich mit den Zeichen seines Martyriums Gottvater zuwendet. Die labile Körperhaltung, einem taumelnden Tanze ähnlich, die eindringliche Gebärde und Mimik, mühen sich, unterstrichen durch die bewegte Symmetrie des Körpers, Schmerz und Erregung zu demonstrieren und auf den Betrachter zu übertragen. Große, schwere Formen und Flächen kennzeichnen die Modellierung. Auf dem Kopf, von stilisierten ornamental angelegten Haarsträhnen gerahmt, lastet die schwere Dornenkrone. Stark heben sich die Wundmale aus dem Fleisch, die von (heute verlorenen) Blut andeutenden, knopfartigen Gebilden besetzt waren. Ein außerordentlich nah verwandtes Werk findet sich in St. Stephan zu Tangermünde. An der Eichenholzskulptur, deren Gesichtstypus und Haltung dem Pforter Stück gleichen, kehrt der übergroß proportionierte Kopf wieder. Die Hände sind, den Zeigecharakter verstärkend, sogar noch größer gebildet. Trotz der so unterschiedlichen Techniken liegt es nahe, an denselben Meister zu denken.

Corssen (1868) S. 304; Bergner (1905) S. 122; Loeffler (1923) S. 135; Pinder (1924) S. 370; Osten (1935) S. 122. F. K.

A 124
Lucas Cranach d. Ä.
Kreuzigung Christi, mit Maria, Magdalena und Johannes.
Um 1520–1522
Gemälde auf Holz. 62 × 40 cm
Privatbesitz

Das Bild gehört nicht zu den Kabinettstücken Cranachscher Malerei, ist aber frei und sicher gemalt; es rechnet zu den eigenhändig übergangenen Werkstattarbeiten und steht größeren Formaten nahe wie dem Bild mit der Kreuzi

A 119

gung in Gera, Stadtmuseum, oder der großen Tafel aus der Dessauer Marienkirche, jetzt in Dessau-Mildensee.

Koepplin/Falk Bd. II (1976) Nr. 333; FRR 94. W. S.

A 125/126
Obersächsischer Meister
Apostel Petrus und Jakobus aus einer Ölberggruppe.
Um 1500
Lindenholz. H. 79 cm und 90 cm
Oelsnitz, Ev.-luth. Kirchengemeinde

Gerade im ausgehenden Mittelalter wurde eine Vielzahl plastischer Ölbergdarstellungen geschaffen, die – an die intensive Passionsfrömmigkeit gebunden – das Geschehen auf anschauliche Art vortragen sollten und dem volkstümlichen Bedürfnis nach begreifbarer Bildhaftigkeit der biblischen Ereignisse begegneten. Wie von den Evangelisten Matthäus und Markus überliefert, zeigen sie den in Todesangst betenden Christus abseits von seinen schlafenden Jüngern Johannes, Petrus und Jakobus d.Ä. Oft errichtete man den plastischen Szenerien Kapellen oder ähnliche Kleinarchitekturen an den Kirchenaußenbauten. Die beiden ehemals polychromen Oelsnitzer Skulpturen sind Fragmente solch einer Gruppe und stellen die über ihren Meditationen entschlummerten Apostel dar. Der Figuren- und Gewandstil folgt einer von süddeutschen Einflüssen gespeisten, in der obersächsischen Kunstlandschaft gegen 1500 weitverbreiteten Formenauffassung.

Denkmale in Sachsen (1979) S. 469. F. K.

A 127
Paulus Müllner zugeschrieben
Reliquienstatuette des heiligen Bartholomäus.
Anfang 16. Jh.
Silber, gegossen, graviert, teilvergoldet, Glasflüsse.
H. 39,5 cm
Bautzen, Kath. Domstift St. Petri

Wie die Heiligenverehrung nahm seit dem späten 15. Jahrhundert auch der Reliquienkult an Ausmaß und Intensität zu, er brachte den Gläubigen das Göttliche augenscheinlich in materielle und greifbare Nähe. (Die Reliquienpartikel dieser Statuette befanden sich im Sockel.) Mit der Verehrung der Reliquie war Hilfe und Ablaß von Schuld verbunden.

Die Figur des Bartholomäus trägt eine Inschrift auf dem Gewandsaum: AMICI IVDICES FACTI. SVNT SECVLT. ORATE PRO NOVIS DEVM (Die Freunde Gottes-Apostel – sind die Richter der Welt geworden. Bittet Gott für uns). – Das ist gerade der Punkt, an dem mit Luther die Reformation in Gang kam: Die Abwendung von der Vorstellung eines richtenden und strafenden Gottes, den man mit Hilfe von Fürbitten und Ablässen im Sinne einer Lohnordnung besänftigen könne, hin zu der Vorstellung eines auf Einsicht und Gnade beruhenden Verhältnisses.

Kohlhaussen (1968) S. 288, Abb. 428; Deutsche Kunst der Dürerzeit (1971) Kat. 579; Kunst der Reformationszeit (1983) Kat. B 30. A. W.

A 130

A 128
Georg Seld (?), Augsburg
Anna Selbdritt. 1513
Silber, gegossen, graviert. H. 13 cm
Leningrad, Staatliche Ermitage
Inv. MT 2174

In den Marienkult des späten Mittelalters war auch deren Mutter Anna eingeschlossen; beiden sprach die kirchliche Lehre eine unbefleckte Empfängnis zu. Es entstand der freundlich-weibliche Typ des Andachtsbildes: »Anna Selbdritt«, hier mit der Anna als Matrone mit Kopftuch, der Maria als Himmelskönigin und dem Jesuskind. Die Rückseite der kleinen Plastik zeigt gravierte Darstellungen der heiligen Barbara und des heiligen Jakobus d. Ä. Vermutlich wurde die Gruppe durch den jüngeren Jakob Fugger in Auftrag gegeben; die beiden Heiligen waren die Patrone seiner Eltern. Das ursprüngliche Adelswappen der Fugger wurde im 17. Jahrhundert durch das spätere ersetzt.

Lapkovskaja (1969) S. 7; Kunsthandwerk der Dürerzeit (1971) Abb. 36. A. W.

A 129
Rheinländischer Meister
Klappaltärchen. Um 1500
Kupfer, vergoldet. H. 15,6 cm, Br. 3,2 cm (bei geschlossenem Zustand)
Köln, Schnütgen-Museum, Inv. G 556

Im aufstrebenden Bürgertum der Städte wuchs seit dem 15. Jahrhundert, angeregt sowohl durch die Bewegung der Mystik als auch durch die Frührenaissance, ein starkes Verlangen nach Teilnahme am Geistesleben und nach einem religiösen Individualismus. Der ganz privaten Andacht auf Reisen und im eigenen Hause dienten kleine Klappaltärchen. Dem privaten Zuschnitt entsprachen dabei nicht nur die Größe, sondern häufig auch preiswerte Materialien, wie zum Beispiel vergoldetes Kupfer. Die Ausführung unseres Altärchens ist sehr sorgfältig, mit einer plastischen Mittelgruppe und gravierten Heiligen – Johannes der Täufer und Katharina – auf den Flügeln. Für den Johannes diente ein Stich von Martin Schongauer als Vorbild.

Fritz (1966) S. 111 f., Nr. 366, Abb. 80; Kat. Heinrich Aldegrever (1986) Abb. 68, Kat. 3. A. W.

A 130 (Abbildung)
Nürnberger Goldschmied
Reiseklappaltärchen. Um 1520
Silber, teilvergoldet, Edelstein, Perlen.
H. 9,2 cm, Br. 5,5 cm (bei geschlossenem Zustand)
Wien, Kunsthistorisches Museum, Inv. 896

Im Mittelpunkt des kostbaren kleinen Altärchens befindet sich ein plastisches Astkruzifix, flankiert von den Figuren der Maria und des Johannes. Die Flügel zeigen gravierte Heiligenfiguren: St. Leonhard mit Krummstab und Kette und St. Elisabeth mit Brot und Weinkanne innen, St. Katharina mit dem Schwert und St. Christophorus mit dem Jesusknaben außen. Auf der Rückseite des Schreins ist in feiner Gravur die Beweinung Christi dargestellt.

Kohlhaussen (1968) Kat. 435, Abb. 617–619; Fritz (1966) Kat. 765, Abb. 307. A. W.

A 131
Süddeutscher Meister
Hausaltärchen mit der Krönung Mariae. 1. Viertel 16. Jh.
Lindenholz. H. 43,5 cm
Berlin, Staatliche Museen, Skulpturensammlung
Inv. 417

Demmler (1930) S. 308.

A 132
Süddeutscher Meister
Rosenkranzfest. Anfang 16. Jh.
Birnbaumholz. 43 × 38 cm
Berlin, Staatliche Museen, Skulpturensammlung
Inv. 8116

Demmler (1930) S. 306.

A 133
Schwäbischer Meister
Verkündigung an Maria. Um 1520
Lindenholz, ungefaßt. 31 × 34,5 cm
Berlin, Staatliche Museen, Skulpturensammlung, Inv. 434

Die Verkündigung des Erzengels an die betende Maria geschieht in einem bürgerlichen Schlafgemach. Das prächtige Baldachinbett, Butzenscheiben und kostbare

A 136

Wandtäfelung signalisieren das Ambiente städtischen Wohlstands. Im Goldenen Schnitt teilt eine ionische Säule den Raum in zwei Kompartimente und verleiht der Komposition Klarheit und Ruhe, die mit der vollkommenen Schönheit der elegant bewegten Gestalten korrespondiert. In der Türlünette erscheint Gottvater auf einem Wolkenband. Seine Linke trägt die Weltkugel, die verlorene Rechte war wohl zur strahlaussendenden Geste erhoben. Die zierlich und genau gearbeiteten Details reflektieren die Wertschätzung der Virtuosität durch den Künstler wie auch den Besteller. Die biblische Begebenheit in zeitgenössischem und sozial genau definiertem Raum anzusiedeln, ist nicht nur ein Aspekt der Vergegenwärtigung des Geschehens, sondern zeigt auch das hohe Selbstbewußtsein der Rezipientenschicht solcher privaten Andachtsbilder.

Demmler (1930) S. 220. F. K.

A 134
Süddeutsche Töpferwerkstätten

A 134.1
Sitzender Jesusknabe. Um 1500
Ton. H. 8 cm

A 134.2
Maria mit dem Kinde. Um 1500
Ton. H. 12,6 cm

A 134.3
Heilige Katharina. Mitte 15. Jh.
Ton. H. 10 cm

A 134.4
Heilige Barbara. Mitte 15. Jh.
Ton. H. 9,5 cm

A 134.5
Jesuskind in der Krippe. 15. Jh.
Ton. H. 3,5 cm, Br. 4,9 cm, T. 3,5 cm
Halle, Staatliche Galerie Moritzburg
Inv. 143, 127, 311, 310, 259

Die Tonfigürchen stammen aus verschiedenen Bodenfunden in Halle. So wurde 1906 beim Abbruch der Michaeliskapelle am Alten Markt die kleine Maria mit dem Kinde gefunden. Es ist anzunehmen, daß diese Figürchen als Handelsware zusammen mit anderem Töpfergut z. B. aus Nürnberg oder Köln in den mitteldeutschen Raum gelangten. Offenbar dienten sie in den einfachen Bevölkerungsschichten zur Hausandacht.

Ihre Herstellung erfolgte in zwei Teilformen; dies ist häufig noch an den meist schlecht verstrichenen Nähten der Ausformungen sichtbar. Sie wurden nur in schwachem Feuer gebrannt und vereinzelt noch vor dem Brand im Detail überarbeitet, so daß geringfügige Abweichungen im Er-

A 137

scheinungsbild auftreten. Außerdem gab es auch farbig staffierte Ausführungen. Die Töpfer dieser Figuren wurden in den Niederlanden und auch im Rheinland als »hilligenbackers« oder »bildedrucker« bezeichnet. Sie fanden seit dem 14. und 15. Jahrhundert in den Archivalien der Töpferstädte Erwähnung.

Sauerlandt (1912) S. 11 f. R. G.

A 135
Norddeutsche Klosterwerkstatt
Liturgische Decke (Substratorium). Um 1480
Stickerei mit farbiger Seide und vergoldetem Silberlahn au
Leinen, figürliche Teile appliziert. 93 × 78 cm
Berlin, Staatliche Museen, Kunstgewerbemuseum
Inv. K 6191

Entsprechend dem Gebrauch des Tuches als Unterlage des geweihten Corporale und der Meßgaben ist auch der Inhalt seiner Bildstickerei auf das Blutopfer Christi bezogen, das in der Messe durch Hostie und Wein unblutig vollzogen wurde. Christus ist am Arbor vitae (Baum des Lebens – Überwindung des Todes) gekreuzigt. Sein Schicksal wiederholt sich an zehn jungen Märtyrern, die, unter seinen gebreiteten Armen, von den dornigen Ästen des Baumes durchstochen werden. Ihre Anzahl könnte reduziert auf die »Marter der Zehntausend« verweisen, jene römischen Soldaten, die unter Kaiser Hadrian mit ihrem Anführer Achatius wegen ihres christlichen Glaubens mit Dornen gekrönt und durchbohrt wurden. E. M.

A 136 (Abbildung)
Süddeutsche Klosterwerkstatt
Antependium mit Vesperbild und Arma Christi.
1. Hälfte 16. Jh.
Farbige Stickerei mit Wolle und Goldlahn in
Anlegetechnik, auf rotem Wolltuch. 100 × 146 cm
Berlin, Staatliche Museen, Kunstgewerbemuseum
Inv. F 664

Aus einem besonderen religiösen Bedürfnis nach persönlicher Andacht wurden seit der Mitte des 15. Jahrhunderts vereinzelt auch Darstellungen des Vesperbildes mit den Arma Christi verbunden, jenen biblischen und apokryphen Leidenswerkzeugen der Passion, die sonst den Bildern des Schmerzensmannes zugeordnet waren. Auf Gemälden, graphischen Blättern und auch im Relief wird der Bezug zur Kreuzigung durch das Kreuz, zur Passion lediglich durch Rutenbündel und Geißel gegeben. Nahezu alle Leidensmotive finden sich neben Vesperbildern auf gestickten Antependien. Sie wurden ihrem Bildinhalt entsprechend während der Karwoche als »Füraltartücher« der Altarmensa vorgehängt, und ihre Darstellungen dienten der Passionsmeditation. Freitag nach Osteroktav war das Fest »De armis Christi«, das Papst Innozenz VI. 1353 für Deutschland und Böhmen eingeführt hatte.

Die hier gezeigte, eigenwillig-rustikale Bildstickerei besitzt geläufige, aber auch weniger bekannte Enbleme wie das Schilfrohr, das u. a. der Verspottung Christi diente, die Salbgefäße der drei Marien sowie Wasserkanne und Schüssel als Hinweis auf die Handwaschung des Pilatus. Äußerst selten ist der quadratische Nimbus Christi, der allgemein nur lebenden Personen zuteil wurde und hier als Symbol der Menschwerdung, des Opfertodes und der Auferstehung zu werten ist.

Die Sammlung Figdor (1930) Nr. 163 E. M.

A 137 (Abbildung)
Flämischer Meister
Drachenkampf des heiligen Georg. Um 1520
Eichenholz. 67 × 60 cm
Berlin, Staatliche Museen, Skulpturensammlung
Verwaltetes Kulturgut aus der Sammlung Bollert

In dieser Szene sind Detailrealismus und Idealisierungstendenzen gegensatzlos vereint. Die mit der Aktivierung des Kultes von Ritterheiligen verbundenen zahlreichen bildlichen Darstellungen um 1500 können auch im Kontext der Propagierung eines Ständebildes des Adels gelesen werden. Indem sie die Idealsituation des kämpfenden christlichen Ritters vorführen und damit einem gänzlich unrealistischen Bild von moralischer und gesellschaftlicher Vollkommenheit Wirklichkeitsanspruch verleihen, offenbaren sie die Krise der herrschenden Mächte am Ausgang des Mittelalters. So gibt das Wunschbild des Ritterheiligen nebst einer intendierten Laudatio temporis acti mit dem Moment aristokratisch-militärischer Präsenz im Bild einen Blick auf das Selbstverständnis des Adels und seine soziale Befindlichkeit in dieser Zeit.

Kammel (1990). F. K.

A 138
Augsburger Meister
Zwölf Darstellungen aus der Vita
des Kartäusermönchs Bruno (1030/1035–1101). Um 1500
Gemälde auf Fichtenholz. 81 × 188,5 cm
Berlin, Staatliche Museen, Gemäldegalerie, Kat. 2187

Der aus einer vornehmen Kölner Familie stammende Bruno, bis 1076 Domscholastikus in Reims, zog sich nach einer ihm zuteil gewordenen religiösen Offenbarung mit sechs Gefährten aus dem geselligen städtischen Leben zurück, um 1084 im Tal Cartusia (La Chartreuse) bei Grenoble einen Orden zu gründen. Es handelt sich hier um eine relativ frühe Darstellung des Themas, bedenkt man, daß Bruno 1514 seliggesprochen und sein Kult erst 1623 bestätigt wurde. Die älteste, nicht erhaltene bildkünstlerische Schilderung (1440) der Vita des Mönchs befand sich im Kreuzgang der Kartause zu Basel, angeblich eine Arbeit des Nicolaus Ruesch gen. Lawelin (gest. 1453/1454 in Basel). Unser Gemälde besitzt eine ausgeprägte stilistische Affinität zur burgundisch-niederländischen Buchmalerei des 15. Jahrhunderts. R. Mi.

A 139 (Farbtafel)
Kölner Werkstatt
Rundscheibe mit Darstellung des Abschieds
des jungen Tobias. Um 1500
Gelbliches Glas, Schwarzlot und Silbergelb. ∅ 23 cm
Leipzig, Museum des Kunsthandwerks, Inv. 18,5

A 140
Niederländische Werkstatt (?)
Rundscheibe mit Darstellung des Abschieds
des jungen Tobias. Um 1500
Gelbliches Glas, Schwarzlot und Silbergelb. ∅ 23 m
Leipzig, Museum des Kunsthandwerks
Inv. 24, 85

Die Malerei beider Kabinettscheiben geht auf dieselbe graphische Vorlage, einen Kupferstich des wohl um 1470 in Brügge tätigen »Tobiasmeisters«, zurück. Dargestellt ist der alte blinde Tobias, der seine Frau Sara über den Abschied des Sohnes zu trösten sucht. Dieser zieht im Hintergrund, begleitet vom Engel Raphael und seinem Hündchen, nach

Rages in Medien, um dort Schulden einzuholen. Der Abschied wird einmal innerhalb städtischer Steinarchitektur gezeigt und ist sehr sorgfältig auf beide Seiten des Glases gezeichnet und mit Schwarzlot gestupft, eine sehr malerische Technik, die für das Niederrheingebiet mit Köln als Zentrum um 1500 kennzeichnend war. Die zweite Scheibe zeigt die Szene in gröberer Darstellung nur auf einer Seite des Glases vor einer dörflichen Kulisse, als würden künstlerischer Aufwand und Hintergrund sich entsprechen und auf den potentiellen Käufer ausgerichtet sein. (Eine dritte Variante dieser Szene im Schnütgen-Museum Köln.)

Hanisch (1961) Kat. 12a; Schmitz (1923) Abb. 56; Lymant (1982) Kat. 100. R. S.

A 141/142
Oberrheinischer Zeichner
Evangelistensymbole. Um 1500
Aus: Memorabiles evangelistarum figurae, 3. Auflage.
Thomas Anshelm, Pforzheim 1504
Holzschnitte und Buchdruck
Das Evangelium des Matthäus, 3. Abschnitt: 144 × 97 mm
Das Evangelium des Matthäus, 5. Abschnitt: 143 × 95 mm
Berlin, Staatliche Museen, Kupferstichkabinett
Inv. 37.4. – 1955; 37.5. – 1955

Die Bilder bilden die Gedächtnistafeln eines Memorierbuches, wie es nach einer Idee des Jacobus Publicius aus Venedig von der Zeit um 1470 bis nach 1629 in Gebrauch war. Mit ihrer Hilfe und einem begleitenden Text, auf den die Zahlen Bezug nehmen, sollte die Kapitelfolge der biblischen Evangelientexte ins Gedächtnis eingeprägt werden. Den Vorzug haben dabei oft recht krasse Bildformulierungen, die in gewaltsamer Symmetrie zusammengeführt sind.

Hagelstange (1905/1906) S. 1–21. W. S.

A 143.1
Albrecht Altdorfer
Der Altar der Schönen Maria. Um 1520
Holzschnitt. 298 × 206 mm
Berlin, Staatliche Museen, Kupferstichkabinett, Inv. D-9

A 143.2
Druckstock aus Holz zu A 143.1. 306 × 212 × 30 mm
Berlin, Staatliche Museen, Kupferstichkabinett, Inv. D-9

Die durch den Holzschnitt überlieferte Altarwand mit geschnitzten Figuren gehört offenbar zu den nie ausgeführten Projekten im Zusammenhang mit der Regensburger Wallfahrt. Die Architekturgliederung entspricht venezianischen Vorbildern.

Winzinger (1963) S. 85 f., Nr. 90e. W. S.

A 144 (Abbildung)
Michael Ostendorfer
Das Standbild der Schönen Maria. Um 1520
Holzschnitt. 189 × 162 mm (unten beschnitten)
Berlin, Staatliche Museen, Kupferstichkabinett
Inv. 266-1972

A 145
Gleiche Darstellung
Holzschnitt. 208 × 164 mm (vollständiges Format, aber rechts oben beschädigt)
Berlin, Staatliche Museen, Kupferstichkabinett
Inv. 267-1972

A 146
Gleiche Darstellung
Holzschnitt. 188 × 101 mm (Bruchstück)
Berlin, Staatliche Museen, Kupferstichkabinett
Inv. 268–1972

Die Wallfahrt zur »Schönen Maria« blühte nur kurze Zeit und erlag rasch der aufkommenden Reformation. Bei der Auflösung eines Einbandes der Straßburger Vergil-Ausgabe von 1502 durch Kurt Steudtner, Lancken-Granitz, wurden die Drucke gefunden. Maria ist als ein Bildwerk dargestellt in einer zeltartigen Umhüllung, wie wir sie ähnlich vom »Englischen Gruß« des Veit Stoß in Nürnberg kennen. Der bisher nicht beschriebene Holzschnitt ist ein Werk Michael Ostendorfers, für den etwa die Bildung des Haares beim Christuskind bezeichnend ist (vgl. den liegenden Mann im Vordergrund des Holzschnittes von der Wallfahrt zur Schönen Maria, Kat. A 149). W. S.

A 147 (Abbildung)
Europäische Werkstätten
Pilgerzeichen. 15./16. Jh.
Madonna im Strahlenkranz; Madonna und von Engeln getragenes Haus (Loreto in Italien); Anbetung der Heiligen Drei Könige (Köln); heilige Barbara; St. Claude (St. Claude-en-Jura); Pilgermuscheln als Zeichen des heiligen Jakobus Maior (Santiago de Compostela); Pfeil als Zeichen des heiligen Sebastian.
Blei-Zinn-Legierung, Gitterguß
Berlin, Staatliche Museen, Kunstgewerbemuseum
Inv. 44,18,15; 30,60 f.; 44,18,19a; 30,60b; 44,18,1; 44,18,62b; 44,18,77; 44,18,62d

Die Wallfahrtsstraßen zu den wichtigsten Heiligtümern führten ehemals durch ganz Europa. Wichtige Orte waren Rom, Santiago de Compostela, Jerusalem, Loreto, Wilsnack, Köln, Aachen. Die Wallfahrten bedeuteten für das 15. und frühe 16. Jh. eine immense Reisetätigkeit. Von diesen weiten und auch gefährlichen Fahrten brachte man Andenken für sich und die Daheimgebliebenen mit, unter denen die Pilgerzeichen, die bildlich auf den verehrten Heiligen Bezug nahmen, eine besondere Rolle spielten. Sie wurden später oft sichtbar am Gewand oder am Hut getragen, als Zeichen der erfolgten Pilgerfahrt und zur ständigen Vergegenwärtigung des Erlebnisses. Durch die Weihe der Zeichen am heiligen Ort dienten sie auch als Amulett zum Schutz gegen vielerlei Gefahren.

Pilgerzeichenarchiv im Germanischen Nationalmuseum Nürnberg, Münzkabinett; Wallfahrt kennt keine Grenzen (1984); Kriss-Rettenbeck (1963) S. 46 f. A. W.

A144

A148
Regensburger Meister
Gußmodel für ein Pilgerzeichen. Um 1500
Solnhofer Schiefer. H. 13 cm, Br. 10,5 cm
Regensburg, Museen der Stadt, Inv. 1978/38

Das Model zum Guß von kleinen Bleiplaketten zeigt die drei in St. Emmeram zu Regensburg als Märtyrer verehrten heiligen Bischöfe Emmeram, Dionysius Areopagita und Wolfgang. Das Grab Emmerams war schon im 8. Jahrhundert eine »vielbesuchte Gnadenstätte«, mit dem 11. Jahrhundert kam die Verehrung der beiden anderen Bischöfe hinzu. Die Reichsabtei St. Emmeram war so über ein Jahrtausend beliebter Wallfahrtsort mit einem großen Wirkungsbereich. Schriftliche Quellen aus den Niederlanden

A147

und Nordfrankreich berichten z. B. von gerichtlich auferlegten Buß- und Sühnewallfahrten nach Regensburg, die freilich durch eine Geldbuße (Taxe) ersetzt werden konnten.

Köster (1977) S. 129 ff.; Wallfahrt kennt keine Grenzen (1984) Kat. 53. A. W.

A 149
Michael Ostendorfer
Die Wallfahrt zur Schönen Maria zu Regensburg
Um 1520
Holzschnitt. 580 × 390 mm
Regensburg, Museen der Stadt
Inv. Gr. 1982/225a–c

Nachdem man 1519 die Juden der Stadt verwiesen, die Synagoge abgebrochen und an deren Stelle eine Kapelle zu errichten begonnen hatte, trug sich ein willkommenes Wunder zu: Einer der Bauleute überlebte einen Sturz vom Gerüst unverletzt. Sofort avancierte der Kirchenbau zur wichtigsten, die ganze Bevölkerung aktivierenden Aufgabe der Stadt, und eine unübersehbare Pilgerbewegung setzte ein. Ihr gewaltiges Ausmaß weist ihr in der Reihe der spätmittelalterlichen Wallfahrten einen der bedeutendsten Plätze zu. Aber schon 1523 fand die Ekstase ihr rasches Ende: Pilger und Wunder blieben aus. Die Reformation erklärte die marianische Hilfe zum trügerischen Unding und machte sie vergessen.

Das Ostendorfersche Blatt bildet den Vorplatz des Kirchleins ab, das sich inmitten des im Abbruch befindlichen Judenviertels befindet. Ankommende, wartende und zum Eingang drängende Pilgerscharen führen Banner, große Kerzen und Votive mit. Vor dem Marienbild auf der Säule spielen sich wunderliche Übungen ekstatischer Frömmigkeit ab.

Passavant 13; Geisberg (1924 ff.) 967; Kunst der Reformationszeit (1983) B 82. F. K.

A 150 (Abbildung)
Nürnberger Meister, Umkreis des Veit Stoß
Votivrelief zur Schönen Maria in Regensburg
1520
Birnbaumholz, ungefaßt. 28,5 × 17,7 cm
Regensburg, Museen der Stadt, Inv. K 1982/8

Im Ambiente der noch unvollendeten Regensburger Gnadenkapelle, die am Beginn des 16. Jahrhunderts für wenige Jahre der Ort einer ekstatischen Massenbewegung war, spielt sich die Danksagung für eine wunderbare Heilung ab: Vor der mit Votiven belegten und dem Regensburger Wappen geschmückten Mensa mit dem Gnadenbild kniet Wolfgang Perckhamer aus Breslau, vom Fußleiden geheilt, und hat seine Krücken abgelegt. Andere Pilger und Wallfahrer drängen nach.

Die beträchtliche Übereinstimmung der schriftlichen Darstellung des Ereignisses im ersten Mirakelbuch von 1519 und der visuellen Schilderung ermöglichte die Identifizierung der Begebenheit.

Pfeiffer (1983) S. 27–31; Wallfahrt kennt keine Grenzen (1984) Kat. 26. F. K.

A 152

A 151 (Abbildung)
Michael Ostendorfer
Titelblatt des Mirakelbuches »Wunderberliche czayche ...«. 1522
Holzschnitt, koloriert. 166 × 117 mm
Regensburg, Museen der Stadt, Inv. AB 314

Das Titelblatt des dritten Mirakelbuches, das für den Zeitraum vom 28. Juni 1521 bis zum 25. März 1522 zweihundertelf Wunder registriert, zeigt in plakativer Weise eine für die Regensburger Wallfahrt charakteristische Bildformel. Das Blatt wurde auch separat als Wallfahrtsandenken vertrieben.

Martin Luther und die Reformation (1983) Nr. 82. F. K.

A 152 (Abbildung)
Regensburger Werkstatt
Pilgerzeichen der Schönen Maria zu Regensburg.
Nach 1519
Silber, gegossen. 5,8 × 4 cm
Regensburg, Museen der Stadt
Inv. M 1932/2

Über Herstellung und Verkauf der Pilgerzeichen der Schönen Maria zu Regensburg sind mehrere Rechnungsbelege erhalten, so daß sich an diesem Beispiel das mitunter ungeheure Ausmaß der Pilgerströme ermessen läßt. Die ersten Zeichen wurden noch 1519, dem Jahr der ersten »Wunder«, gegossen, die der nächsten Jahre versah man ebenfalls mit der Jahreszahl 1519. Es gab große und kleine

A150

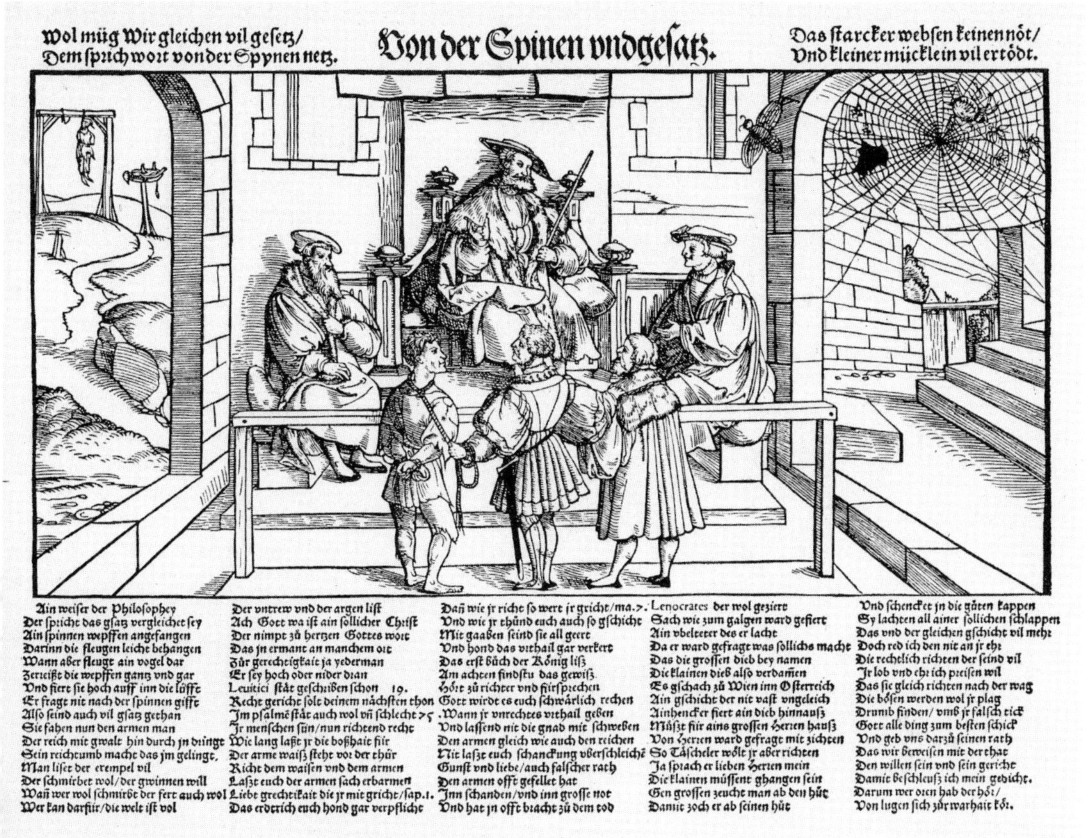

A157

Zeichen, vergoldet und unvergoldet, und eine noch viel größere Menge an billigen Zeichen aus Blei.

1520/1521 war der stärkste Verkauf mit über 22 000 Zeichen, insgesamt wurden von 1519 bis 1524 fast 18 000 silberne und 48 000 bis 49 000 Bleizeichen gegossen und vertrieben.

Die Zahl der Pilger muß weitaus höher gewesen sein, eine Handschrift von 1520 berichtet, wenn auch mit übertriebenen Zahlen: »daß diß jars an sant Jörgen tag in dy 50 000 kirchferter weren hie gewesen. Man hat dy zaichen gemerck 27 taußend außgeben, hat kaum der dritt mensch eins gehabt; das volck wainet umb zaichen, es war ein groß gleuff.«

Schratz (1887) S. 41–75; Wallfahrt kennt keine Grenzen (1984) Kat. 52, 54; Martin Luther und die Reformation (1983) Nr. 83b. A. W.

A 153
Frantz Joachim Brechtel
Lehrbuch für Büchsenmeister.
Druck: Nürnberg 1511
Pergamenteinband, vier Pergamentriemchen als Bünde; Schnitt grün gefärbt. 16 × 10 cm
Berlin, Staatliche Museen, Kunstgewerbemuseum
Inv. F. 2719

A 151

Der mit Ansichten und technischen Zeichnungen reich illustrierte Band wurde vom Verfasser Herzog Ludwig von Württemberg gewidmet. Ein umfassender Hauptteil besteht u. a. aus detaillierten Anleitungen zum strategischen Einsatz und der Auswahl geeigneter Geschütze sowie aus Rezepturen, Unterweisungen zur Technik und Berechnungen von Zielrichtung und Entfernungen. Die in Kriegsdiensten stehenden Büchsenmacher gehörten mit zum ersten Rang der Artilleristen. Ihnen gleichgestellt waren die Feuerwerker, denen sowohl die Bedienung der Wurfgeschütze als auch die Kriegsfeuerwerkerei oblag. Offenbar war aber auch eine Verbindung beider »Gewerke« möglich, denn »Das andertheilige der Büchsenmeisterei – nemlich: von bereittung mancherlei Feuerwerck – Allerley mittel, damit der Feind unterthenig gemacht werde«, wird in einem zweiten Teil des Buches vorgestellt. E. M.

A 154
Mitteldeutscher Goldschmied
Kette der Schmalkalder Armbrustschützen. Vor 1521
Silber, getrieben, gegossen. L. 65 cm
Schmalkalden, Schloß Wilhelmsburg
Inv. I/2149/SI

Diese Kette, wie auch die der Feuerschützen, wurde um 1521 durch Landgraf Philipp von Hessen gestiftet. Sie ist in Form der sog. Hobelspanketten gearbeitet. Das schildförmige Mittelstück ist mit fünf kleinen Heiligenfigürchen um einen St. Georg besetzt. Die übrigen Anhänger entstammen späterer Zeit.

Schützengesellschaften hatten im 15. und 16. Jahrhundert eine wichtige Funktion bei der Verteidigung der Städte, nicht zuletzt gegen Übergriffe des Adels und der Fürsten. Sie erfreuten sich hoher Wertschätzung, denn das Bewußtsein ständiger Bedrohung und des besonderen Schutzes, den eine Stadt bieten konnte, gehörte zum Weltgefühl der damaligen Zeit. Die jährlichen Schützenfeste im Mai waren glanzvolle Schaustellungen, den Turnieren der Ritter vergleichbar. Macht und Reichtum einer Stadt drückten sich auch im Aufwand der Verteidigungsbestrebungen aus.

Hobusch (1927) S. 33 ff.; Kunsthandwerk der Dürerzeit (1971) Abb. 55. A. W.

A 155
Hans Witten
Wappenhalter. Um 1505
Holz. H. 56 cm
Halle, Staatliche Galerie Moritzburg, Inv. III 127

Die holzgeschnitzte Büste eines wappenhaltenden Mannes stammt aus der 1501 erweiterten Kreuzkapelle des alten Hallischen Rathauses. Der Bärtige, meist als Prophet gedeutet, trägt das Stadtwappen vor dem Leib und diente vermutlich als Schmuckkonsole von Ratsgestühl oder -loge, worauf der auf Untersicht gearbeitete Gestaltmodus verweist. Die doppelt geschwungene Wappenform kehrt an mehreren zeitgleichen Werken Hallischer Meister wieder und scheint ein von Witten hier eingeführtes Formenmuster zu sein.

Hünicken (1936) S. 20; Hentschel (1938) S. 17; Lemper (1955) S. 35; Deutsche Kunst der Dürerzeit (1971) Kat. 15; Stuhr (1985) S. 32. F. K.

A 156
Nürnberger Meister
Totenschild des Matthes Ebner. 1491
Umschrift: Anno domi 1491 Jar verschied der erberg
ma mathes ebner am pfintztag vor sat gregorye tag dem
got genad.
Kiefer, Linde, Leder. ∅ 104 cm, H. 129 cm
Berlin, Staatliche Museen, Skulpturensammlung
Inv. AE 376

Der zum Gedächtnis an den Toten dienende Schild zeigt das Familienwappen der Ebner. Wahrscheinlich befand er sich ursprünglich in der Nürnberger St. Sebalduskirche. Die achteckige Grundform sowie der reiche Wappenschmuck mit Stechhelm, Büffelhörnern und (ursprünglich) Federn, sichtbarer Ausdruck patrizischen Repräsentationsbedürfnisses, gehören zu den Gestaltungsmodi, die die 1495 ausgegebene Verordnung des Nürnberger Rates gegen den Luxus nicht mehr gestattete. Matthes Ebner gehörte seit 1474 dem Rat an und wurde 1475 Junger Bürgermeister der Reichsstadt.

Maedebach Bildwerke I (1958) Nr. 51. F. K.

A 157 (Abbildung)
Augsburger Formschneider, tätig 1. Hälfte 16. Jh.
Das Spinnennetz der Rechtsprechung. Um 1535
Einblattholzschnitt, koloriert, mit typographischem Text
Drucker: Anthony Corthois d. Ä.?
Blattgr. 283 × 396 mm
Gotha, Schloßmuseum, Inv. 39, 35

Eine Verhandlung vor den Schranken des Gerichts wird zugunsten des reichen Mannes entschieden. In den Ausblicken links und rechts neben der in einer Gerichtsstube spielenden Szene das Urteil: Dem armen Mann drohen Galgen und Rad; der reiche Mann entkommt wie die kräftige und listige Wespe dem Netz der Justiz, während der arme Mann wie Fliege und Mücke darin hängenbleibt. Einziges bisher nachgewiesenes Exemplar.

Geisberg (1924 ff.) 1581; Meuche/Neumeister (1976) B 44. P. Th.

A 158
Derick Baegert
Gerichtsbild mit Eidesleistung. 1493/1494
Öltempera auf Eiche. 121 × 144 cm
Wesel, Städtisches Museum – Galerie im Centrum

Auf einer Estrade sitzt ein Richter, von Beisitzern und Schöffen flankiert. Hinter ihm ein Schriftband mit der Inschrift: »Siet hier besynt wael wat gy duit / suert nyet valselick vm tytlick guet / want got die heer die weit dat wael / Int leste gericht he it ordellen sael.« Vor dem Gericht ein Zeuge bei der Eidesleistung, die ihm eine weitere Gerichtsperson abnimmt. Engel und Teufel ringen um den Zeugen. Der Engel spricht zu ihm: »Swer niet valselick / wat ghi duet / gi ver-

A159

iest got / dat ewighe guet.« Der Teufel versucht ihm einzulüstern: »Hald up die hant / wilt v niet scamen / swert in alre duuel name.« Die weiteren Personen gehören den beiden vor Gericht erschienenen streitenden Parteien an. Im Hintergrund, als ›Bild im Bilde‹, eine Deesis mit Christus als Gerechtem Richter auf dem Regenbogen. Das Gemälde wurde wahrscheinlich anläßlich der Verlegung des Weseler Stadtgerichts aus dem Freien in das Rathaus in Auftrag gegeben.

Stadt im Wandel (1985) Nr. 834. P.Th.

A159 (Abbildung)
Thüringisch
Gewölbekonsole. Um 1510
Sandstein. H. 35 cm, Br. 57 cm, T. 48 cm
Saalfeld, Thüringer Heimatmuseum

Das ungewöhnlich große Werkstück war ursprünglich für die 1514 vollendete Chorwölbung der Stadtpfarrkirche St. Johannis in Saalfeld bestimmt, infolge Änderung der Gewölbekonstruktion während des Baues aber nicht verwendet worden. Die Konsole zeigt als Brustbild einen bärtigen Mann mit fliehender Stirn, stark hervorquellenden Augen und aufgerissenem Mund, dessen weites Öffnen durch die Hände noch unterstützt wird. Als Konsolfigur versinnbildlicht der »Rachenaufreißer« die Schwere der Last des auf ihm ruhenden Gewölbes, im übertragenen Sinne Symbol des »Dienenden« oder »Niederen« in der Gesellschaft. Eine kleine Konsole mit dem gleichen Motiv befindet sich in der Erdgeschoßwölbung des 1529 bis 1537 erbauten Rathauses in Saalfeld. G.W.

A160 (Farbtafel)
Bamberger Werkstatt
Almosensammelkasten. Ende 15. Jahrhundert
Inschrift: Gib, gebt, so lange ihr lebt, wenn ihr nimmer lebt, könnt ihr nimmer, gib gebt.
Holz. H. 5,5 cm, Br. 16,5 cm, T. 21,4 cm
Bamberg, Historisches Museum der Stadt

Die Spitäler des Antoniterordens, der sich im Spätmittelalter vor allem der Sorge um die an der Mutterkornseuche und der Lepra Erkrankten annahm, hatten ein effektives System von Almosensammlungen entwickelt, das u. a. ihnen allein das Recht garantierte, in bestimmten Stadtvierteln um Spenden zu betteln. Sicherlich wurde dieses mit einem Handgriff versehene Sammelgerät zu solcherart Bittgängen benutzt. Es stammt aus dem Bamberger Leprosenspital St. Antonius auf dem Kaulberg und trägt auf dem Deckel die Darstellungen der Heiligen Nikolaus, Antonius und Laurentius.

Bookmann (1986) Nr. 382. F.K.

Marken und Zeichen

Marken und Zeichen waren vielfältig zu verwendende Hilfsmittel, um gesellschaftliches, wirtschaftliches und rechtliches Zusammenleben in den spätmittelalterlichen Gemeinwesen zu regulieren und zu kontrollieren oder bestimmte Dienste zu honorieren. Sie sind meist von geringer Größe, und ihre bildliche Gestaltung ist einfach. Für den einzelnen Nutzer konnten sie unter Umständen von lebensnotwendiger Bedeutung sein, für die ausgebende Behörde, Zunft oder sonstige Korporation stellten sie aber nur einen geringen Gegenwert von Leistung oder materieller Zuwendung dar, so daß ihre Herstellung billig und schnell zu bewerkstelligen sein mußte. Aus diesem Grunde sind Marken oft einseitig und bestehen aus unedlem Metall wie Bronze, Messing oder Zinn.

Alle Marken und Zeichen Berlin, Staatliche Museen, Münzkabinett

Präsenzmarken

Die Teilnahme an Ratssitzungen oder Zusammenkünften der Zünfte war weitgehend ehrenamtlich, doch erhielt jeder Teilnehmer eine Entschädigung in Form einer Marke, die bei der Kasse gegen Geld eingelöst oder in Speise und Getränke umgesetzt werden konnte. In der Mitte des 16. Jahrhunderts war in Regensburg die Ratsmarke zwei Batzen wert. Die Bürgermeister erhielten für die Sitzungsteilnahme zwei Marken.

A161.1
Ratsmarke, Regensburg. 1511
Messing, geprägt, einseitig. ∅ 18 mm
In einem Vierpaß der Regensburger Stadtschild (zwei gekreuzte Schlüssel) unter der Jahreszahl

A 161.2
Ratsmarke (Bolet), Leipzig. 1529
Messing, geprägt. ∅ 29 mm
Vorderseite: BOLET. CIVITATIS. LIPCENSIS Behelmter Leipziger Wappenschild
Rückseite: BOLET. M. D. XXIX. und Wappenschild

A 161.3
Zunftmarke der Zimmerleute in Augsburg. 1549
Kupfer, geprägt. ∅ 19 mm
Vs. Zimmermannsbeil und zweispitziger Hammer, gekreuzt
Rs. 1549

A 161.4
Zunftmarke der Bäcker und Brauer in Augsburg. 1547
Messing, geprägt. ∅ 22 mm
Vs. In einer Brezel Augsburger Pyr und Jahreszahl 4–7
Rs. Unter dem Pyr zwei gekreuzte Schöpflöffel

A 161.5
Zunftmarke der Kaminkehrer in Augsburg. 1551
Kupfer, geprägt. ∅ 26 mm
Vs. Augsburger Pyr zwischen 1.5–5.1 und Zweigen
Rs. Lodernde Holzscheite

A 161.6 (Abbildung)
Zunftmarke der Weinküfer (?) in Augsburg. 1551
Kupfer, geprägt. ∅ 28 mm
Vs. Augsburger Pyr zwischen Jahreszahl und Weinranken
Rs. Genieteter Bottich auf zwei Kufen

Brücken- und Tormarken

Sie waren die Legitimation zum Passieren nicht nur für Personen, sondern auch für Fuhrwerke und Waren.

A 162.1
Brückenmarke, Regensburg. 1549
Kupfer, geprägt. ∅ 29 mm
Vs. In einem Vierpaß Regensburger Wappenschild, R und 1549
Rs. Vier Striche, die die Zahl der mitzuführenden Waren angeben

A 162.2
Braumarke, Hannover. 1546
Kupfer, geprägt. Einseitig. ∅ 24 mm
1546 und .B.H.T., Hahn, daneben hannoversches Kleeblatt

B.H.T. ist aufzulösen als BroiHan Teiken. Der Brauer Curd Broihan hatte eine neue Biersorte hergestellt, deren Produktion seit 1546 durch den hannoverschen Rat gefördert werden sollte. Der als städtischer Pächter arbeitende Müller hatte das Korn zu einem festgesetzten, niedrigen Preis zu mahlen. Pferde aus dem städtischen Marstall transportierten das Getreide. Für diese Vergünstigung hatte der Brauberechtigte bei der Stadtkämmerei einen festen Betrag zu zahlen, wogegen er als Quittung die Marke erhielt, die dem Fuhrmann vorgelegt und anschließend dem Müller ausgehändigt wurde, der sie in die Kämmerei zurückgab.

A 162.3
Braumarke, Torgau. 1549
Kupfer, geprägt, einseitig. ∅ 31 mm
BRAWZCEIC ... STAT. TORGAW.
Über dem Torgauer Stadtwappen Gegenstempel mit 4t9

Almosen-, Armen- und Bettlermarken

In große Not geratene Menschen wurden beispielsweise in Nürnberg durch das städtische Almosenamt mit kleinen Zuwendungen unterstützt, aber die 1522 erlassene Almosenordnung verpflichtete den Empfänger zum sichtbaren Tragen eines bestimmten Zeichens.

Berliner Verordnungen von 1486 und 1540 sahen die Ausweisung von Arbeitsscheuen vor, bedürftige und gebrechliche Personen sollten betteln dürfen, wenn sie dazu legitimiert waren und dies durch eine Marke beweisen konnten.

A 163.1
Armenmarke, Nürnberg. 1529
Messing, geprägt. ∅ 19 mm, und Messing, geprägt, Klippe, gelocht. 19 × 19 mm
Vs. Nürnberger Adler mit N auf der Brust
Rs. PROT. DER. ARMEN 1529

A 163.2
Armenmarke, Nürnberg. 1530
Silber, geprägt, brakteatenförmig. ∅ 24,5 mm
.1530. P. 3. (= ProtZeichen)

In Gebrauch gewesene Zeichen sind aus Blei, Silberabschläge wahrscheinlich aus späterer Zeit.

A 163.3
Bettelmarke, Ulm. o. J.
Messing, geprägt, brakteatenförmig. ∅ 24 mm
Unter dem Ulmer Stadtschild Schriftband mit »bettel«

A 163.4 (Abbildung)
Armenmarke, Berlin. 1550/1554
Blei, geprägt, schildförmig, einseitig. 27 × 25 mm
Schild mit dem Berliner Bären und 15B50.
Darüber Gegenstempel 15:B:54

A 163.5
Armenmarke, Berlin. 1587
Messing, geprägt, brakteatenförmig, viermal gelocht ∅ 37 mm
GEBET. DEN. ARMEN ZV. BERLIN. 1587
nach rechts schreitender Bär

A 163.6
Holzmarke, Augsburg. o. J.
Kupfer, einseitig, ∅ 22 mm
Augsburger Pyr und Beil, darunter »holtz«

A161.6

A163.4

A164.1

Die Marke berechtigte zum Schlagen oder Sammeln einer bestimmten Menge Holz in städtischen Gehölzen.

Abendmahls- oder Beichtmarken

Gläubige erhielten nach Ablegung der Beichte eine Marke, die sie zur Teilnahme am heiligen Abendmahl berechtigte. Dieser Brauch hielt sich nach der Einführung der Reformation auch in einigen protestantischen Kirchen.

A164.1 (Abbildung)
Abendmahlsmarke, Danzig, Katharinenkirche. 1511
Blei, gegossen. ∅ 39 mm
A.D.S.KATARINAM, Kelch und Hostie, auf einer Seite daneben 1511

A164.2
Abendmahlsmarke, Breslau (Wrocław), Elisabethkirche. 1530
Zinn, gegossen. ∅ 22,5 mm
Unter Kürzungszeichen CIO (communio), auf der Rs. 1530

A165
Anonym, Schaffhausen
Scheibe für Münzmeister Werner Zentgraf mit Darstellung des Münzbetriebes. 1565
Bez.: Wernhartt Zenckgraff – sin egemahel Froneck beierin. 1565
Glas, bemalt. 31,5 × 22 cm
Berlin, Staatliche Museen, Münzkabinett

Das für die Münzstätte Schaffhausen und ihren Münzmeister von einem unbekannten Künstler geschaffene Bild ist eine der wenigen frühen Darstellungen eines ganzen Produktionsprozesses, der in Handarbeit mit einfachen Werkzeugen ohne technische Hilfsmittel vollzogen wird: Münzmeister und Münzknecht gießen gemeinsam den Silberzain (Feld 7) und stückeln ihn (4), nachdem er beschlagen und gestreckt worden ist (1). Der Münzmeister bringt die so gewonnenen Schrötlinge mit Schere und Waage auf das vorgeschriebene Gewicht (2), schlägt, quetscht und hämmert sie glatt (5 und 8), bevor sie durch den eine Schellenkappe tragenden Münzjungen auf einem Tiegel in Säure über Feuer weiß und glänzend gesotten (9) und endlich zu Münzen verprägt werden (3). Christus und die Samariterin am Brunnen (8) sind dem profanen Münzbetrieb als religiöses Gegengewicht zugeordnet.

Demmler/Schrötter (1933) S. 255–261; Suhle (1957) S. 14; Wielandt (1959) S. 80–81. L. B.

A166
Aachener Meister
Heilige Elisabeth. Um 1480
Eichenholz. H. 111 cm
Berlin, Staatliche Museen, Skulpturensammlung
Inv. 8089

Die fürstlich gekleidete Heilige trägt in der Rechten die Doppelkrone als Hinweis auf die Wurzeln ihrer Heiligkeit – Liebe zu Gott und den Armen. Ein Bettler, dem sie ein Gewand über den Kopf wirft, verweist auf ihre Fürsorge für Kranke und Aussätzige. Bemerkenswert scheint, daß die knappe Andeutung der Verkrüppelung, die traditionell als bildhaftes Zeichen für Bettlertum steht, hier in einer naturgetreuen Wiedergabe der Krankheitssymptome und der Prothese des Leprosen verdichtet wurde.

Demmler (1930) S. 310; Hofmann (1983) S. 154. F. K.

A167
Augsburger Meister
Augsburger Geschlechtertanz. Um 1500
Gemälde auf Leinwand. 95,5 × 119 cm
Augsburg, Städtische Kunstsammlungen
Inv. 3821

Seit 1396 besaß die Reichsstadt Augsburg ein Tanzhaus am Weinmarkt. Dieser Festraum dient hier als Lokal für die Schilderung der Tanzsitten des vornehmen städtischen Patriziats. Die einzelnen Paare werden auf der Leinwand inschriftlich benannt. Nur die altehrwürdige städtische Oberschicht durfte am Geschlechtertanz – hier Basse danse – teilnehmen, der durch Boten oder Ausrufer vorher angezeigt wurde. Dagegen dienten Schenken und Zunfthäuser dem mittleren Bürgertum, die Gassen aber den Plebejern als Tanzboden.

Es handelt sich hier sicher um kein exakt datierbares Ereignis, eher wird eine sich häufig wiederholende Sitte bildkünstlerisch zitiert worden sein.

Salmen (1976) S. 110f., Abb. 62. R. Mi.

A 168
Lucas Cranach d. Ä.
Ein ungleiches Paar. Um 1530
Gemälde auf Lindenholz. 38 × 25 cm
Prag, Nationalgalerie, Inv. DO 455

Das Thema erfreute sich zu Beginn des 16. Jahrhunderts großer Beliebtheit. Mit derber Komik wird die Konkordanz von Geilheit und Narrheit in der Figur des alten Mannes personifiziert, der vom Objekt seiner Begierde »gebeutelt« wird. Schadenfreude, sittliche Entrüstung oder Mahnung zu tugendhaftem Leben mag das Gemälde nicht nur beim zeitgenössischen Betrachter hervorgerufen haben (vgl. zum Thema auch S. Urbach in: Kunst der Reformationszeit (1983) S. 216, S. 225f.).

Friedländer/Rosenberg (1932) S. 72 Nr. 235c; Schade (1974) S. 70, S. 387 Anm. 540, Taf. 180. R. Mi.

A 169 (Abbildung)
Norddeutscher Meister
Rundbild (Relief) mit der Darstellung eines Liebespaares im Wald. 2. Viertel 16. Jh.
Eichenholz. ∅ 10,7 cm
Hamburg, Museum für Kunst und Gewerbe
Inv. 1963.12

Im Gegensatz zu den empfindsamen Darstellungen jugendlicher Liebespaare des 15. Jahrhunderts (Meister des Hausbuches) wird nun, in einer allem Weltlichen aufgeschlossenen Zeit, dieses Thema überraschend zwanglos dargeboten. Beide Figuren sind von draller Körperlichkeit, und sie treiben ein ebenso derbes Liebesspiel. Die im Eichenholz überaus feingeschnittenen, Licht und Schatten bildenden Details (Gewänder, Schmuck usw.) verleihen der Szene eine gewisse Unruhe. Ein verbotenes Liebesabenteuer wird damit gemeint sein, zumal es sich, wie die Haube beweist, um eine verheiratete Frau handelt. In der Komposition richtete sich der offenbar norddeutsche Meister nach Dürers Kupferstich »Der Liebesantrag« von 1494.

Das Relief könnte zu einer Bildfolge (10 Gebote, Tugenden und Laster, Sieben Todsünden) gehört haben. Weit eher jedoch ist anzunehmen, daß es für einen speziell an diesem Thema interessierten Sammler bestimmt war.

Kat. Die Campesche Historische Kunststiftung (1960) Nr. 46, S. 62; Jb. d. Hamburger Kunstsammlungen 10 (1965) S. 196, Abb.; Bildführer 3. Hamburg (1972) S. 166f.; Bilderhefte 12. Hamburg (1975) S. 92f., Abb. 16. E. M.

A 170 (Abbildung)
Süddeutsche Werkstatt
Dudelsack spielender Narr. 2. Hälfte 15. Jh.
Gelbguß, Reste von Vergoldung. H. (ohne Sockel) 11 cm
Berlin, Staatliche Museen, Kunstgewerbemuseum
Inv. F 1580

Der Narr als spielerische Figur im tatsächlichen Leben und als künstlerisches Motiv ist vor allem eine Erscheinung des 15. und frühen 16. Jahrhunderts. Die geistige Präsenz dieser Rolle war so stark, daß Narren vielfach als Kleinplastik, mit oder ohne praktischen Verwendungszweck, gestaltet und zum selbständigen Bildinhalt in Graphik und Malerei wurden. Die symbolische und ambivalente Figur des Narren muß wohl als »spätmittelalterliche Formel für eine kritische Weltbetrachtung« (H. Hanckel) gedeutet werden.

Der noch etwas steife Narr der Berliner Sammlung ist gekennzeichnet durch die enganliegende Kapuze mit kleinen Eselsohren, das Gewand mit lang herabhängenden Ärmeln und Schellen, den fixierenden Blick und einen Dudelsack, dessen Blasrohr heute fehlt. Narren gehörten zur Schicht der Spielleute und Gaukler und wurden daher häufig mit Musikinstrumenten, vor allem dem volkstümlichen Dudelsack, dargestellt. Bezeichnend ist, daß der Narr tanz (Kat. 171) und das Narrenköpfchen aus Steinzeug (Kat. 172) selbst Teil eines Instrumentes war.

Der Narr ist hier aber nicht der Törichte oder gar Kranke, sondern der Schalksnarr, der in dem dem Toren zugestandenen Freiraum seine oft makabren Späße treibt, Tabus verletzt, gefährliche Wahrheiten ausspricht oder auch nur einfach belustigt.

Die Sammlung Figdor (1930) V Nr. 480; Hanckel (1952) Meier (1955). A. W.

A 171
Nürnberger Werkstatt
Tanzender Narr. Um 1470/1480
Bronze, Hohlguß, dunkle Patina. H. 12,6 cm
München, Bayerisches Nationalmuseum
Inv. 59/290

Kat. Bronzeplastik (1974) Nr. 7; Münchener Jahrbuch 3. F. 11 (1960) S. 240, Abb. 1.

A 172
Kölner Werkstatt
Dudelsackpfeife in Form eines Narrenkopfes. Um 1500
Steinzeug, glasiert. H. 5,6 cm
Halle, Staatliche Galerie Moritzburg
Inv. Mo V Kö. 12

A 173
Nürnberger Werkstatt
Dudelsackspieler. Um 1550
Bronze, Vollguß. H. 12,5 cm
Köln, Museum für Angewandte Kunst

Es ist anzunehmen, daß Albrecht Dürers Kupferstich von 1514 mit der Darstellung eines Dudelsackspielers dem Meister dieser Statuette (aus dem Umkreis der Labenwolf-Werkstatt) als Vorbild diente. Die Figur entstand in der Nachfolge kleinplastischer Bronzen Peter Vischers d. J., dem es als erstem deutschen Meister gelang, auch in diesem Format typisch menschliche Wesensmerkmale in physischer und psychischer Hinsicht zu erfassen. Hier ist es ein einfacher Mann aus dem Volk in ländlicher Kleidung

A169

A170

der nicht karikiert, sondern im renaissancehaften Sinne charakterisiert wird. Seine derben Gesichtszüge sind nahezu skizzenhaft angelegt, so, wie die gesamte Oberfläche in einer weichen Modellierung erscheint. Dies verleiht dem kleinen Bildwerk eine Frische und naturhafte Nähe, die eher an einen Entwurf erinnert. Mit erstaunlichem Einfühlungsvermögen ist der Gesichtsausdruck wiedergegeben, der verträumt in die Ferne gerichtete Blick, in Erwartung des Spielbeginns, denn der Windbalg wird noch unter dem linken Arm gehalten, die Pfeifen hingegen sind bereits mit beiden Händen erfaßt.

Meller (1925) Taf. 45; Bange (1949) S. 102, 147, Abb. 176; Kat. Die Sammlung Clemens (1963) S. 31 Nr. 131, Abb. 32.

E. M.

A174
Heinrich Vogtherr d. J.
Der Schalksnarr. Um 1540
Einblattholzschnitt, koloriert, zwei Zeilen xylographischer Text. Blattgr. 399 × 281 mm
Gotha, Schloßmuseum
Inv. 40, 18

Formatfüllendes Brustbild eines Narren mit Narrenkeule. Darunter Text: »Dero Narren lache Ich Allenn/Denn nur Irn Kolbn thun gefallen.« Der Blick durch die gespreizten Finger seiner linken Hand, die im gesamten Spätmittelalter verwendete Gebärde des Durch-die-Finger-Sehens, wird zum »Emblem der menschlichen Narrheit an sich« (Hanckel). Als Bildtypus des zum »Idealporträt« erhobenen Einzelnarren auf das 16. Jahrhundert begrenzt. Einziges bisher nachgewiesenes Exemplar.

Geisberg (1924 ff.) 1468; Hanckel (1952) Nr. 275; Meuche/Neumeister (1976) B 27. P. Th.

A175
Alpenländischer Meister
Spielmann. Ende 15. Jh.
Lindenholz. H. 51,5 cm
Berlin, Staatliche Museen, Skulpturensammlung, Inv. 8667

Die nahezu grotesk überzeichnete Gestalt, durch vitale, ungestüme Körpersprache und fratzenhaften Gesichtsausdruck charakterisiert, stellt einen Musikanten vor, dessen originales Instrument wohl größer war als die später ergänzte Fiedel. Labiles Gleichgewicht und ekstatische Bewegung des städtisch gekleideten Spielmanns scheinen enthemmte Lustbarkeit zu reflektieren.

Seit der Mitte des 15. Jahrhunderts wurde die Musica comuna mittels vertraglich angestellter Stadtmusikanten realisiert und avancierte damit zum Zeichen eines sich als unabhängige Autorität darstellenden Magistrats. Während so alle offiziellen musikalischen Belange des Rates und der Stadt gestaltet wurden, prägten fahrende Spielleute das Musikleben auf Straßen, Plätzen, in Herbergen, Bade-, Dirnen- und Wirtshäusern.

Möglicherweise gehörte die vollrund gearbeitete Wandfigur zur Ausstattung eines Rathauses, das stets auch die Funktion eines städtischen Tanz- und Festhauses hatte.

Fründt, Bildwerke II (1972) Nr. 39. F. K.

A 176/177 (Abbildung A 176)
Adam Kraft
Flötist und Harfenspielerin. Um 1505
Sandstein. H. 63 cm
Nürnberg, Germanisches Nationalmuseum
Inv. Pl o. 2944; Pl o. 2945

Auf Säulen gestellt, gehörten die beiden Figuren zu einer prächtigen Maßwerkbrüstung, die den Innenhof des Nürnberger Hauses Tucherstraße 20 schmückte, das sich im Besitz der Familie Imhoff, einem der sieben »neuen« ratsfähigen Geschlechter der Stadt, befand. Flötenspieler und Harfenistin ragen jeweils aus einer Schar von fünf ausgelassen musizierenden Gestalten mit verschiedenen – heute teilweise verlorenen – Instrumenten hervor. Bewegte Haltungen und drastisch gestaltete Gesichter der als Kranz um die Hauptfiguren gewundenen Musiker geben einen farbigen Eindruck von der Mentalität der Spielleute wieder.

In situ bezeichneten die Werke einen von der Öffentlichkeit abgeschirmten, aufwendig gestalteten Außenraum des Patrizierhauses, dem – das darf man gewiß annehmen – auch Funktionen innerhalb der bürgerlichen Festkultur zukamen. Erklärt man die reich gestaltete Hoffassade aus ihrer Bestimmung als Repräsentations- bzw. Festarchitektur, muß auch der dazugehörige bildplastische Schmuck in seiner diesbezüglichen Zeichenhaftigkeit gelesen werden: als Bild von bzw. für kulturelle Erscheinungen, die in diesem Ambiente angesiedelt waren.

Profane, vor allem Instrumentalmusik in der Stadt beschränkte sich nicht allein auf Formen urbaner Repräsentation sowie Unterhaltung auf kommunalen Festen und in öffentlichen Häusern, sondern gewann seit Beginn des 16. Jahrhunderts als geselliger, ermunternder Zeitvertreib innerhalb der genußreichen Lebensgestaltung städtischer Oberschichten an Bedeutung. Der Musikbedarf für Feiern, Festessen usw., die innerhalb der bürgerlichen Privatsphäre initiiert wurden, konnte sowohl aus dem Kreis städtischer, oft zünftisch organisierter Spielleute, wie aus der nahezu unerschöpflichen Masse fahrender Musikanten gedeckt werden.

Nürnberg 1300–1550 (1986) Nr. 100. F. K.

A 176

A 178
Oberrheinischer Meister
Leuchterweibchen (Fragment). Ende 15. Jh.
Lindenholz. H. 59 cm
Magdeburg, Kloster Unser Lieben Frauen, Inv. PL 23

Das Fragment des Magdeburger Leuchterweibchens erweist sich als Teilstück einer unter dem Taillengürtel abgeschnittenen Skulptur einer weiblichen Gestalt, die sich aufgrund der üppig-schönen Haarpracht, die über der Brust zu zwei zierlichen Strähnen gedreht und nur mit einem schmalen Schleier bedeckt ist, sowie dem Rest eines Salbgefäßes in der Rechten als heilige Maria Magdalena identifizieren läßt. Mittels kultivierter Formensprache, sinnlicher Oberflächenplastizität und leise strömendem Gewand- und Körperfluß wird ein aristokratisches Weiblichkeitsideal der Zeit gezeichnet. Stilistisches Formengut und subtile Detailbehandlung scheinen die kunstlandschaftliche Prägung des Oberrheines aufzuweisen.

Die Fragmentierung erfolgte, möglicherweise in der Konsequenz der Reformation, offensichtlich zum Zweck der Übertragung in einen neuen Funktionszusammenhang. Nach dem traditionellen Gestaltvorbild des Leuchterweibchens wurden in die Rückenpartie des Oberkörpers Einsatzlöcher für die Lichtträger – wahrscheinlich Geweihkronen – gebohrt, die Haarmodellierung dafür dort entfernt. Die hängende Anbringung beweisen die weiten, trichterförmig geöffneten Schmuckärmel, die die Schnittlinie unterschreiten.

Leuchterweibchen gehörten nahezu zur kanonischen Ausstattung von Ratssälen, die oft gleichzeitig als kommunale Tanz- und Festräume dienten, waren aber wohl auch in Patrizierhäusern anzutreffen.

Das – üblicherweise – profane Bild der Frau in schmückkender und dienender, wiewohl äußerst bedeutsamer, nämlich beleuchtender Funktion in Räume einzubeziehen, die von einer regierenden bzw. bestimmenden »Männer-Gesellschaft« sozial definiert waren, stellt ein bedenkenswertes Phänomen dar, das beim ausgestellten Stück außerdem durch die selten bekannte Tatsache der Entsakralisierung und profanen Zweckzuführung eines für kultische Zwecke geschaffenen Bildwerkes ergänzt wird. F. K.

Siegel und Siegelpetschafte

Siegel, deren Tradition ins Altertum zurückreicht, spielten auch im mittelalterlichen Rechts- und Handelsleben eine wichtige Rolle, denn sie waren Mittel zur Bekräftigung und Beglaubigung von Schriftstücken und Urkunden mit größerer Rechtskraft als Unterschriften hatten und dienten für Schriftstücke und Gegenstände als Verschlußmittel.

Nach Kaiser und Königen, neben hohem Adel und Geistlichkeit, siegelten einzelne Städte bereits Mitte des 12. Jahrhunderts; die große Blütezeit städtischer Siegel liegt im 13. und 14. Jahrhundert, als mit prächtigen Siegelbildern häufig landesherrliche Siegel übertroffen wurden. Stadtheilige und -patrone sowie deren Attribute, auch Wappen des jeweiligen Landesherrn oder das eigene städtische wurden zu Siegelbildern gewählt, am häufigsten aber und mit beeindruckender Vielfalt begegnen Stadtbilder, Stadtbefestigungen und Burgen, mit denen Reichtum und Wehrhaftigkeit der Gemeinwesen zu symbolisieren waren.

Als Sinnbilder städtischer Hoheit aus haltbarem Material wie Bronze oder Messing gefertigt, hatten Petschafte in der Regel eine lange Lebensdauer, so daß die von Goldschmieden geschaffenen Kleinkunstwerke romanischer und gotischer Stilrichtung über mehrere Jahrhunderte in Gebrauch blieben. Neu geschnitten wurden dagegen Sekretsiegel, kleine Geheimsiegel, mit denen ursprünglich geheime Schriftstücke, später auch weniger wichtige Korrespondenzen, unterfertigt wurden. Neu sind auch Petschafte von Dörfern und Gemeinden.

Alle Siegel Staatliche Museen zu Berlin, Münzkabinett

A 179.1
Sekretsiegelpetschaft von Brandenburg Neustadt
2. Hälfte 15. Jh.
Silber. ∅ 38,5 mm, mit rückseitiger Handhabe
secretu(m) civitatis brand borch in gotischen Minuskeln auf einem Schriftband. Doppeltürmiges, von zwei kleineren Türmen flankiertes Stadttor, über dem gezinnten Tordurchlaß brandenburgischer Adlerschild.

E. Bahrfeldt, Das Münzwesen der Mark Brandenburg, Berlin 1889, Taf. 24.10.

A 179.2
Sekretsiegelpetschaft der Stadt Eßlingen
2. Hälfte 15. Jh. Bronze. ∅ 41 mm
sigillum secretum civium in esselingen in gotischen Minuskeln auf einem Band. Adlerschild, der vom Schriftband gekreuzt wird, über dem Schild ein Vogel.

Den Adler führte Eßlingen als freie Reichsstadt, er erscheint bereits im ältesten Eßlinger Siegel von 1232. Das Sekretsiegel war nach 1456 im Gebrauch.

A 179.3
Sekretsiegel der Stadt Augsburg. 15. Jh.
Rotes Wachs. ∅ 47 mm, in Holzkapsel, ∅ 61 mm
SECRETVM CIVIVM AVGVSTENSIVM
und von Zinnenmauer umgebene doppeltürmige Burg, im geöffneten Tor der Augsburger Stadtpyr, über der Burg ein Stern.

A 179.4
Siegelpetschaft des Marktes Neuburg. Um 1500
Bronze. ∅ 43 mm, mit rückseitiger Handhabe
:sigillum:des:marcht:nuiburg:an:de:hamlach:
in gotischen Minuskeln. Auf einem Achtpaß liegt ein Wappenschild mit Hirschvorderteil zwischen Blütenzweigen.

A 179.5
Siegelpetschaft des Gerichts der Stadt Bretzenheim
Ende 15. Jh.
Bronze. ∅ 34 mm, mit rückseitiger Handhabe
s.indicu.sucularis.ville.briczenheim in gotischen Minuskeln auf einem Band. Wappenschild, im Schildeshaupt vier Rauten, darunter Flamme.

A 179.6
Sekretsiegel der Stadt Kirchheim unter Teck
1. Hälfte 16. Jh.
Grünliches Wachs. ∅ 31 mm, in Holzkapsel, ∅ 46 mm
SECRETV.CIVIVM.IN.KIRCHAIN.VNDER.TEGK
Im Schildhaupt Hirschstange, darunter sog. Kirchenspange oder Hausanker (vier durch ein Kreuzchen verbundene griechische Omega).

Im ältesten bekannten Siegel der Stadt von 1302 war bereits eine halbe Kirchenspange abgebildet. Nachdem Kirchheim 1381 unter württembergische Herrschaft gekommen war, wurde die württembergische Hirschstange ins städtische Wappen übernommen.

A 179.7
Siegelpetschaft der Fischer in Magdeburg. Mitte 15. Jh.
Bronze. ∅ 36 mm, rückseitige Handhabe abgebrochen
SEC PISCATORES CE MAGDEBORGENS ... (?)
Stehender Bischof, zu beiden Seiten je ein aufrechtstehender Fisch. L. B.

Nachträge

Anonym
Stadtbild mit hohen Gebäuden. 1. Hälfte 16. Jh.
Federzeichnung. 203 × 161 mm
Erlangen, Graphische Sammlung der Universität
Inv. B 84

Barthel Beham
Zwölf Vaganten. Um 1524
Einblattholzschnitt. Blattgr. 345 × 177 mm
Gotha, Schloßmuseum, Inv. 45,5

Sebald Beham (?)
Das sächsische Bergwerk. Um 1528
Einblattholzschnitt. Blattgr. 287 × 397 mm
Gotha, Schloßmuseum, Inv. 35,24

Baseler Meister
Scheibenriß mit der legendären Gründung der Stadt Basel durch Basilius. 1. Hälfte 16. Jh.
Feder, aquarelliert. 546 × 458 mm
Basel, Kupferstichkabinett, Inv. 1662.51

Deutscher Meister
Wucher und Betrug. 1. Hälfte 16. Jh.
Einblattholzschnitt. Blattgr. 397 × 286 mm
Gotha, Schloßmuseum, Inv. 39,36

Albrecht Dürer
Wunderbare Errettung eines ertrunkenen Knaben aus Bregenz. Frühwerk
Malerei auf Fichtenholz. 42 × 50 cm
Privatbesitz

Hans Holbein d. J.
Bildnis eines Jünglings mit verschnittenem Barett. 1. Hälfte 16. Jh.
Silberstift auf weiß grundiertem Papier. 138 × 108 mm
Basel, Kupferstichkabinett, Inv. 1984.7

Niclaus Manuel Deutsch
Der törichte Alte. 1516
Feder, getuscht und weiß gehöht. 203 × 188 mm
Basel, Kupferstichkabinett, Inv. U. XVI.42

Mitteldeutscher Goldschmied
Kette der Schmalkalder Feuerschützen. Vor 1521
Silber, getrieben, gegossen. L. 65 cm
Schmalkalden, Schloß Wilhelmsburg, Inv. 2149/S I

Monogrammist H. F.
Fortuna. 1. Hälfte 16. Jh.
Kohlezeichnung. 306 × 214 mm
Basel, Kupferstichkabinett, Inv. U. VIII.108

Monogrammist M. H.
Bergleutespiegel. 1. Hälfte 16. Jh.
Holzschnitt. Blattgr. 396 × 284 mm
Gotha, Schloßmuseum, Inv. 35,31

Schweizer Meister
Junge Bürgersfrau und Alter mit Eselsmütze als Schildhalter. 1. Hälfte 16. Jh.
Feder, getuscht. 273 × 164 mm
Basel, Kupferstichkabinett, Inv. U. I.42

B

Des Bauern Erdenleben

»Und das Weib schaute an, daß von dem Baum gut zu essen wäre ... und nahm von der Frucht, und aß, und gab ihrem Mann auch davon; und er aß ... Und sie höreten die Stimme Gottes des Herrn .. Und zum Weibe sprach er: Ich will dir viel Schmerzen schaffen, wenn du schwanger wirst; du sollst mit Schmerzen Kinder gebären; und dein Verlangen soll nach deinem Manne sein; und er soll dein Herr sein ... Und zu Adam sprach er: ... verflucht sei der Acker um deinetwillen, mit Kummer sollst du dich drauf nähren dein Leben lang ... Im Schweiß deines Angesichts sollst du dein Brot essen ...«[1]

In der hier formulierten »ewigen Schuld« befand sich im Spätmittelalter auch der Bauernstand im Heiligen Römischen Reich Deutscher Nation. Die von religiösen Dogmen gestützten weltlichen Rechtsvorschriften waren außerstande, Abhilfe zu schaffen. Das soziale Ansehen des Landmannes im gesellschaftlichen Gefüge war gering. Das veranschaulicht bereits eine graphische Darstellung zum sächsischen Land- und Lehnrecht aus dem 12. und 13. Jahrhundert. Sie enthält 24 Positionen – beginnend mit Gott, endend mit dem Juden –, der Bauer steht an siebzehnter Stelle, zwischen dem Büttel und dem Lehnsmann.[2] Diese natürlich nur skizzierte Situation wirft gleichzeitig Licht auf die mangelnde Wertschätzung körperlicher Arbeit im Feudalismus. Anerkennung erfuhr ausschließlich geistige Tätigkeit, die aber wurde hauptsächlich vom herrschaftsstabilisierenden Klerus beansprucht.

Luther jedoch kritisierte das Parasitentum vieler Geistlicher und stellte dem ein neues Arbeitsethos entgegen, wonach »... ein Baur, ein iglich seyns Handtwercks Ampt unnd Werck hat ... unnd ein iglich sol ... den andern nutzlich unnd dienstlich sein, daß alßo viellerley Werck alle in eine Gemeyn gerichtet sein ...«[3] Doch ungeachtet dieser neuen Wertung des »gemeinen Mannes«[4] oder besser seiner Tätigkeit, war die alte Gesellschaftspyramide in dieser bewegten Zeit längst nicht erschüttert. Noch immer ordneten die Astrologen den Bauern sogar gemeinsam mit dem Krüppel und dem Verbrecher dem Planetenbild Saturn zu. Begleitet von oberdeutschen Versen hat uns der Hausbuchmeister eine Federzeichnung auf dickem Pergament überliefert, die gegen 1475 entstanden sein dürfte und ein Planetenbild Saturn zeigt: »Mein Kind sein siech, bleich, dürr und kalt, Grau, träg, bös, neidig, traurig und alt, Dieb, geizig, gefangen, lahm und ungestalt. Tiefe Augen, ihr Haut ist hart, und wenig Bart ... Das Erdreich sie durchgraben gern, Feld-Bauen sie auch nicht entbehrn. Und wie man Not und Arbeit soll leben, Das ist Saturnus' Kind gegeben ...«[5]

Das Bild vom Landmann war um 1500 in jeder Hinsicht mit den denkbar unvorteilhaftesten Eigenschaften belastet. In dieser Zeit wurde eine epochebestimmende Symbolgestalt geschaffen, die nur im Zusammenhang mit den Bauernunruhen zu verstehen ist: »Karsthans« (alemannisch-elsässisch für einen Bauern mit der Feldhacke). Anfänglich ist die Figur noch als »grober Bauernklotz«, später aber positiv interpretiert worden. Seit dem frühen 16. Jahrhundert erfreute sie sich großer Popularität.

Albrecht Dürer und Sebald Beham zum Beispiel waren mit ihren Kupferstichen und Zeichnungen dem »neuen Bauernbild« entgegengekommen. Aus den erniedrigten Gestalten, wie sie beispielsweise Martin Schongauer schuf, sind fordernde, den jeweiligen Bildraum beherrschende Figuren geworden. Die groben, brutalen Gesichtszüge vieler Bauerndarstellungen (vergleiche Dürers »Tanzendes Bauernpaar« von 1514 oder »Marktbauern« von 1519) werden von Schilderungen physischer Stärke begleitet. Das von Lucas Cranach d. Ä. geschaffene schöne Aquarell eines Bauernkopfes verrät die Folgen schwerer körperlicher und stumpfsinniger Landarbeit. Hier wird nichts verschwiegen, exakte Studien des Landmannes, den man allmählich als einen politischen Machtfaktor erkannte, werden die Grundlagen der eindrucksvollen Arbeiten gewesen sein. Von Albrecht Dürer ist ein Kupferstich auf uns gekommen, der drei Bauern zeigt, die sich im Auftreten, in ihrer Kleidung sowie durch ihre Bewaffnung vom allgemeinen Klischee des gemeinen Mannes unterscheiden. Vermutlich handelt es sich dabei um wohlhabende Bauern, die zeitweilig erfolgreich als Landsknechte dienten und somit innerhalb ihres Standes eine privilegierte gesellschaftliche Stellung bekleiden konnten. Darüber hinaus zwang »schon die Notwendigkeit des Schutzes vor wilden Tieren oder vor räuberischem Gesindel ... den Bauern, wenn er etwas weiter von seinem Haus durch Wald oder über Berge ging, Waffen bei sich zu tragen«.[6]

Wir konnten bisher feststellen, daß der Landmann einzig in der »kleinen« künstlerischen Form dominierte (Druckgraphik, Zeichnung). Die vornehmste Aufgabe auch der spätmittelalterlichen Kunst stellte noch immer das Altarwerk dar. Hier finden wir den Typ des gemeinen Mannes als Hirten an der Krippe oder im weiten Rahmen der religiösen Kunst als Verlorenen Sohn bei den Schweinen. Daneben

B1

existiert eine Tradition von Monatsbildzyklen, der auch die Gemälde Hans Wertingers (1525/1530) zuzuordnen sind. Die einzelnen Monate werden durch die in ihnen notwendigen Arbeiten veranschaulicht. Einzig in diesem Gefüge konnten die Tätigkeiten von Bauern, Winzern oder Schlachtern Gemäldeinhalte beherrschen, auch wenn das allegorische Moment natürlich bestimmend blieb.[7] Obgleich hier Berührungspunkte gegeben sind, gehen die Illustrationen zu Vergils »Georgica« – Sebastian Brant besorgte die 1502 in Straßburg verlegte Ausgabe – bereits einen Schritt weiter. Es handelt sich um erste Beispiele technisch-lehrhafter Schilderungen landwirtschaftlicher Arbeit im Spätmittelalter. Wie in der hauptsächlich religiös gebundenen Kunst der Zeit gleichfalls zu beobachten, wurden Begebenheiten der ferneren Vergangenheit als Gegenwartserscheinungen reflektiert.

»Der arbeitende Mensch ist zu beschäftigt, zu unglücklich und zu sehr um seine Zukunft besorgt, um sich an der Schönheit der Landschaft und an den Reizen des ländlichen Lebens erfreuen zu können. Auch für ihn bedeuten die goldenen Felder, die schönen Wiesen und das prächtige Vieh Säcke voller Taler, an denen er in bescheidenem Maße teilhat, was aber für seine Bedürfnisse nicht ausreicht.«[8]

Ein ganz anders geartetes Verhältnis zu den landschaftlichen Reizen seiner Heimat konnte dagegen das Regensburger Ratsmitglied Albrecht Altdorfer entwickeln. Er erhob als erster deutscher Künstler zu Beginn des 16. Jahrhunderts die reine Landschaft – frei von literarischen Bezügen – zu einem autonomen Thema.[9] Auch Lucas Cranach d. Ä. stand dem nicht fern, man denke an seine Zugehörigkeit zur »Donauschule« von etwa 1500 bis 1504.[10]

Noch in den vierziger Jahren schuf er Gemälde, in denen die Landschaft Mitteldeutschlands meisterlich geschildert wurde. Sie ist hier jedoch nicht Selbstzweck, sondern Ambiente einer fürstlichen Jagd. War in den Monatsbildern das allegorische Moment eines tätigen Miteinanders von Mensch und Natur vorherrschend, so wird in den Jagddarstellungen das fürstliche Privileg demonstriert. Als Gemäldevorbereitungen mögen auch viele der schönen Tierstudien Albrecht Dürers zu verstehen sein. Darstellungen einheimischer Pflanzen lassen sich bereits am bauplastischen Schmuck des Naumburger Doms für das 13. Jahrhundert belegen. Knapp 300 Jahre später hielt man noch immer an dieser Tradition fest, wie beispielsweise eine Laubkonsole mit Schnecke (Skulpturensammlung Berlin) eindrucksvoll belegt.

Das Landleben in den Bereich idyllischer Sphären zu transformieren war dem sogenannten Wildleutemilieu vorbehalten. Wilde Männer im Zottelkleid, zum Teil mit Holzkeulen »bewaffnet«, spielen ländlichen Alltag in den unterschiedlichsten künstlerischen Medien vor. Die tatsächlich herrschende Sozialstruktur wird dabei völlig ignoriert, man pflügt, erntet, jagt und liebt wie man es versteht! Ein imposantes Beispiel bietet ein spätgotischer Wandteppich mit Wildleuten bei der Landarbeit (Wien). Frauen und Männer gehen hier mühelos harter Feldarbeit nach. Vor allem der wilde Mann wurde zu einer beliebten Figur, ähnlich der Herkulesgestalt, in der man Macht und Unabhängigkeit als erstrebenswerte Ideale des regierenden Fürsten rezipierte. Häufig fanden deshalb bewaffnete Wildleute als »Wappenbegleitung« Verwendung. Hier ist der gesellschaftlich verachtete landwirtschaftliche Alltag nur formal bemüht worden, um einer intellektuellen Fiktion der Herrschaft zu genügen.

Der Bauer mit seinen tatsächlichen Problemen, mit seinem grausamen Alltag war kein Thema der Kunst des Spätmittelalters – sie kennt nur die Schilderungen seiner Feste. Besonderheiten bilden einzig die zum Teil illustrierten Flugschriften. Die bedeutenden Künstler der damaligen Zeit gehörten einem anderen sozialen Stand an, wurden vom Klerus, von den Fürsten oder vom städtischen Patriziat mit Aufträgen versehen. Gelegentlich mußte der gemeine Mann als Negativbild (als Tölpel oder Dummkopf) in der einen oder anderen Schilderung kontrastieren. Der Kunst war es nicht vergönnt, ein authentisches Bild bäuerlichen Lebens zu bieten. Mit Sicherheit sind viele Zeugnisse des Alltags nach der Niederlage der Bauern 1525 gezielt vernichtet worden.[11] R. Mi.

B1 (Abbildung)
Mittelrheinisch, Umkreis des Meisters des Hausbuches
Tanzende Bauern (Ländliches Fest). Ende 15. Jh.
Feder mit Bister und Tusche, bläulich (mit Indigo?) laviert.
251 × 795 mm
Weimar, Kunstsammlungen, Inv. KK 1379

Der unbekannte Zeichner aus dem Umkreis des Wolfegger Hausbuchmeisters muß ein guter Beobachter gewesen sein: Bewegungen und Überschneidungen der Tänzer sind glaubhaft, die Rhythmisierung überzeugt. Abgesehen von dem einsamen, vergleichsweise schematisch behandelten Baum, der dem Spielmann zum Sitz dient, ist auf die Wiedergabe landschaftlicher Umgebung verzichtet, doch die spontan und natürlich wirkende Gruppierung der Paare macht das Beschreiben einer Festwiese entbehrlich, obwohl der Zeichner die mitgestaltende Phantasie des Betrachters wahrscheinlich nicht einkalkuliert hat. Ihm ging es vor allem um das kompositionelle Problem, eine Anzahl bewegter Figuren so zu verteilen, daß die Bildfläche sich optisch zum Raum vertieft.

Barth (1986) Nr. 14. R. B.

B 2 (Farbtafel)
Flämische Schnitzerwerkstatt
Hirtentanz. Um 1500
Eichenholz, originale Fassung. 36,4 × 28,5 cm
München, Privatbesitz

Auf einer der felsigen Klippen des eine stilisierte Landschaftsformation mit weidenden Schafen abbildenden Reliefs hat sich ein Hirte niedergelassen und bläst mit vollen Backen in seinen Dudelsack. Anderes Volk bewegt sich zum Klang der Sackpfeife in einem ländlichen Rundtanz. So gibt das szenische Fragment die Hirten auf dem Felde wieder, denen die Botschaft von der Geburt Christi verkündet wurde und die ihrer Freude darüber im Tanz Ausdruck verleihen. Das Bild fängt aber zugleich vielfältige Momente der Lebenswirklichkeit der ländlichen Bevölkerung des ausgehenden Mittelalters ein. Die Musik der Sackpfeife, die aus der Sicht des vornehmen Städters schon lange verpönt war und an der, nach Sebastian Brant, nur ein Narr noch Gefallen finden konnte, läßt sich weder aus der Sphäre der Alltagsarbeit der Hirten noch der ländlichen Feste wegdenken.

Charakteristisch sind die für den Bauerntanz typischen Bewegungen wiedergegeben worden, vor allem das Hüpfen und das Aufstampfen im Reigen. Die vergoldeten Gewänder geben den Tanzenden ein festtägliches Aussehen, obwohl sie die einfache Kleidung des Landvolkes tragen. So greift die erzählerisch kommentierende Landschaft populäre Wirklichkeitsbereiche auf, um dem Betrachter das christliche Heilsereignis umfassender und einprägsamer vermitteln zu können.

Sicherlich stammt das Relief aus einem Altarwerk, in dessen Zentrum die Geburt Christi stand. Ähnlich anderen Darstellungen (z. B. Traminer Altar des Hans Klocker, München, Bayerisches Nationalmuseum, Inv. MA 1952), wird die Berglandschaft als Versatzstück des Hintergrundes der Hauptszene gedient haben. Die Provenienz des bisher unveröffentlichten Stücks scheint flämisch zu sein. Auf Affinitäten in der Gesichts- und Gewandbildung am Retabel der Heiligen Sippe in der St.-Annen-Kapelle in Oudergen (Brabant) wies dankenswerterweise Gudrun Sporbeck, Köln, hin. Ähnliche Darstellungen des Motivs finden sich in der zeitgenössischen franko-flämischen Buchmalerei (z. B. Stundenbuch des Charles d'Angoulême, Paris, Bibliothèque Nationale, Ms. lat. 1173, fol. 20v). F. K.

B 3
Oberrheinischer Zeichner. Anfang 16. Jh.

Eine Gruppe von fünf tanzenden Bauernpaaren in Basel läßt den Schluß zu, daß ein Vorrat derartiger Zeichnungen von satirischer Bedeutung im Umkreis Martin Schongauers entstanden war. Bezeichnend für die Figuren ist die ständige Bereitschaft zu Varianten, die das Aufspüren der maßgeblichen Vorbilder – ein Stich des Meisters bxg scheint dem tanzenden Paar des zweiten Blattes zugrunde zu liegen – erschwert. Derbe Motive bestimmen die Darstellung.

Falk (1979) Nr. 104–106; Raupp (1986) S. 135 ff., Nr. F–3. W. S.

B 3.1
Paar bei der Wende
Feder in Schwarzbraun. 159 × 215 mm
Basel, Kupferstichkabinett, Inv. V.VII.128

B 3.2
Paar neben einem Eiertänzer
Feder in Braun. 160 × 218 mm
Basel, Kupferstichkabinett, Inv. V.VII.136

B 4
Daniel Hopfer
Das Bauernfest. Um 1533–1536.
Radierung (aus zwei Blättern zusammengesetzt)
241 × 486 mm.
Berlin, Staatliche Museen, Kupferstichkabinett
Inv. 2–1960

Die Darstellungen von Bauernfesten gingen offenbar von Nürnberg aus, wurden aber weithin beachtet. Der Beitrag Augsburgs besteht in der zweiteiligen Radierung Hopfers, zu der ein Text von zwanzig Versen gehört. Das Blatt setzt ähnliche Darstellungen der Brüder Beham voraus. Es zeigt die Gruppe der Schmausenden vor dem Wirtshaus und Gruppen von Tanzenden und Betrunkenen auf weiten, eingezäunten Weideflächen. Das Essen, der Tanz und die Liebe der Bauern sind mit ironischem Abstand ins Bild gebracht.

Bartsch 17; Eyssen (1904) 78; Hollstein, GE Bd. XV 831; Raupp (1986) S. 136, 154 f. W. S.

B 5
Albrecht Dürer
Der Dudelsackpfeifer. 1514.
Kupferstich. 116 × 74 mm
Dessau, Schloß Georgium, Inv. AD 5.10

Meder (1932) 90; Wölfflin (1920) S. 221; Panofsky (1948) 380; Winkler (1957) S. 318 ff.; Kat. Dürer (1971) Nr. 426.

E. B.

B 6
Albrecht Dürer
Die drei Bauern im Gespräch. 1497/1498.
Kupferstich. 106 × 75 mm
Gotha, Schloßmuseum, Inv. 8–10

B 7
Albrecht Dürer
Das tanzende Bauernpaar. 1514.
Kupferstich. 118 × 75 mm
Gotha, Schloßmuseum, Inv. 8–20

B 8 (Abbildung S. 12)
Albrecht Dürer
Der Marktbauer und sein Weib. 1519.
Kupferstich. 116 × 73 mm
Gotha, Schloßmuseum, Inv. 8–7

Dürer zeichnet die Bauern mit dem interessierten, aber distanzierten Blick des Städters. Als derbe Individualitäten sind sie in gewisser Weise das Gegenbild der humanistisch geprägten Idealvorstellung vom Menschen. Offenbar gingen den Stichen Studien nach der Natur voraus (vgl. die Federzeichnung mit Bauerngruppen, Winkler [1957] 164).

Meder (1932) 87–89; Kat. Dürer (1971) S. 219; Deutsche Kunst der Dürerzeit (1971) Kat. 191, 341, 356; Raupp (1986) S. 130 ff. E. B.

B 9
Georg Glockendon d. Ä.
Xylographischer Kalender. Um 1493
Einblattholzschnitt, mit typographischem Text
374 × 282 mm (oben beschnitten)
Nürnberg, Germanisches Nationalmuseum, Inv. HB 14913

Heitz (1905) Nr. 80. P. Th.

B 10
Augsburger Werkstatt
Kabinettscheibe mit Monatsbild Luna. Um 1510–1515
Farbloses Glas, Grisaillemalerei in Silbergelb und Eisenrot. ∅ 16 cm
Frankfurt am Main, Museum für Kunsthandwerk, Inv. 6131

Die seit dem 14. Jahrhundert verbreiteten Darstellungen der »Planetenkinder« waren Bestandteil eines enzyklopädisch-kosmologischen Systems, welches den Planeten bei einer bestimmten Stellung innerhalb des Tierkreises großen Einfluß auf die Charakterbildung zusprach und ihnen dementsprechende Tätigkeiten und Berufe zuordnete. Im Hausbuch wird zur Charakterisierung des Planeten Luna gesagt: »Ich pin unstet und wunderlich. / Mein kint man kaum geczemen kan, / Nymant sein sie gerne unttertane. /.../ Leuffer, gauckler, fischer, marner, / Farnschuler, vogler, maler, pader / Und was mit wasser sich ernert / Dem ist des monats schein beschert.« Die kleine Monatsscheibe, von den Illustrationen des Hausbuchmeisters abhängig, zeigt im Vordergrund einen Zauberkünstler, im Hintergrund andere bezeichnende Tätigkeiten.

Beeh-Lustenberger (1965) Kat. 53. A. W.

B 11
Jörg Breu d. Ä.
Planetenkinder-Bild Luna, Glasgemälde-Entwurf
Nach 1516
Feder mit Bister. ∅ 23,5 cm
Weimar, Kunstsammlungen, Inv. KK 93

Die alte Himmelskunde zählt sieben Planeten, darunter auch Sonne und Mond. Die Antike hatte sie mit Gottheiten identifiziert, die im Mittelalter jedoch nicht mehr abgebildet worden waren. Erst unter humanistischem Einfluß erschienen sie um die Mitte des 15. Jahrhunderts wieder in der Kunst. Planetenkinder-Bilder gehören zu den ersten profanen Genredarstellungen in Graphik und Malerei. Das Luna-Blatt aus Breus Planetenserie trug die irrige Bezeichnung »Venus« und wurde (von fremder Hand?) korrigiert.

Gabelentz (1912/1913) II 3; Barth (1986) Nr. 26. R. B.

B 12 (Abbildung)
Hans Wertinger
Monatsbild April. Um 1525/1530
Gemälde auf Tannenholz. 32 × 39 cm
Nürnberg, Germanisches Nationalmuseum, Inv. Gm 1237

Lutze/Wiegand (1936) Textbd. S. 185 f., Bildbd. Abb. 279; Buchner (1938) S. 167 f. Nr. 742; Stange (1964) S. 129. R. Mi.

B 13 (Farbtafel)
Hans Wertinger
Monatsbild Dezember. Um 1525/1530
Gemälde auf Tannenholz. 32,4 × 39,9 cm
Nürnberg, Germanisches Nationalmuseum, Inv. Gm 1240

Trotz der vorgeführten Detailrealitäten handelt es sich keineswegs um topographisch abgesicherte Veduten. Gottgefälliges Leben, Mensch und Natur in zweckbedingter Eintracht, ein vielfältiges Gleichnis von Stirb und Werde waren das ideologische Substrat. Das Bild baut sich in erster Linie aus der Zeichnung auf, der die Farbe untergeordnet wird. Wie Stange zu Recht bemerkt, steht die stilistische Eigenart Wertingers – die fehlende Bindung der Motive untereinander – einer Zuordnung des Künstlers zum Donauschulkreis entgegen. Die Zuschreibung der Monatsbilder April und Dezember wie auch der übrigen in Nürnberg (7), in Leningrad (1), in Privatbesitz Wiesbaden (1) und im Kunsthandel (2) an Wertinger erfolgte durch Buchner (Monats- und Jahreszeitenbilder Hans Wertingers, in: Zeitschr. für bild. Kunst, LXI. 1927/1928 S. 106 ff.).

Der gesamte Zyklus hat seine Vorbilder in der burgundisch-niederländischen Buchmalerei des frühen 15. Jahrhunderts (vgl. Brüder von Limburg »Les belles heures du Duc de Berry«, 1410–1413, New York, Metropolitan Museum, und »Les très riches heures du Duc de Berry«, 1413 bis 1416, Chantilly, Musée Condé).

Die teilweise voneinander abweichenden Maße der Tafeln dieser Serie könnten dadurch erklärt werden, daß sie einer Zimmerdekoration angepaßt worden sind.

Lutze/Wiegand (1936) Textbd. S. 186, Bildbd. Abb. 285; Buchner (1938) S. 167 f. Nr. 748; Stange (1964) S. 129. R. Mi.

B 12

B 14
Meister der Grüninger Offizin
Bauern bei der Arbeit. 1502
Holzschnitte aus: Vergil, Opera. Straßburg, Johann Grüninger, 1502
Berlin, Staatliche Museen, Kupferstichkabinett, Inv. 48–1955

B 14.1 (Abbildung)
Bauern mit Werkzeugen zum Landbau
85 × 139 mm

B 14.2
Bauer bei der Behandlung von Saatgut
87 × 138 mm

In einem spröden Stil mit kräftigen Umrissen und begleitenden kurzen Strichlagen, der an Metallschnitt erinnert, wird ein Arsenal von Werkzeugen ausgebreitet, die Handlung beider Männer mit Hacke und Axt steht fast unverbunden daneben.

Die zweite Darstellung zeigt einen Mann offenbar bei der Zubereitung des Saatgutes mit Ölschaum. Hier erscheint nahe dem Kopf die aufgehende Sonne in naiver Abkürzung (eher einem Baum ähnlich): Hinweis auf die Beachtung des Laufes von Sonne und Sternen durch den Landmann.

B 14.3
Einrichtung eines Bienenstandes
85 × 139 mm

B 14.4
Räuchern eines Bienenstandes
87 × 138 mm

Das Lied vom Landbau enthält einzelne Vorschläge zur Einrichtung von Bienenständen, die vor Wind, weidendem Vieh und Schädlingen geschützt sein sollen. Empfohlen wird das Räuchern mit Thymian gegen Eidechsen und Asseln und das Räuchern mit Galbanum gegen die Bienenkrankheit. Die Hand Gottes aus den Wolken deutet darauf hin, daß die Krankheit als göttliche Strafe empfunden wird.

W. S.

B 14.1

B 15
Mitteleuropäische Werkstätten
Eisenvotive. Vor dem 16. Jh.
Eisen, geschmiedet
Berlin, Staatliche Museen, Museum für Volkskunde

Votive sind Opfergaben, die aus verschiedensten Materialien wie Wachs, Eisen, Ton, Silber, aber auch aus Holz oder Papier gefertigt wurden. Mit der Bitte um Heilung oder als Dank für erfolgte Genesung von Mensch oder Tier übergab der Opfernde ein entsprechend gestaltetes Votiv. Eiserne Tiere oder menschliche Figuren, aber auch einzelne Körperteile wie Hände, Arme, Beine oder bestimmte Organe wurden bereits im Mittelalter anläßlich von Wallfahrten dem jeweiligen Kirchenheiligen, häufig St. Leonhard, dem Patron der Gefangenen und des Viehes, dargebracht.

Vor der Reformation erreichte das Verbreitungsgebiet der eisernen Votive in Mitteleuropa seine größte Ausdehnung. Votivfunde aus Kirchen bzw. von Ausgrabungen belegen zwischen Elsaß und Schweiz im Westen, Ungarn im Osten, Norditalien im Süden und Südthüringen im Norden ein geschlossenes Vorkommen.

Ursprünglich brachten die Wallfahrer ihre Votive selbst mit, die sie zuvor beim heimatlichen Dorfschmied in Auftrag gegeben hatten. Grob geschmiedete, mit nur wenigen Hammerschlägen aus einem einzigen Stück gearbeitete Figuren sind kennzeichnend für die frühen Formen. Vierbeinige Tiere weisen kaum artenspezifische Merkmale auf. Ihr Leib ist fast unbearbeitet und läßt das Vierkanteisen, das als Ausgangsmaterial diente, noch klar erkennen.

Ein anderer Formentyp zeichnet sich dadurch aus, daß der aus Bandeisen geformte Tierkörper über dem Amboßdorn breitgeschlagen und nach unten gewölbt wurde. Durch Dreiteilung der Stabenden und unterschiedliches Aufbiegen der dadurch abgespalteten Streifen sind Hinterbeine und Schwanz sowie Vorderbeine und Kopf, mitunter auch Ohren bzw. Hörnerpaar, grob herausgeschmiedet. Die bäuerlichen Auftraggeber stellten an diese kleinen eisernen Figuren, die sie stellvertretend für die eigene Person oder für das Vieh im heimischen Stall dem Heiligen versprachen, keine Ansprüche auf künstlerische Ausformung.

Dennoch fanden die Schmiede zunehmend zu charakteristischer Gestaltung. Details und markante Merkmale der Tiergattungen wurden durch überhöhte Gestaltung hervorgehoben, typische Körperhaltungen ausgeformt und Gesichtszüge mit sparsamen Körnerschlägen eindrucksvoll markiert. E. K.

B 15.1
Opferschwein. Vor d. 16. Jh.
Schulterhöhe 5,9 cm
Fundort: Friesack, Österreich
Inv. 45/6 (51 h 24)

B 15.2
Opferrind. Vor d. 16. Jh.
Schulterhöhe 5 cm
Fundort: Ganacker, Bayern
Inv. 45/8 (51 h 26)

B 15.3
Opferpferd. Vor d. 16. Jh.
Schulterhöhe 6,3 cm
Fundort: Aigen am Inn, Bayern
Inv. 45/155 (51 h 176)

B 15.4
Opferschwein. Vor d. 16. Jh.
Schulterhöhe 4,9 cm
Fundort: St. Wolfgang, Österreich
Inv. 45/7 (51 h 84)

B 15.5
Opferpferd. Vor d. 16. Jh.
Schulterhöhe 5,5 cm
Fundort: Aigen am Inn, Bayern
Inv. 45/5 (51 h 143)

B 15.6
Opferpferd. Vor d. 16. Jh.
Schulterhöhe 6,3 cm
Fundort: Ganacker, Bayern
Inv. 45/3 (51 h 117)

B 15.7
Opferpferd. Vor d. 16. Jh.
Schulterhöhe 5,2 cm
Fundort: Ganacker, Bayern
Inv. 45/40 (51 h 13)

B 15.8
Opferkröte. Vor d. 16. Jh.
Schulterhöhe 1,4 cm
Fundort: Bayern, Inv. 45/117 (51 h 57)

B 15.9
Männliche Opferfigur. Vor d. 16. Jh.
H. 14,7 cm
Fundort: Aigen am Inn, Bayern
Inv. 45/86 (51 g 43)

B 15.10 (Abbildung)
Männliche Opferfigur. Vor d. 16. Jh.
H. 14,8 cm
Fundort: Österreich
Inv. 45/85 (51 g 38)

B 15.11
Opferwickelkind. Vor d. 16. Jh.
H. 10,5 cm
Fundort: St. Leonhard, Kärnten
Inv. 45/88 (51 g 61)

B 15.12
Menschliche Opferfigur. Vor d. 16. Jh.
H. 10,6 cm
Fundort: Aigen am Inn, Bayern
Inv. 45/87 (51 g 41)

B 15.13
Menschliche Opferfigur. Vor d. 16. Jh.
H. 16,8 cm
Fundort: Österreich, Inv. 45/90 (51 g 40)

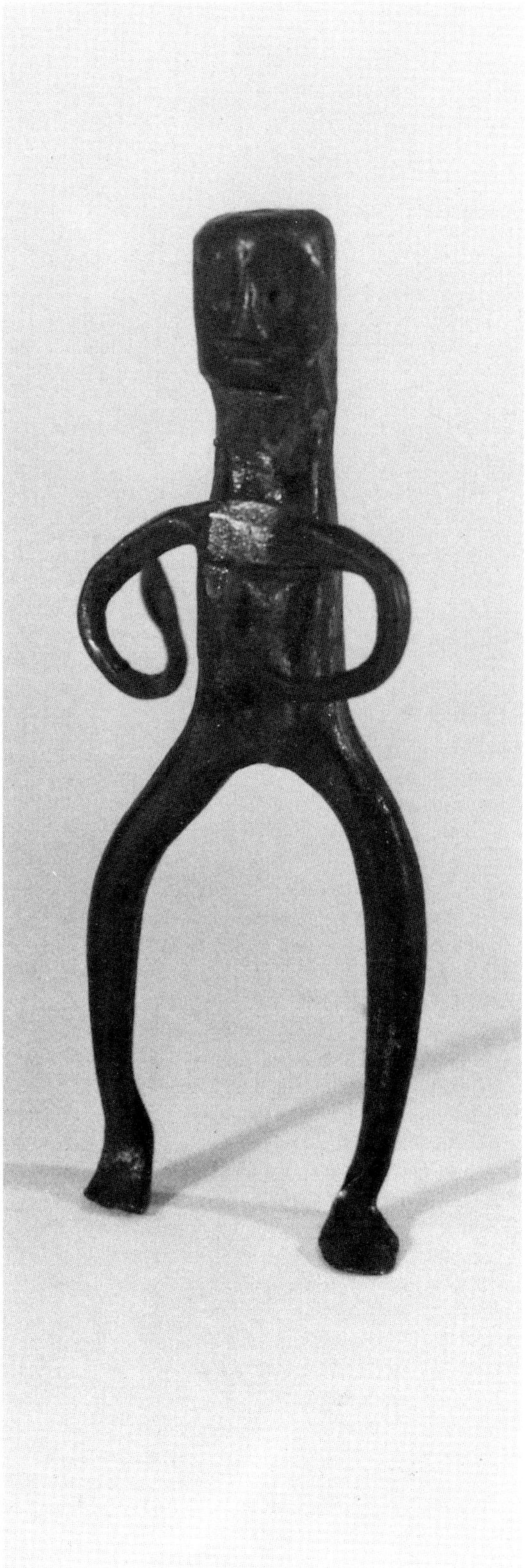

B 15.10

B 18

B 15.14
Opfertier. Vor d. 16. Jh.
Schulterhöhe 3,9 cm
Fundort: Ganacker, Bayern, Inv. 45/11 (51 h 99)

B 16
Süddeutsche Bronzegießerei
Votivgabe in Gestalt eines Ebers. Um 1480
Bronze, gegossen, ziseliert, H. 15,5 cm, L. 21 cm
Berlin, Staatliche Museen, Kunstgewerbemuseum
Inv. F 4873

Kleinplastische Tierfiguren, die als Votivgaben in unterschiedlichsten Materialien seit dem Mittelalter gestiftet wurden, gehören im allgemeinen dem Bereich der Volkskunst an. Unter den Darstellungen von Nutztieren sind häufiger Schweine zu finden, die als Attribute des heiligen Antonius auch einen ideellen Wert besaßen. Durch Antonius, den Eremiten, erhoffte man Schutz gegen Krankheit von Mensch und Tier. Angehörige des nach ihm benannten Antoniterordens widmeten sich besonders der Pflege jener Kranken, die vom sogenannten Antoniusfeuer befallen waren, einer gefürchteten und besonders unter der Landbevölkerung verbreiteten Krankheit, die durch Verunreinigung des Getreides mit Mutterkorn hervorgerufen wurde. Zu den Dankopfern der Genesenen gehörten die »Tönnisschweine« oder Antoniusschweine, die, durch Glöckchen gekennzeichnet, frei in den Dörfern herumlaufen durften. Die kleinen Tierplastiken entstanden als Nachbildungen dieser natürlichen Präsente.

Die Sammlung Figdor (1930) Bd. I Nr. 519 und 526 (als Vergleichsstücke). E. M.

B 17
Jakob Binck
Der Bauer mit dem Eierkorb. Um 1525
Kupferstich. 56 × 37 mm
Berlin, Staatliche Museen, Kupferstichkabinett
Inv. 760–143

Das kleine Blatt mit dem Bauern, der frontal im Bild steht, überliefert offenbar eine Zeichnung Sebald Behams aus der Zeit um 1520 (vgl. dessen Stiche Pauli 197, 198).

Nagler (1893) Bd. 3 S. 277 Nr. 15; Hollstein, GE Bd. IV S. 71 Nr. 153. W. S.

B 18 (Abbildung)
Hans Weiditz
Von schmaler Nahrung. Um 1519/1520
Aus: Petrarca, Glücksbuch II, Kap. 10
Holzschnitt. 95 × 157 mm

In der Ikonographie der Monatsbilder (hier bezogen auf den Januar, also eine Jahreszeit, die naturbedingt zur Mäßigung zwingt) ist die Vorstellung von der schmalen Nahrung vorgetragen. Der Kachelofen, Attribut des ansonsten nicht im bäurischen Milieu handelnden Januarbildes (vgl. H. S Beham, Die zwölf Monate, Hollstein 239), die zum Trocknen aufgehängte Kleidung und die blattlose Vegetation verweisen auf den Winter. Astrologisch ist der Saturn der Monat Januar. Der Bauer zählt zu den Planetenkindern des Saturns.

Musper (1927) 197; Fraenger (1930) Abb. 27; Scheidig (1955) S. 204; Raupp (1986) S. 27f. E. B

B25

B19
Mittelrheinischer Meister
Drei Knoblauchpflanzen. Um 1485
Aus: Johannes von Cuba, Hortus sanitatis.
Mainz, Peter Schöffer, 1485
Holzschnitt. 115 × 155 mm
Fortlaufender Text auf der Vorder- und Rückseite
Berlin, Staatliche Museen, Kupferstichkabinett,
Inv. 925–143

Das 1485 in deutsch herausgegebene Kräuterbuch von Johannes von Cuba ist eines von den drei Herbarien, die Peter Schöffer in Mainz veröffentlichte.

Die vielseitigen Heilkräuter des Knoblauchs wurden besonders von den Bauern genutzt. Lauchgemüse gehörte zur Grundnahrung. Die natürliche Diät des Bauern verlieh ihm eine höhere Widerstandskraft und bessere Gesundheit als dem Städter.

TIB (1983) 90, S. 47. E. B.

B20
Kopie nach Barthel Beham
Die drei klagenden Knechte. Nach 1530
Einblattholzschnitt, koloriert, mit typographischem Text
Drucker: Hans Guldenmund. Blattgr. 264 × 390 mm
Gotha, Schloßmuseum, Inv. 39, 42

Drei Bauern bzw. Knechte, an ihren Attributen (Dreschflegel, Schwein, Messer) als solche erkennbar, beklagen sich über schwere Arbeit und mangelhafte Nahrung. Sie würden lieber ins Kloster gehen, um dort ein Leben in Müßiggang zu führen, das sich jedoch, wie der unbekannte Textdichter (nach einem verlorengegangenen Gedicht von Hans Sachs?) versichert, nur auf die geistige Oberschicht begrenzt.

Eine Kopie nach dem Gothaer Exemplar ohne Text und mit nur geringfügiger Abweichung in Nürnberg, Germanisches Nationalmuseum (Inv. H 5572, Kapsel 29).

Geisberg (1924 ff.) 155; Meuche/Neumeister (1976) B 5. P. Th.

B21
Anthony Corthois d. Ä. nach Erhard Schön
Klage der drei Hausmägde. Um 1530/1535
Einblattholzschnitt, koloriert, mit typographischem Text
Blattgr. 281 × 399 mm
Gotha, Schloßmuseum, Inv. 39, 34

Darstellung dreier Dienstmädchen. Durch die Attribute und den nachstehenden Text von links nach rechts als Handwerker-, Bürger- und Bauernmagd ausgewiesen. Heirat wird als Ausweg aus sozialer Drangsal empfohlen.

Geisberg (1924 ff.) 1172; Meuche/Neumeister (1976) B 23; Kunst der Reformationszeit (1983) C 56. P. Th.

B22
Martin Schongauer
Auszug zum Markt. Um 1470–1473
Kupferstich, 157 × 160 mm
Dresden, Staatliche Kunstsammlungen, Kupferstich-Kabinett, Inv. A 1926–279

Bartsch 88; Lehrs (1908–1934) 90. E. B.

B 23
Nachfolger Martin Schongauers
Drei Bauern im Gespräch. Um 1500
Feder in Dunkelbraun. 212 × 148 mm
Basel, Kupferstichkabinett, Inv. VII. 107

Die Darstellung steht an Formgewalt hinter Dürers Stich der Marktbauern, um 1496/1497, weit zurück, enthält aber verstärkte Züge, die an die Besiegelung eines Bündnisses (ähnlich der Darstellung des Rütli-Schwurs, vgl. Kat. D 6.) denken lassen. So legt der Redende rechts seine Linke auf den Schwertknauf des Linken, die Linke des Mittleren liegt auf dem Rücken des Rechten. Zur Eindeutigkeit dieser Gesten ist der Ausdruck der Gestalten unbestimmt.

Falk (1979) Nr. 67; Raupp (1986) S. 57. W. S.

B 24
Hans Weiditz
Zwei Bauernfamilien vor ihren Hütten. Um 1519/1520
Aus: Petrarca, Glücksbuch I, Vorrede
Holzschnitt. 97 × 155 mm

Landarbeit und Wetter waren gebräuchliche Sinnbilder für schicksalhafte Wendungen. Die Klage des Bauern und das Gebet der Kinder sind gegenübergestellt: »... was so kurzwierig ist, soll man ohne Klage erdulden.« (Petrarca)

Ungewitter sollten der Gottesfurcht und der Besinnung auf begangene Sünden dienen: »Wenn ihr nicht haltet Gebot, will ich euch geben Hitze, Reif, Kält, Hagel, Donnerschlag und mehren das von Tag zu Tag.« (Sebastian Brant, Das Narrenschiff, Leipzig 1986, S. 261)

Musper (1927) 62; Scheidig (1955) S. 40; Raupp (1984) S. 84; Raupp (1986) S. 24–25. E. B.

B 25 (Abbildung)
Hans Weiditz
Von einem fruchtbaren Acker. Um 1519/1520
Aus: Petrarca, Glücksbuch I, Kap. 57
Holzschnitt. 97 × 155 mm

Die Arbeit des Feld- und Weinbauern wird als Überwindung der »tödlichen Dürftigkeit« (Petrarca) gezeigt. Jahreszeitlich getrennte Wachstums- und Arbeitsvorgänge werden vereint dargestellt (Reifes Korn, Kornernte für August, Pflügen für September, Weinernte und Rebenbinden für Oktober). Dieses fruchtbare Werden ist Sinnbild eines ursprünglichen Zustands, aber auch das Ergebnis einer klugen, vernünftigen Führung, die dem »auch durch die Bauernhäuser gegangenen Laster« (Petrarca) entgegenwirkt. Das gute Regiment ist hier in dem über das Feld reitenden Cato, »dem zu seinen Zeiten besten Bauersmann« (Petrarca), verkörpert.

Musper (1927) 119; Fraenger (1930) S. 68; Scheidig (1955) S. 108; Raupp (1986) S. 20 ff. E. B.

B 26
Hans Weiditz
Bauern bei der Feldbestellung. Um 1519/1520
Aus: Petrarca, Glücksbuch II, Kap. 58
Holzschnitt. 97 × 155 mm

Die Darstellung greift die philosophische Wendung des Textes »Dein Acker soll dich die Mäßigkeit lehren« auf und stellt der Klage über die Unfruchtbarkeit des Jahres die Stetigkeit der Landarbeit entgegen.

Musper (1927) 245; Fraenger (1930) Abb. 29; Scheidig (1955) S. 255. E. B.

B 27 (Abbildung)
Hans Weiditz
Der hoffärtige Hofmeister. Um 1519/1520
Aus: Petrarca, Glücksbuch II, Kap. 59
Holzschnitt. 141 × 152 mm

Sebastian Brant stellt im »Narrenschiff« Demut und Hoffart gegenüber: »Gott Hoffart stets erniedrigt hat, Demut stets erhöhen tat.« (Das Narrenschiff, Leipzig 1986, S. 272). Gutsherr und Vogt in modischer Kleidung inspizieren den Hof und nicht die Feldarbeit. Der Text mahnt, den harten Charakter des Bauern zu akzeptieren. Im Bild des hinterrücks mit erhobenem Knüppel sich nähernden Bauern ist an Kain, den brudermordenden Ackersmann, erinnert: »das der aller erste Mensch ... ein Ackermann und Mörder gewesen ist«. (Petrarca)

Musper (1927) 246; Scheidig (1955) S. 256; Raupp (1986) S. 20 ff. E. B.

B 28
Albrecht Dürer
Bäurischer Narr. Um 1494
Aus: Sebastian Brant, Das Narrenschiff (lat. Ausgabe) Basel, 1497
Holzschnitt. 165 × 111 mm
Dresden, Sächsische Landesbibliothek, Sign. Inc. 416 C 4°

In der Darstellung von Dürer hat der Bauer nicht nur seinen ihm zugewiesenen Lebensplatz verlassen, sondern ist auch äußerlich durch schweren Schmuck, Federn an der Kopfbedeckung und pelzgefütterte, geschlitzte Kleider aus englischem Stoff (lündisch Kleid) dem Städtebürger angenähert und wird von diesem als Eindringling abgewehrt. Der in den Sack zu steckende Dreifuß ist die wörtlich übernommene Metapher für die Unmöglichkeit dieser Standesüberhebung.

Schramm (1921 ff.) 22, Abb. 1109–1215; Winkler (1951) S. 21; Kat. Dürer (1971) Nr. 154; Brant (1986) 82, Anm. 82. E. B.

B 29 (Abbildung S. 16)
Albrecht Dürer (Reproduktion)
Bildnis einer Windischen Bäuerin. 1505
Feder in Braun, der Grund mit braunem Pinsel abgedeckt
416 × 281 mm
Original in London, British Museum, Inv. 1930-3-24-1

Die Zeichnung ist das Ergebnis einer denkwürdigen Begegnung Dürers mit einer selbstbewußten Frau aus dem Volk, einer Slovenin, durch deren Dorf der Zeichner kam oder die er in Venedig traf. Nichts deutet darauf hin, daß dem Lächeln der Bauersfrau eine ironische Bedeutung zu unterlegen ist. Kein Rang war zu beachten, dem zuliebe das Ungebundene der Regung hätte unterdrückt werden

B27

müssen. Eine verkürzte Fassung der Zeichnung auf Pergament wirkt notgedrungen weniger kalligraphisch, besitzt aber in den plastischen Werten teilweise Vorteile (Musper in: Pantheon 29 [1971] S. 474–482). Die Londoner Fassung mit der Büste der Frau ist dagegen großartiger, sie dürfte als eine besonnene Revision der Zeichnung auf Pergament zu betrachten sein.

Winkler (1936) Nr. 357; Strauss (1974) Nr. 1505/27; Rowlands (1988) S. 83 f. Nr. 55. W. S.

B30
Albrecht Dürer
Büste einer Bäuerin in mittleren Jahren. 1505.
Kohle, z. T. gewischt, auf gelblichem Papier, Grund mit Pinsel in Dunkelolivgrün abgedeckt. 350 × 266 mm
Rotterdam, Museum Boymans-van Beuningen, Inv. D I 161

Dürer hat während seiner zweiten italienischen Reise das stattliche Bildnis einer Frau gezeichnet, deren breites, mit Ranken verziertes Kopfband den Schluß auf eine Bäuerin zuläßt. Die Zeichnung ist wie in Entgegnung auf die Erscheinung der starken Frau mit dem gesenkten Blick mit Großzügigkeit und ruhiger Sicherheit ausgeführt.

Gesicht und Büste sind in lockerer Stiftzeichnung gelassen, bezeichnend dafür sind die hüpfenden Umrisse an der Oberlippe, der leicht korrigierte Umriß des Kinns, die feine Umrißlinie des Halses links. Durch leichte Verwischungen in den Schattenteilen und kräftiges Freiwischen des Papiergrunds beim Haar sind bestimmte Betonungen entstanden, die der Fläche unterschiedliche Spannungen mitteilen. So steigt der Umriß links an, um in den bewegten Kurven und Schwüngen rechts auszuklingen, die durch Lichter besonders betont sind. Mit diesem gegensätzlichen Aufgebot an Mitteln sind die kräftigen Körpervolumen wirkungsvoll erfaßt.

Lippmann 180; Winkler (1936) Nr. 371; Rupprich (1956) S. 211 Anm. 16; Haverkamp-Begemann (1957) Nr. 6; Oettinger/Knappe (1963) S. 10, 27; Kat. Dürer (1971) S. 282–286 Nr. 530. W. S.

B 32

B 35

B 36

B 31
Lucas Cranach d. Ä.
Kopf eines Bauern. Um 1520
Wasserfarben. 193 × 157 mm
Basel, Kupferstichkabinett, Inv. 1937.21

Das Blatt gehört zu Cranachs wenigen spontanen Zeichnungen nach der Natur. Starkfarbige Flächen binden den Kopf ein. Der Zusammenhang von Augen, Nase und Mund spricht eindeutig für Cranach. Die Londoner Fassung ist viel feinteiliger ausgeführt, wirkt aber in jeder Einzelheit vorsichtiger und unbestimmter. Der gleiche Vorgang, der sonst bei der Übernahme einer Studie ins Gemälde eintritt, ist hier zwischen den beiden Fassungen zu beobachten. Der wilde Reichtum des Baseler Blattes ist nicht aus der Londoner Fassung zu gewinnen, die Londoner Milderung dagegen ohne Mühe vom Baseler Vorbild herzuleiten. Die Blickrichtung des Augenpaares ist verändert. Aus dem ruhigen Blick in Basel ist ein mühsames Aufblicken geworden.

Rosenberg (1960) Nr. A 9; Koepplin/Falk Bd. II (1976) S. 688 Nr. 607; Rowlands (1988) S. 169 Nr. 139. W. S.

B 32 (Abbildung)
Oberdeutscher Zeichner
Brustbild eines Blessierten. Um 1475–1500
Feder in Braun. 260 × 182 mm
Basel, Kupferstichkabinett, Inv. U. XV. 27

Die Zeichnung scheint aus einer selbstbildnishaften Darstellung entstanden. Sie enthält auf der Fläche neben dem Kopf die Andeutung eines Mundes von vorn, begleitet von kalligraphischen Zügen eines Barts, wobei der kurze Nasen-Lippen-Abstand mit dem Bildnis übereinstimmt. Die lazarusähnlichen Züge sind zu Recht bei der Darstellung hervorgehoben worden, ein Verwundeter, dessen verrutschte Binde und Kappe eine Kopfwunde freilegen, starrt aus dem Bild. Die Situation des Gefangenseins in einer Lage ist der Zeichnung Kat. C 24 nicht fern.

Landolt (1972) Nr. 8. W. S.

B 37

B 33
Wolfgang Huber
Mann mit Pelzkappe. 1522
Kreide, weiß gehöht, auf ziegelrot getöntem Papier
218 × 169 mm
Erlangen, Graphische Sammlung der Universität, Inv. B 818
Winzinger (1979) Nr. 125.

B 34
Wolfgang Huber
Bärtiger Greis mit Barett. 1522
Kreide, weiß gehöht, ziegelrotes Papier. 278 × 200 mm
Hamburg, Kunsthalle, Inv. 1975/25

Eine ganze Reihe von physiognomischen Studien im Sinne Leonardos sind im Jahre 1522 aus der Hand Hubers hervorgegangen und in Nachzeichnungen weitergetragen worden. Der Maler selbst hat einige dieser Köpfe in sein Gemälde der Kreuzaufrichtung, Wien, Kunsthistorisches Museum, übernommen, ohne daß zu entscheiden wäre, ob die Blätter als Studien zu dem Bild entstanden sind.

Winzinger (1979) Nr. 134. W. S.

B 35 (Abbildung)
Georg Lemberger
Bildnis eines bärtigen Mannes. 1525
Schwarze Kreide. 178 × 194 mm
Weimar, Kunstsammlungen, Inv. KK 198

Das Georg Lemberger zugeschriebene Bildnis eines Unbekannten möchte man mit dem 1525 auf seinen Höhepunkt gelangten deutschen Bauernkrieg in Verbindung bringen. In der Tat könnte der eigenwillige Kopf mit der in die Komposition einbezogenen geschichtsträchtigen Datierung einem Kriegsmann gehören.

Mit fein differenzierenden Schwüngen und Kurven modelliert der Zeichner den martialischen Ausdruck der Züge heraus; durch mehrfache Unterbrechung der Stirn- und Wangenkontur auf der Seite des Lichteinfalls ist der Eindruck des Malerischen in der plastischen Durchbildung des Porträts verstärkt.

Schilling (1963); Schade (1963) Nr. 32 (als »Deutscher Meister um 1525«); Winzinger (1964) S. 81 ff. (Lemberger!); Kunst der Donauschule (1965) Nr. 175. R. B.

B 36 (Abbildung)
Hans Dürer zugeschrieben
Kopf eines Mannes mit Pelzmütze. Um 1530
Kreide (Umriß der Nase mit Graphit ergänzt) auf bräunlichem Papier. 289 × 198 mm
Kroměříze, Schloßmuseum, Inv. KE 4507 (III, 2)

Die Zeichnung hat durch vierfache Faltung und Wasserflecke etwas gelitten; die für den Ausdruck des Profils wichtige Nasenlinie ist wohl grob ergänzt. Das auf kräftige, etwas skurrile Wirkung angelegte Bildnis weist im Gesicht eine weiche Modellierung auf. Gut beobachtet ist das tiefsitzende, in Verkürzung gezeichnete Auge mit wasserheller Iris und nach außen gedrehter Pupille. Der Mund unter dem Bart erscheint redend geöffnet. Die knappe, nach vorn und hinten spitz auslaufende Mütze sowie die Barttracht verweisen auf die polnische Herkunft des Dargestellten. Für Grünewald, dem das Blatt bei der Veröffentlichung durch Milan Togner zugeschrieben worden ist, erscheint die Zeichnung zu wenig differenziert. Die Profilstellung des Kopfes und die polnischen Anklänge lassen dagegen an Hans Dürer denken, der zwischen 1529 und 1535 Hofmaler in Krakau war.

Togner (1986) S. 320 f., 330, Kat. 24. W. S.

B 37 (Abbildung)
Lucas Cranach d. Ä.
Die Hirschjagd. Um 1506
Holzschnitt (aus zwei Blättern zusammengesetzt), II. Zustand. 372 × 514 mm
Berlin, Staatliche Museen, Kupferstichkabinett
Inv. 189–1920

Ungewohnt großformatige Darstellung. Vom Hintergrund des Schlosses links ausgehend, wo man mit Blasen und Rufen auszieht, sind die Etappen einer Hirschjagd in einem einzigen schwingenden Bogen angeordnet. Dabei wird den niederen Tätigkeiten des Heranführens der Meute, des Aufspürens und Verfolgens und der Bekämpfung des Hirschs durch die Hunde viel Aufmerksamkeit geschenkt. Das Erlegen des Wildes durch Armbrust und lange Jagdschwerter ist der vornehmen Herrschaft überlassen, deren Vertreter aber nicht wie auf späteren Gemälden Cranachs durch Bildnisse hervorgehoben sind. Gegenüber der nüchternen Raumabwicklung erscheinen die einzelnen Szenen in Größe und Ausdruck übersteigert, etwa wenn die Hunde in gewaltigem Schwall dem schwimmenden Hirsch folgen, dicht unter den Hufen des Armbrustschützen. Gerade dieser Unausgewogenheit verdankt die Darstellung ihre eindrucksvolle Wirkung.

Bartsch 119; Schuchardt II (1851) S. 281 Nr. 128; Hollstein H 115; Dodgson II (1911) S. 282 Nr. 3; Geisberg (1924 ff.) 632; Koepplin/Falk I (1974) S. 241 f., Nr. 138. W. S.

B 38
Augsburger Zeichner (?)
Die Bestrafung des Bischofs und seiner Jagdgesellschaft
Um 1540
Aus einem unbekannten Buchtitel
Holzschnitt. 78 × 163 mm
Berlin, Staatliche Museen, Kupferstichkabinett
Inv. 318–1987

Das alte Bild des bestraften Hochmuts wird in Anlehnung an das Schema der Bekehrung des Paulus für die seltene Szene übernommen. Eine Unterschrift erklärt, daß der Bischof von Konstanz im Jahre 1503 beim Durchreiten eines bestellten Feldes im Klättgau vom Himmel bestraft wurde.

W. S.

B 39
Niederbayerischer Meister
Schlafender Hirt mit Hund. Um 1480
Gebrannter Ton. H. 31 cm
München, Bayerisches Nationalmuseum
Inv. 27/298

Wilm (1929) S. 71; Müller (1959) Nr. 19.

B 40
Hans Weiditz
Jagd. Um 1519/1520
Aus: Petrarca, Glücksbuch I, Kap. 32
Holzschnitt. 139 × 155 mm
Berlin, Privatbesitz

Auffällig ist der ins Zentrum gesetzte Hase als einziges Tier, welches nicht gejagt wird. Hier könnte auf den Hasen als Symbol des hervorragenden Menschen (Aristoteles, Äsop) hingewiesen werden, der sich, wie im Text angegeben, der Jagd enthält und seine Zeit besser zu nutzen versteht. (Vgl. auch Sebastian Brant, Das Narrenschiff: Vom unnützen Jagen, 74 [Leipzig 1986])

Musper (1927) 94; Raupp (1984) S. 97; Scheidig (1955) S. 78. E. B.

B 41
Elsässische Werkstatt (?)
Fragment eines Bildteppichs mit Darstellung einer Hirschjagd. Um 1500
Wirkerei aus Wolle, Seide und Goldfäden. 85 × 77 cm
Leningrad, Staatliche Ermitage, Inv. T-2943

Auf kleinstem Raum wird eine genrehafte Jagdszene gezeigt, ausgestattet mit einer Fülle sorgfältig und naturnah gegebener Einzelheiten, die flächenhaft-graphisch bis zum Hintergrund gestaffelt erscheinen. Sechs zierliche Jagdhunde hetzen den Hirsch in Richtung eines Fangnetzes. Hinter ansteigendem und mit Blumen bewachsenem Terrain liegt ein Laubwald. Hier reitet eine junge Dame auf einem Schimmel, gefolgt von einem Jüngling mit Horn und Jagdspieß. Die Kleidung entspricht der Mode um 1500, und ein über den Köpfen geschwungenes Spruchband mit der Aufschrift: »ew ellend in fred dich vend« verbindet beide Figuren. Vermutlich entstand die volkstümlich-heitere Darstellung im Elsaß. Hier, wie auch am Oberrhein, waren es sogenannte Heidnischwerkerinnen, die derartig gefällige farbstarke Bildfolgen für den häuslichen Bedarf wohlhabender Bürger oder für den niederen Adel fertigten. Dabei wurden häufig ältere Vorlagen durch zeitentsprechende Zugaben (Kleidung) modernisiert.

Birjukowa (1965) S. 14 Abb. 5–8; Kunsthandwerk der Dürerzeit (1971) Abb. 173. E. M.

B 42 (Abbildung)
Albrecht Dürer (Reproduktion)
Ein Hirschkopf. 1495
Wasserfarben über Stiftvorzeichnung, mit Feder ergänzt
252 × 391 mm
Original in Paris, Bibliothèque Nationale, Inv. FL 10

A3 Meister aus dem Umkreis Cranachs. Bildnis eines jüngeren Mannes

A1 Lucas Cranach d. Ä. Bildnis des Hans Luther

A 2 Lucas Cranach d. Ä. Bildnis der Margarethe Luther

B 43 Albrecht Dürer. Paßstraße in den Alpen

A 139 Kölner Werkstatt.
Rundscheibe mit Abschied des jungen Tobias

B 79 Mittelrheinische Werkstatt.
Vierpaßscheibe von Aßmannshausen

A 13 Wolfgang Huber. Brustbild einer Frau mit Barett

B13 Hans Wertinger. Monatsbild Dezember

A 10 Jacopo de' Barbari. Bildnis Albrechts von Brandenburg als Domherr

B 81 Baseler Werkstatt. Rücklaken mit Wildleuten bei der Landarbeit

C 71 Hans Weiditz d. Ä. Hiob im Elend

A 98 Bayerischer Meister. König aus einer Anbetung

A 160 Bamberger Werkstatt. Almosensammelkasten

B 39 Niederbayerischer Meister.
Schlafender Hirt mit Hund

E 32 Werkstatt des Matthias Plauener.
Vesperbild

D 14 Meister der Peter-Vischer-Werkstatt. Landsknecht

D 16 Peter Dell d. Ä. Krieger aus einer Kreuzigungsgruppe

C 40 Oberrheinischer Meister. Garstige Alte

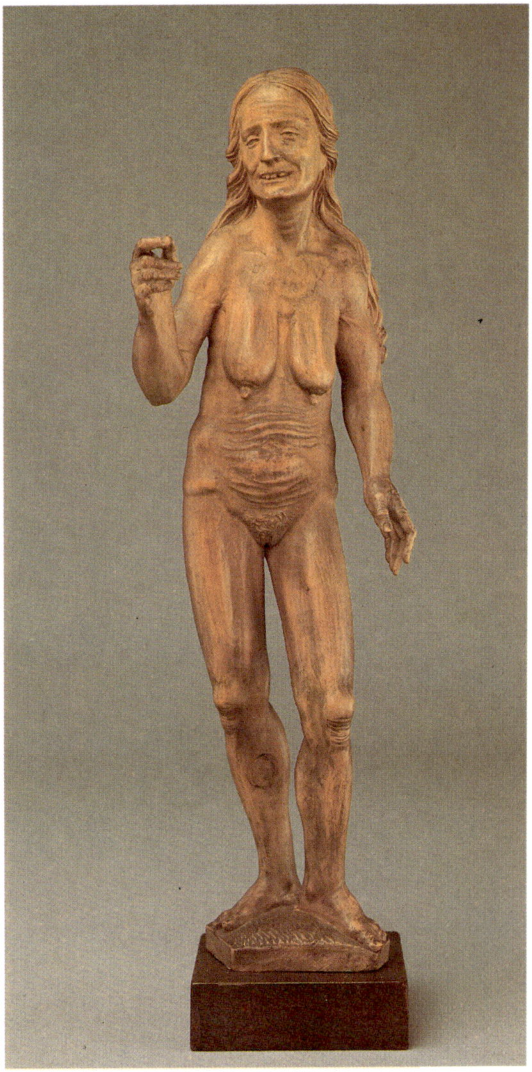

C 41 Deutscher Meister. Nackte Alte

C74 Lucas Cranach d.J. Christus als Guter Hirte

C1 Wolfgang Krodel d. Ä. Das Jüngste Gericht

C 58 Hans Plock. Friedrich der Weise und die Reformatoren

B 42

Gewöhnlich zieht das Geweih einer Jagdtrophäe die Aufmerksamkeit auf sich, in diesem Fall ist der seltene Treffer des Armbrustbolzens ins Bild gerückt, der den Knochen nahe dem Auge durchschlagen hat. Dürers Darstellung ist von bewundernswerter Beweglichkeit, großzügig beim Geweih, behutsam beim Fell des Kopfes bis zu den steifen Haaren über dem Maul; Blutspuren an der Einschußstelle und am Unterrand sind angedeutet. Die leichten Spuren einer Vorzeichnung mit spitzem Stift sind am Maul links, über der Fiederung des Bolzens und links von der zweiten Geweihstange zu erkennen. Dürers Kupferstich Apollo und Diana, um 1504 entstanden (Meder 64), enthält noch die Erinnerung an diese Studie (sollte das Datum 1504 auf der Zeichnung damit in Zusammenhang stehen?).

Winkler (1936–1939) Nr. 362; Strauss (1974) Bd. I Nr. 1495/45. W. S.

B 43 (Farbtafel)
Albrecht Dürer
Paßstraße in den Alpen. 1495
Aquarell auf Papier, auf Holz. 210 × 290 mm
El Escorial, Monasterio de San Lorenzo el Real
Inv. 1097/147

Es soll sich hier um die große Brennerstraße mit dem Eisack, etwa 2000 m südlich von Klausen gelegen, handeln. Dieses Blatt, wie auch die folgenden neun Arbeiten, stammen aus der Sammlung König Philipps II. von Spanien (1527–1598). Noch in den dreißiger Jahren unseres Jahrhunderts waren sie in einem alten, gegliederten Rahmen vereint (sog. Dürertafel). Einige dieser Arbeiten wurden in den letzten Jahren Dürer zugeschrieben, bei den übrigen muß eine solche Zuschreibung fraglich bleiben, obgleich sie sich durch eine hohe malerische Qualität auszeichnen, die eine stilistische Nähe zu Dürer keineswegs völlig ausschließt. »Das gewiß interessante Denkmal mittelalterlicher und deutscher Naturempfindung ... wird nicht bloß von den Dürerforschern ... übergangen ..., da die Autorschaft des Meisters nicht über allen Zweifel feststeht.« (Killermann [1910] S. 5) Winkler (1929) hat erstmalig auf Grund eines Fotos des hier besprochenen Blattes die Eigenhändigkeit Dürers bestätigt.

Killermann (1910) S. 1–6, Taf. I; Winkler (1929) S. 128 bis 130, Anm. 5, Taf. I; Winkler Bd. I (1936) S. 74 Nr. 100; Strauss (1974) Bd. I S. 344 Nr. 1495/42. R. Mi.

B 44
Albrecht Dürer (?)
Iris. 1495
Aquarell und Gouache auf Papier, auf Holz, 570 × 170 mm
El Escorial, Monasterio de San Lorenzo el Real
Inv. 1097/147

Koreny (1985) kritisiert die 1971 erfolgte Restaurierung des Blattes, denn: »An ihrem jetzigen Zustand gemessen, hat sie mit Dürer nichts gemein.« (S. 190)

Vgl. – auch zu den folgenden Blättern – Bemerkungen zu Dürers »Paßstraße in den Alpen« (B 43).

Killermann (1910) S. 1–6, Taf. I; Winkler (1929) S. 128 bis 130, Anm. 5, Taf. II; Strauss (1974) Bd. I S. 314, Nr. 1495/27; Koreny (1985) S. 190, Anm. 14, Abb. 66.2 (Deutsch, 16. Jh.). R. Mi.

B45
Albrecht Dürer (?)
Rechter Flügel einer Blauracke. Um 1500
Aquarell auf Papier, auf Holz. 190 × 150 mm
El Escorial, Monasterio de San Lorenzo el Real
Inv. 1097/147

»... restauriert, mit Ölfarbe und Firnis übergangen ..., [wodurch] viele Details verlorengegangen sind«. (Koreny 1985)

Killermann (1910) S. 1–6 Taf. I; Winkler (1929) S. 128 bis 130, Anm. 5, Abb. 2; Winkler Bd. I (1936) Taf. XXIII (Dürer?); Koreny (1985) S. 72 Abb. 4 (Deutsch, 16. Jh.), S. 73 Anm. 7. R. Mi.

B46
Deutscher Meister
Fledermaus. 16. Jh.
Aquarell und Gouache auf Papier, auf Holz, 190 × 290 mm
El Escorial, Monasterio de San Lorenzo el Real
Inv. 1097/147

Killermann (1910) S. 1–6, Taf. I; Winkler (1929) S. 128 bis 130, Anm. 5, Abb. 3. R. Mi.

B47
Deutscher Meister
Steinkautz (?). 16. Jh.
Aquarell und Gouache auf Papier, auf Holz, 190 × 150 mm
El Escorial, Monasterio de San Lorenzo el Real Inv. 1097/147

Das Blatt ist um die obere Hälfte beschnitten. (Für die Hilfe bei der Bestimmung der Vogelarten bin ich den Herren Dr. B. Stephan und C. Elsner – zoologischer Präparator – vom Berliner Museum für Naturkunde zu besonderem Dank verpflichtet.) Vgl. auch Bemerkungen zu Dürers »Paßstraße in den Alpen« (B43).

Killermann (1910) S. 1–6, Taf. I; Winkler (1929) S. 128 bis 130, Anm. 5, Abb. 1. R. Mi.

B48
Deutscher Meister
Ratte und Turmfalkenweibchen. 16. Jh.
Aquarell und Gouache auf Papier, auf Holz, 190 × 130 mm
El Escorial, Monasterio de San Lorenzo el Real
Inv. 1097/147

B59

Vgl. – auch zu den folgenden vier Blättern – Bemerkungen zu »Steinkautz (?)« (B47) und zu Dürers »Paßstraße in den Alpen« (B43).

Killermann (1910) S. 1–6, Taf. I; Winkler (1929) S. 128 bis 130, Anm. 5, Abb. 1. R. Mi.

B49
Deutscher Meister
Turmfalkenmännchen (oben links), Sperlingsmännchen (oben rechts), Hummel (Mitte) und Kuckuck (unten)
16. Jh.
Aquarell und Gouache auf Papier, auf Holz, 190 × 150 mm
El Escorial, Monasterio de San Lorenzo el Real
Inv. 1097/147

Killermann (1910) S. 1–6, Taf. I; Winkler (1929) S. 128 bis 130, Anm. 5, Abb. 1. R. Mi.

B50
Deutscher Meister
Drei Ansichten eines Gimpels. 16. Jh.
Aquarell und Gouache auf Papier, auf Holz, 190 × 130 mm
El Escorial, Monasterio de San Lorenzo el Real
Inv. 1097/147

Killermann (1910) S. 1–6, Taf. I; Winkler (1929) S. 128 bis 130, Anm. 5, Abb. 1. R. Mi.

B51
Deutscher Meister
Barsch (oben), Süßwasserfisch, Frosch, Libelle und Flußkrebs. 16. Jh.
Aquarell und Gouache auf Papier, auf Holz, 190 × 150 mm
El Escorial, Monasterio de San Lorenzo el Real
Inv. 1097/147

Killermann (1910) S. 1–6, Taf. I; Winkler (1929) S. 128 bis 130, Anm. 5, Abb. 2. R. Mi.

B52
Deutscher Meister
Sperlingsvogel (oben), Zaunkönig (unten) und vier Heuschrecken. 16. Jh.
Aquarell und Gouache auf Papier, auf Holz, 190 × 130 mm
El Escorial, Monasterio de San Lorenzo el Real
Inv. 1097/147

Killermann (1910) S. 1–6, Taf. I; Winkler (1929) S. 128 bis 130, Anm. 5, Abb. 2. R. Mi.

B53
Albrecht Dürer
Iris. Um 1503.
Aquarell und Deckfarben, Pinsel und Feder. 775 × 313 mm (aus zwei Blättern zusammengesetzt)
Bremen, Kunsthalle, Kupferstichkabinett, Inv. 35

Die feine Ausführung der großen Pflanzenstudie hat bisher der Diskussion um die Eigenhändigkeit der Ausführung im wesentlichen standgehalten.

Unter den vergleichbaren Arbeiten steht diese wohl dem berühmten Rasenstück von 1503 der Wiener Albertina am nächsten. Als Marienblume findet sich die Lilie auch in anderen Arbeiten Dürers bzw. seines Umkreises; die Bremer Studie ist daher wohl in Vorbereitung eines Gemäldes entstanden.

Winkler (1936–1939) 347; Koreny (1985) Nr. 66. W. S.

B 54
Zeichner aus dem Umkreis Dürers
Türkenbundlilie. Anfang 16. Jh.
Aquarell und Deckfarben,
Pinsel und Feder in Braun
545 × 181 mm
Bremen, Kupferstichkabinett, Inv. 34

Mit Entschiedenheit hat die Bearbeitung von Koreny die Schwächen dieser Pflanzenstudie betont. Da das ganze Gebiet der Zeichnungen nach der Natur trotzt wichtiger Ansätze ein schwieriges Feld für Entscheidungen bleibt, ist in der Abrückung vom Werk Dürers Vorsicht geboten. Es war offenbar die Autorität Dürers, die zeitweise auch andere Maler zu Zeichnungen dieser Art führte.

Andere Autoritäten wie Cranach oder Grünewald sind im Vergleich zu ihm, wenn überhaupt, erst in zweiter Linie zu nennen.

Der allgemeine Qualitätsverlust in der deutschen Malerei der zweiten Hälfte des 16. Jahrhunderts läßt zumindest die Zuweisung der eindrucksvollen Bremer Studie an einen Künstler dieser Zeit bestreitbar erscheinen.

Winkler (1936–1939) 353; Koreny (1985) Nr. 67. W. S.

B 60

B 55
Lucas Cranach d. Ä.
Junger Hirsch. Um 1520
Wasserfarben über Kohlevorzeichnung, Korrektur mit Deckweiß im Umriß. 481 × 377 mm
Dresden, Staatliche Kunstsammlungen, Kupferstich-Kabinett, Inv. 1960–32

Das in verhältnismäßig großem Maßstab ausgeführte Blatt verzichtet auf handschriftliche Eigenart, vielleicht bis auf ein paar schüchterne Haare am Kopf. Die Beobachtung der bläulich reflektierenden Augen-Iris allein zeigt, daß ein hervorragender Maler am Werk war. Die charakteristische Ausformung des Hinterschenkels (gegenüber der Vorzeichnung) ist für die Eigenart Cranachs so bezeichnend, daß man ihm selbst die Studie, deren Körpermodellierung so unbetont erscheint, zuweisen möchte.

Schade (1962) S. 28; Schade (1972) Nr. 15. W. S.

B 56
Lucas Cranach d. Ä.
Nebelkrähe. Um 1530
Wasserfarben (am Rückenumriß ausgeschnitten). 191 × 280 mm
Dresden, Staatliche Kunstsammlungen, Kupferstich-Kabinett, Inv. 1960–30

Das wenig beachtete Blatt ist eine der sprechendsten Tierstudien Cranachs, in der physiognomischen Fassung so vielen »toten« Studien der Zeit überlegen. Eine Benutzung der Zeichnung, etwa für ein Gemälde, ist nicht überliefert.

Schade (1962) S. 29; Schade (1974) Nr. 163. W. S.

B 57
Lucas Cranach d. Ä.
Auerhahn. Um 1530
Wasserfarben über Kohlevorzeichnung. 459 × 574 mm
Dresden, Staatliche Kunstsammlungen, Kupferstich-Kabinett, Inv. C 1961–87

Unter den Arbeiten Cranachs wirkt dieses im Maßstab groß angelegte Blatt merkwürdig unentschlossen im Umriß. Zwei einzelne Federn unten betonen die Eigenart der Studie.

Schade (1963) S. 30. W. S.

B 58
Deutsche Werkstatt
Hund als Leuchter. 2. Hälfte 15. Jh.
Gelbguß, punziert. H. 16 cm, Br. 9 cm
Berlin, Staatliche Museen, Kunstgewerbemuseum
Inv. 66,6

B 59 (Abbildung)
Werkstatt Peter Vischers d. J.
Hase als Öllampe. Um 1520
Bronzeguß, ziseliert, H. 6,5 cm, Br. 12 cm
Berlin, Staatliche Museen, Kunstgewerbemuseum
Inv. 01,08

Öllampen sind formal und inhaltlich durch die Antike geprägtes Gebrauchsgerät; ihre Wertschätzung beruht auf diesem jetzt aktualisierten Traditionsbezug. Während die Öllampen der italienischen Kleinplastik, vor allem die des Paduaners Andrea Riccio, sehr raffinierte Gestaltungen für den gebildeten Kunstsammler sind, weist die deutsche Kleinplastik nur wenige Geräte dieser Art auf, in vergleichsweise biederer Form. Bange hat Peter Vischer d. J. eine Öllampe in Form einer Maus zugeschrieben, der sich diese Öllampe, als Hase geformt, anschließt. Einfache Haus-, Wald- und Feldtiere ohne Hintersinn begegnen in Vischers Werk, vor allem am Sebaldusgrab in Nürnberg, sehr häufig. Ihre Bedeutung liegt in der treuen Hinwendung zur natürlichen Umwelt. So sollte die äußere Dürftigkeit nicht über die Bedeutung von Funktion und Gestaltung dieser kleinen Öllampe hinwegtäuschen.

Bange (1949) S. 22, 116, Abb. 44. A. W.

B 60 (Abbildung)
Nürnberger Werkstatt
Stehendes Pferd. 1. Hälfte 16. Jh.
Bronzeguß. H. 19,5 cm
Stuttgart, Württembergisches Landesmuseum, Inv. KK 70

Das Pferd, uraltes Thema künstlerischer Bemühungen, wird mit der Renaissance wieder zu einem bevorzugten Motiv. Unverkennbar ist die Absicht, durch genaue Naturbeobachtung Anatomie und Bewegungsablauf richtig zu erfassen. Nicht nur Albrecht Dürer und von ihm abhängig Sebald Beham, sondern auch Peter Flötner haben versucht, mit Hilfe von Proportionsstudien und Regeln der Pferdedarstellung gerecht zu werden. Dieses stehende Pferd mit kräftigem Gliederbau und großer Ausdruckskraft zeigt deutlich kanonartige Proportionen. Bange hat das Modell Peter Flötner zugeschrieben, auf Grund von Ähnlichkeiten zu dessen Plakettenreliefs. Dergleichen sorgfältig gearbeitete Kleinplastiken ohne praktischen Zweck fanden ihren Ort in den nach italienischem Vorbild nun auch nördlich der Alpen entstehenden fürstlichen und gelehrten Kunstsammlungen.

Bange (1949) S. 356, Abb. 90; Kurthen (1924) S. 77–106. A. W.

B 61
Süddeutsche Werkstatt
Sich kratzender Jagdhund. Um 1530
Bronzeguß, ziseliert. H. 5,8 cm
Wien, Kunsthistorisches Museum
Inv. 56 75

Die kleine Statuette des sitzenden Hundes geht auf einen Stich des sog. Hausbuchmeisters (Lehrs 78) zurück. Sehr viel häufiger als die kräftig geformten Hunde nach dieser Vorlage aus der ersten Hälfte des 16. Jahrhunderts begegnen Exemplare einer Neuausformung in der Phase der »Dürer-Renaissance« um 1600, sehr feingliedrige Tierplastiken, die ihren Platz in vielen fürstlichen Kunstsammlungen fanden.

Planiscig (1924) S. 192, Nr. 314, Abb. S. 194; Die Brandenburgisch-Preußische Kunstkammer (1981) Nr. 68. A. W.

B64

B 62
Süddeutscher Meister
Laubkonsole mit Schnecke. Anfang 16. Jh.
Kalkstein. H. 19 cm
Berlin, Staatliche Museen, Skulpturensammlung, Inv. F 60

Die extrem naturnahe Form wie auch das ungewöhnliche Motiv der Konsolgestaltung überraschen und reflektieren die Dekorationslust sowie das Interesse am Studium natürlicher Dinge am Ausgang des Mittelalters. Inwiefern die traditionelle Symbolik – die Schnecke galt als Sinnbild der Faulheit – der Darstellung intendiert ist, läßt sich ohne die Kenntnis des originalen Funktionszusammenhanges nicht mehr entscheiden. F.K.

B 63
Oberrheinische Werkstatt
Rabenborte. Anfang 16. Jh.
Bildwirkerei. Leinenkette, Wolle. 160 × 40 cm
Leipzig, Museum des Kunsthandwerks, Inv. 24, 65

Die Wirkerei in Rot, Grün, Blau und Schwarz auf beigem Grund zeigt eine gewundene Blattranke mit drei gegenständigen Vogelpaaren. Sie geht motivisch auf Vorlagen des Israhel van Meckenem zurück, ist aber unter dem Einfluß der frühen Renaissance bereits beruhigter und stark stilisiert. Die Borte stammt aus Kloster Adelhausen in Freiburg, dort befindet sich noch heute ein Gegenstück (Freiburg, Augustinermuseum).

Kunsthandwerk der Dürerzeit (1971) Abb. 172; Eißengarthen (1985) S. 69–72. A.W.

B 64 (Abbildung)
Oberdeutscher Zeichner (Bernhard Strigel)
Landschaft mit hohem Felsen am Wasser. Um 1490
Feder in Schwarzbraun und Wasserfarben. 201 × 106 mm
Erlangen, Graphische Sammlung der Universität
Inv. B 748

Das schmale Format des Blattes läßt nicht mehr als das kräftige Aufeinanderprallen einfacher Flächenstücke zu. Lockeres Baum- und Pflanzenwerk mildert das Konzept. Eine Dachkonstruktion auf Pfosten, ein Mauerbogen, Dächer, Türme und eine Kreuzigungsgruppe an der Felswand tief unten erwecken den Anschein von Leben und Tätigkeit. Seiner Haltung nach entspricht das Blatt den Fensterausschnitten von Bildnissen, etwa des Meister WB in Frankfurt am Main, Städelsches Kunstinstitut.

Bock (1929) 748; Kuhrmann (1974) S. 55 f. Nr. 45. W.S.

B 65
Hans Leu d. J.
Berglandschaft mit Felsentor. Um 1520
Pinsel in Schwarz und Weiß auf dunkeloliv
grundiertem Papier. 277 × 212 mm
Basel, Kupferstichkabinett, Inv. U.VI.21

Leus Landschaften sind der Anlage nach Erfindungen. Bruchstücke aus wirklichen Beobachtungen sind mit sprunghaft ansetzenden Einbildungen in liebenswerter Weise verbunden. Baumstumpf, Berg, Burg, Schiff und Felsentor bilden das Motivgerüst, das von Wolkenbildungen, glitzernden Lichtkanten und an perückenhaftem Laubwerk hängenden Bartflechten verbunden wird. Die allgemeine Erschütterung des Formenapparates erzeugt eine seltsame Stimmung von unterschwelliger Bedrohung.

Landolt (1972) Nr. 58. W.S.

B 66
Wolfgang Huber
Eine Passionslandschaft. Um 1525–1530
Wasserfarben über brauner Federzeichnung. 327 × 448 mm
Erlangen, Graphische Sammlung der Universität
Inv. B 822

Abweichend von der bisherigen Benennung ist wohl kaum eine topographische Darstellung angestrebt, eher eine von den Gefühlen der Passion bewegte Landschaft, wie schon bei der frühesten überlieferten Zeichnung Hubers von 1502 in Budapest (Winzinger 1). Über Landwellen läuft ein Sturmwind gegen die Stadt. Die Weite der Landschaft ist von einem einzigen Zug erfüllt, auszumalen als Brausen oder Glockenklang am Ostermorgen. Diese spontane einheitliche Bewegung kommt der Haltung auf dem Gemälde der Beweinung Christi von 1521 in Feldkirch (Winzinger 297) am nächsten. Die von Winzinger als ungefüge empfundene Durchbildung läßt sich vielleicht durch den vorzeitigen Abbruch der Arbeit erklären. Das wie im Rausch gewonnene Ergebnis ließ keine weitere Ausführung zu.

Bock (1929) Nr. 822; Halm (1930) Nr. 17; Winzinger (1979) Nr. 255 (Werkstattgenosse Hubers). W.S.

B 67
Wolfgang Huber
Gebirgslandschaft. 1535.
Feder in Schwarz. 200 × 251 mm.
Weimar, Nationale Forschungs- und Gedenkstätten der klassischen deutschen Literatur, Inv. 477

Eine von den wenigen weiten Fernlandschaften im Werk des Künstlers. Einzelne Ortschaften sind wie auf einer Landkarte verstreut, es wird ein Vorstoß gewagt in ferne, durchsichtige Räume (Winzinger 92, 93).

Schuchardt (1848) S. 278 Nr. 477 (als Merian); Winzinger (1979) Nr. 91. W.S.

B 68
Albrecht Dürer (Reproduktion)
Der Verlorene Sohn. Um 1496
Feder in Schwarz (breite Streifen des Blattes oben und unten sind abgeschnitten). 216 × 220 mm
Original in London, British Museum
Inv. 5218–173

Auf der hervorragenden Zeichnung ist die Motivwelt des Stiches (Kat. B 69) bereits vollständig versammelt. Ihre lokkere Fügung läßt mehr räumliche Entwicklung zu, auch wirkt die Haltung des Mannes milder und nicht so schroff wie in der Ausführung. Das Motiv der Egge mit den drohenden Zinken war ursprünglich sehr stark betont. Es wurde

B 69

durch das herantrabende Schwein ersetzt, im Stich aber wieder als Fragment am Rande zugelassen.

Winkler (1936–1939) 145; Strauss (1974) Bd. I Nr. 1496/11; Rowlands (1988) S. 69 Nr. 44. W. S.

B 69 (Abbildung)
Albrecht Dürer
Der Verlorene Sohn. Um 1496.
Kupferstich. 246 × 188 mm
Berlin, Staatliche Museen, Kupferstichkabinett, Inv. B–143

Dürers erste überragende Leistung als Stecher war durch Zeichnungen sorgfältig vorbereitet. Die hochstrebenden Dachformen unterstützen den büßenden Mann in seinem Aufbäumen. Es war die Schar der wunderbaren Dächer, die am stärksten auf andere Künstler einwirkte. Dürer machte mit diesem Blatt den namenlosen Ort eines Bauernhofes zum Raum einer seelischen Handlung und gewann mit dem jungen Bauernknecht eine der wenigen Gegengestalten zur vorherrschenden Bauernsatire. Hier beginnt er mit der Darstellung des gemeinen Mannes.

Meder (1932) 28a; Strauss (1977) Nr. 11; TIB (1980) S. 25 Nr. 28. W. S.

B 70
Peter Flötner
Landschaftsplaketten

B 70.1
Taufe Christi. Um 1525–1535
Blei. H. 5,4 cm, Br. 11,1 cm
Köln, Museum für Angewandte Kunst, Inv. J.166

B 70.2
Christus und die Samariterin. Um 1525–1535
Blei. H. 5,5 cm, Br. 11 cm
Köln, Museum für Angewandte Kunst, Inv. J.190

B 70.3
Gang nach Emmaus. Um 1525–1535
Blei. H. 5,3 cm, Br. 11 cm
Leningrad, Staatliche Ermitage, Inv. I-9850

B 70.4
Ate und Litai. Um 1535–1540
Blei. ∅ 15,4 cm
Leningrad, Staatliche Ermitage, Inv. I-11917

B 70.5 (Abbildung)
Bathseba im Bade. Nach 1535
Blei. H. 9,5 cm, Br. 10,2 cm
Köln, Museum für Angewandte Kunst, Inv. J. 164

B 70.6
Der Geruch. Um 1540
Blei. H. 5,4 cm, Br. 7,8 cm
Berlin, Staatliche Museen, Kunstgewerbemuseum
Inv. K 3846

B 70.7
Versuchung der Geduld. Um 1535
Blei, H. 8,5 cm, Br. 5,5 cm
Leningrad, Staatliche Ermitage

Vor allem die frühen Plaketten nach Modellen Peter Flötners kann man unter dem Begriff »Landschaftsplaketten« zusammenfassen, unabhängig davon, ob sie religiöse, mythologische oder genrehafte Szenen zeigen. Die Figuren der Darstellungen verlieren sich fast in ihrer Umgebung oder sind dieser doch zumindest gleichgestellt. Landschaftliche Details sind überaus fein und differenziert herausgearbeitet, in einem tiefgestaffelten Bildraum; sie sind den Figuren ebenbürtiger Bestandteil der Aussage. Bestimmte Motive kehren oft wieder: Flötner hatte eine Vorliebe für Birken und Trauerweiden, im Mittelgrund seiner Plaketten befinden sich häufig Flüsse mit Brücken und Kähnen, Mühlen, Paläste, Städte, den Hintergrund bilden bewaldete Hügel, am Himmel treiben Wolken. Der Reichtum des Dargestellten läßt die Kleinheit der Plakette fast vergessen. Auf dem Gebiet der Plastik ist Peter Flötner wohl der bedeutendste Landschaftsgestalter der ersten Hälfte des 16. Jahrhunderts. Seine Plaketten erhalten durch die starke Betonung des landschaftlichen und atmosphärischen Moments einen ausgesprochen malerischen Charakter. »Man kann geradezu sagen, daß Flötner die Landschaft für die Plastik entdeckt hat, er nimmt in der Relief-Landschaft ungefähr dieselbe Stelle ein, wie der Niederländer Patinier und der Deutsche Altdorfer in der gemalten.« (Konrad Lange)

Lange (1897) S. 159; Bange (1921/1922) S. 46 ff.; Weber (1975) Kat. 34, 1–3, Kat. 41, 42, 54. A. W.

B 71 (Abbildung)
Nürnberger Meister (?)
Wilder Mann als Leuchterfigur. Um 1500
Gelbguß, gepunzt und ziseliert. H. 32,1 cm
Berlin, Staatliche Museen, Kunstgewerbemuseum
Inv. F 145

Das Motiv des »Wilden Mannes«, seltener der »Wilden Frau«, kommt in der Kunst des 15./16. Jahrhunderts häufig vor. Es sind Figuren voller Zweideutigkeit, in denen fast Gegensätzliches symbolhaft aufscheint. Als real geltende Gestalten der Volksphantasie treten beide auch in der »Wilden Horde« und der »Wilden Jagd« auf, sie sind die Bewohner der »Wildnis«. Dargestellt werden sie stark behaart, manchmal mit einem Fellgewand bekleidet, bewaffnet mit Keule oder Baumstamm. Sie gehören zum Jagd- und Fruchtbarkeitszauber und in den Hexen- und Dämonenglauben dieser Zeit.

Zugleich war der »Wilde Mann« ein Gegenbild zum Ritter und zum Stadtbewohner und stand für Freiheit und Unbezähmbarkeit, für eine natürliche, paradiesische Lebensweise außerhalb gesellschaftlicher Zwänge.

Bei den zahlreichen Wildmännern in Gelbguß überwiegt wohl der negative Aspekt. Sie wurden meist auf vielarmige Messinghängeleuchter aufgesetzt und besaßen an dieser

B 70.5

Stelle eine sowohl schmückende als auch das Böse bannende Funktion. In den Händen hielten sie häufig noch Wappenschilde, dazu prädestinierten sie Eigenschaften wie Stärke und Fruchtbarkeit.

Die Sammlung Dr. A. Figdor (1930) Bd. V Nr. 485; Falke (1929) S. 334, Abb. 15; Kunsthandwerk der Dürerzeit (1971) Abb. 112. A. W.

B 72
Deutsche Werkstatt
Wilder Mann in Kampfeshaltung. 15./16. Jh.
Gelbguß, gepunzt und ziseliert. H. 14,6 cm
Berlin, Staatliche Museen, Kunstgewerbemuseum
Inv. Hz 1343

B 73
Deutsche Werkstatt
Wilder Mann mit Keule. Anfang 16. Jh.
Bronze, ziseliert. H. 9 cm
Berlin, Staatliche Museen, Kunstgewerbemuseum
Inv. 1966, 13

B 74
Deutsche Werkstatt
Kniender Wilder Mann. 2. Hälfte 15. Jh.
Gelbliche Bronze mit bräunlicher Lackpatina.
H. 13,1 cm
Frankfurt am Main, Museum für Kunsthandwerk, Inv. V 78

»Die Bronzekunst des XIV. Jahrhunderts hat in ihren anonymen Anfängen gerade dieses Motiv mehrfach und vielfach variiert behandelt. Es sind rohe Güsse über ebenfalls

B 71

75

B 78

rohen Modellen, die aber insofern nicht ohne Interesse sind, als sie die Statuettenkunst in Deutschland einleiten und in ihrer Problemstellung der freien selbständigen Statuette vieles vorwegnehmen.« (E. F. Bange)

Bange (1929) S. 41; Möller (1963) Kat. 14.

B 75 (Abbildung)
Werkstatt in Dinant
Kniender Wilder Mann. Anfang 16. Jh.
Gelbguß, ziseliert. H. 19,3 cm
Hamburg, Museum für Kunst und Gewerbe, Inv. 1958, 9

Meyer (1960) Nr. 38; Möller (1963) Kat. 13.

B 76
Albrecht Dürer
Das Wappen des Todes. 1503.
Kupferstich. 220 × 159 mm
Berlin, Staatliche Museen, Kupferstichkabinett
Inv. 104–1987

Der Thematik des Totentanzes hat sich Dürer nicht gewidmet. In zwei Kupferstichen allerdings klingt sie an, hier stillebenhaft verhangen: eine Nürnberger Jungfrau im Tanzkleid (Zeichnung Winkler 226), die Brautkrone auf dem Haupt, ihr nähert sich der Wilde Mann als Abgesandter des Todes. Die Einzelzüge sind von sprühender Lebendigkeit (wovon der leider nur mittelmäßige Abdruck keine gültige Vorstellung geben kann).

Meder (1932) 98; Strauss (1977) S. 122 Nr. 40; TIB (1980) S. 88 Nr. 101. W. S.

B 77 (Farbtafel)
Mittelrheinische Werkstatt
Vierpaßscheibe von Aßmannshausen. Um 1470–1480
Gefärbtes Glas, Grisaillemalerei in Silbergelb. ∅ 34,5 cm
Frankfurt am Main, Historisches Museum, Inv. X 19607

Seit dem Aufkommen des Wildleute-Motivs im 14. Jahrhundert war dieses eng mit dem Minnethema verbunden. Ähnlich wie die Schäfer zur Zeit des Rokoko waren die Wildleute im Mittelalter Sehnsuchtsbild für ein ungezwungenes, heiteres Leben in »freier« Natur. Sie bildeten die Kulisse und die Kostümierung für die galanten erotischen Spiele höfischer Menschen des Spätmittelalters.

Beeh-Lustenberger (1965) Kat. 37; Schmitz (1913) S. 132, Abb. 185; Schmitz (1923) S. 4, Taf. 15; Möller (1963) Nr. 78. A. W.

B 78 (Abbildung)
Baseler Werkstatt
Abschnitt eines Rücklakens mit Wildleuten. 2. Hälfte 15. Jh.
Bildwirkerei. Leinenkette, Wolle.
H. 75,5–78 cm, Br. 179–182 cm
Frankfurt am Main, Museum für Kunsthandwerk, Inv. 74

Dieses Rücklaken, ein schmaler Wandbehang aus dem profanen städtischen Bereich, verbindet das Wildleute-Thema mit dem der Minne. Der Holunderbaum in der Mitte ist ein altes Symbol der Liebe und Treue und sein Pfropfen und Binden ein Liebeszauber. Liebeswünsche enthalten die Spruchbänder des Paares: So steht (in Transkription) beim Mann »Könntet Ihr mich unterweisen, daß der Holunder nicht reißen wird« und bei der Frau »Willst Du stet und fest bleiben, so hilf mir, diesen Holunder zu binden«. Das Spruchband am linken Rand ergänzt »Wenn sie erst vor kurzem angefangen hat, ist jähe Liebe bald vergangen«. Rechts wird in formelhafter Rollenzuweisung vorbildliches Familienleben gezeigt: Der Mann, von der Jagd kommend, übergibt seiner Frau, die mit ihrem Kind auf dem Arm vor der Hütte auf ihn wartet, den erlegten Hasen. So enthält dieser Teppich aus der patrizischen Sphäre durch die Darstellung »unverdorbener« Wildleute und die Wahl der Szenen eine stark moralisierende Aussage.

Museum für Kunsthandwerk Frankfurt/M. (1987) S. 22f. Kurth (1926) Bd. I S. 95, Bd. II Taf. 58; Göbel (1933) S. 38f. Abb. 20b; Möller (1963) Nr. 62; Müller (1982) S. 59–61. A. W.

B79 (Farbtafel, Detail)
Baseler Werkstatt
Rücklaken mit Wildleuten bei der Landarbeit. Um 1480
Bildwirkerei. Leinenkette, Wolle.
H. 96–102 cm, Br. 600 cm (gesamt)
Wien, Österreichisches Museum für angewandte Kunst
Inv. T 4940

Der lange Bildstreifen zeigt Wildleute bei der Landarbeit, jedoch nicht in einer einheitlichen Szene. Während das Gespann links außen erst eine Wiese umpflügt, zeigen alle weiteren Personen die nächstfolgenden Arbeitsschritte, das Säen und Eggen, die Kornmahd, das Garbenbinden und das Heimfahren der Ernte, so daß der Teppich auch in der Tradition der Jahreszeitenbilder gesehen werden kann.

Die geschwungenen Spruchbänder erläutern und werten die Arbeiten als treu und vorsorglich. ».mit.truwen. bring.ich.das.Korn.bind.es.das.es.nuit.wert.vloren..ze. samen.wil.ich.es.binde..das.wir.es.dem.winder.wider. findent«, sagt der Garbenbinder. Die Landarbeit, in ihrem Ablauf ganz real gezeigt, wird durch die Wahl der »zwischen Mythos und Symbol changierenden Wildleute« (Husband) zugleich überhöht. Die fremdartigen Wildleute schaffen eine Distanz zum wirklichen bäuerlichen Leben. Nicht die Schwere der Arbeit ist das Thema des Teppichs, sondern ihre Poesie, die in der Überschaubarkeit und Redlichkeit, auch Selbstgenügsamkeit dieser Tätigkeiten liegt. In diesem Bild eines ursprünglicheren Lebens auf dem Lande ist sowohl Kulturkritik enthalten, als auch die Vision eines neuen Lebens wie Adam und Eva, im Verzicht auf Luxus und Ämter und ohne Kampf. – Eine reformerische Haltung, die sich auch im Baseler Humanismus wiederfindet und für die Schweizer Reformation prägend werden sollte.

Kurth (1926) Bd. I S. 95, S. 219 f., Bd. II Abb. 59–63; Schmitz (1919) S. 94, Abb. 46; Göbel (1933) S. 40 f., Abb. 21/22; Husband (1980) S. 125 f., Nr. 31, Abb. 77; Müller (1982) S. 39–46, Abb. 17. A. W.

Nachträge

Baseler Meister im Umkreis Hans Holbeins d. J.
Scheibenriß mit drei Bauern und dem Wappen der Familie Holdermeyer. Um 1517/1518
Feder in Schwarz und Braun, grau laviert und rotbraun aquarelliert. 415 × 301 mm
Basel, Kupferstichkabinett, Inv. 1823.138

Baseler Meister im Umkreis Hans Holbeins d. J.
Fuhrmann mit Weinfaß. 1518
Feder in Schwarz, laviert. 290 × 217 mm
Basel, Kupferstichkabinett, Inv. 1933.22

Leonhard Beck (?)
Weiskunig. 1. Hälfte 16. Jh.
Kupferstich. Blattgr. 220 × 197 mm
Gotha, Schloßmuseum, Inv. 43,18

Barthel Beham
Drei Bauern, die Mönche werden wollen. Um 1532
Holzschnitt. Blattgr. 264 × 390 mm
Gotha, Schloßmuseum, Inv. 39,42

Barthel Beham und Erhard Schön
Mögelsdorfer Kirchweih. Um 1527
Sechsteiliger Holzschnitt.
Blattgr. 181 × 417 mm; 184 × 420 mm; 190 × 410 mm
188 × 400 mm; 188 × 410 mm; 188 × 405 mm
Gotha, Schloßmuseum, Inv. 39,57–39,62

Lucas Cranach d. Ä.
Hirsche (mit Luthertext). Um 1541
Holzschnitt. Blattgr. 399 × 275 mm
Gotha, Schloßmuseum, Inv. 36,6

Deutscher Meister
Der Weißkrautstock mit 16 Köpfen von Thon bei Nürnberg. Um 1553
Holzschnitt. Blattgr. 397 × 280 mm
Gotha, Schloßmuseum, Inv. 36,31

Albrecht Dürer
Türkenfamilie. 1496 (?)
Kupferstich. Blattgr. 108 × 760 mm
Gotha, Schloßmuseum, Inv. 8,9

Albrecht Dürer
Der Koch und sein Weib. 1498 (?)
Kupferstich. Blattgr. 108 × 760 mm
Gotha, Schloßmuseum, Inv. 8,8

Albrecht Dürer
Die Marktbauern. 1512
Kupferstich. Blattgr. 120 × 708 mm
Gotha, Schloßmuseum, Inv. 8,21

Nach Albrecht Dürer
Stehender Mann. 1. Hälfte 16. Jh.
Tuschfeder über Stiftskizze. 313 × 165 mm
Erlangen, Graphische Sammlung der Universität
Inv. B 187

Hans Frey
Dudelsackpfeifer (Vorlage für einen Tischbrunnen)
1. Hälfte 16. Jh.
Farbige Pinselzeichnung. 1308 × 505 mm
Erlangen, Graphische Sammlung der Universität
Inv. B 145

Hans Holbein d. J.
Scheibenriß mit einem Schweinehirten
1. Hälfte 16. Jh.
Feder in Schwarz, grau laviert. 315 × 210 mm
Basel, Kupferstichkabinett, Inv. 1662.157

Niclaus Manuel Deutsch
Der Bauer. 1. Hälfte 16. Jh.
Feder in Braun. 134 × 55 mm
Basel, Kupferstichkabinett, Inv. U.10.33

Oberrheinischer Meister. Um 1500
Stehender Bauer (?) mit Spruchband
Feder in Schwarz. 164 × 99 mm
Basel, Kupferstichkabinett, U.VII.82

Heinrich Vogtherr d. Ä.
Riesenähre von Gent. Um 1547
Holzschnitt. Blattgr. 394 × 281 mm
Gotha, Schloßmuseum, Inv. 36,32

Hans Weiditz (?)
Tanzende Bauern. Um 1521
Holzschnitt. Blattgr. 395 × 270 mm
Gotha, Schloßmuseum, Inv. 39,44

Hans Weiditz
Käsemann und Eierfrau. Um 1535
Holzschnitt. Blattgr. 365 × 263 mm
Gotha, Schloßmuseum, Inv. 40,54

Hans Wertinger
Monatsbild Oktober. 1525/1530
Gemälde auf Tannenholz. 22,5 × 40 cm
Leningrad, Staatliche Ermitage, Inv. 5579

Ludwig Schongauer
Wilde Leute zu Pferde. Um 1500
Zeichnung in Braun. 163 × 210 mm
Leningrad, Staatliche Ermitage, Inv. 14339

C
Visionen vom anderen Sein

»Ausfälle gegen die Priester und Mönche, Störungen von Predigten und bald auch Stürme auf Tafeln und Bilder begannen ... ein antiklerikales Klima zu schaffen, das politisch sehr geschickt für den weiteren Gang der Reformation genutzt werden konnte.«[1] Was hier über die Schweizer Täufer des frühen 16. Jahrhunderts geschrieben wird, finden wir konzeptionell auch in den Schriften Thomas Müntzers. Das nimmt nicht wunder, waren sich doch beide »Bewegungen«[2] in der konsequenten Ablehnung der altkirchlichen Praxis sowie der letztlich obrigkeitshörigen lutherischen Reformation einig: »Und mag doch niemand selig werden, derselbige Heil'ge Geist versicher ihn dann zuvor ... Wie wollen wir armen Wörmlein aber hiezu kummen... daß leider Christus... vor den großen Titeln und Namen dieser Welt scheinet wie ein Hanfpotze, oder gemalts Männlin... der Zorn Gottes... würde ohnzweifel auch der Götzen und Bilder nicht geschonet haben, wo sie do wären gewesen.«[3]

Radikal wurde mit den alten gesellschaftlichen Institutionen gebrochen, was lag also näher, als eine »Kunst des Molens ... im Dienst der Kirchen« (Albrecht Dürer)[4] abzulehnen. Wenn auch dieser Aspekt eine Seite der damaligen geistigen Situation reflektiert, so darf freilich nicht übersehen werden, daß die aktuellen Vorstellungen über die Möglichkeiten der Errichtung einer neuen Gemeinschaft nicht von der traditionellen bildenden Kunst formuliert werden konnten, sondern in erster Linie eine Domäne der Flugschriften war. Hier finden wir ein adäquates Medium, das noch heute die ganze Unrast und Endzeitvorstellung dieser Jahre packend vermittelt.

Der handfeste Antiklerikalismus – grundsätzlich das Substrat der Reformation – förderte die individuelle Frömmigkeit. Diese Zeit der Rechtsunsicherheit weckte neues Interesse an den Mystikern der vergangenen Jahrhunderte. 1498 wurden in Leipzig die Predigten Johannes Taulers neu gedruckt. 1502 das Brigittenbuch – sogar von Kaiser Maximilian unterstützt – in Nürnberg neu verlegt, die Prediger Geiler von Kaisersberg und Jakob Wimpfeling hielten im Straßburger Münster häufig Bußpredigten.[5] »Mystik ist ... der Zweifel am Wert des Lippendienstes, die Wendung des Selbst zu Gott hin, die auch eine Beschwörung Gottes vor das Selbst ist, das alles stellt einen Keim dar, der bei fortschreitender Entfaltung den kritischen Punkt erreichen mußte, wo ganz große Konsequenzen auftraten und man sich zu entscheiden hatte.«[6]

Das konnte einerseits dadurch geschehen, daß sich kollektive Bewegungen wie die der Bauern gewaltlos für lokal begrenzte Forderungen einsetzten, welche aus einer Tradition von Streitigkeiten und Bedrückungen resultierten, wie sie schließlich im Zwölf-Artikel-Brief um 1525 niedergelegt wurden,[7] einer Schrift, die über ihren lokalen Charakter hinauswuchs und zu einem Bekenntnis der gesamten Bauernbewegung im Reich wurde; andererseits konnten aber auch Pläne entwickelt werden, die einen gänzlich neuen Staatsaufbau forderten.

Die Holzschnitte des Petrarcameisters reflektieren in einer oft gewagten neuen Ikonographie diese radikale Geisteshaltung. Daneben waren jedoch nach wie vor Andachtsbilder für den privaten Gebrauch gefragt. Hier wurde der milde, helfende, ja still leidende Christus als Gegenentwurf zum wohlhabenden Klerus rezipiert.

Das von Lucas Cranach d. J. wohl in den fünfziger Jahren gemalte Täfelchen »Christus als der Gute Hirte« ist ein treffendes Beispiel dafür, daß diese Art Andachtsbild seine Beliebtheit noch immer nicht eingebüßt hatte. Dagegen war der seine Wunden zeigende Christus auf Barthel Bruyns »Ecce Homo« eher eine allgemeinere Identifikationsfigur.

Thomas Müntzer ging sogar über das allgemeine Verständnis des Evangeliums als eines Richtwertes der gesellschaftlichen Erneuerung hinaus und kritisierte den von der Obrigkeit verursachten Bildungsnotstand der unteren Stände: »Mit allen Worten und Werken machen sie es ja also, daß der arm Mann nicht lesen lerne vorm Bekümmernis der Nahrung.«[8] Auf diese Konsequenz der Mystik macht zu Recht auch Goertz aufmerksam: »Die Bibel in der Hand des Bauern oder im Gepäck des Wandergesellen war zunächst ein Unterpfand für die Befreiung des Laien aus geistlicher Knechtschaft.«[9]

Eine der Visionen der Zeit um 1500 war die einer großen Sintflut, die der Astrologe Johannes Stöffler für den Februar 1524 voraussagte. Damit verbunden erwartete man fieberhaft die Erschütterung des bestehenden Weltgefüges. Seit alters lebte die Christenheit in der angstvollen Vorstellung von einem Jüngsten Gericht. Die Kirche drohte den Gläubigen bei unbotmäßigem Lebenswandel mit der Verdammung am Jüngsten Tag (Gerichtstag). Durch den Ablaß wurde jedoch Straferlaß garantiert. Hier setzte Luther bekanntlich seine Kritik an und führte sie unter anderem dahingehend weiter: »Die kirchlichen Bestimmungen über die Buße sind nur für den Lebenden verbindlich, den Sterbenden darf demgemäß nichts auferlegt werden.«[10] Der Reformator verweist auf die dem Menschen innewohnenden moralischen Instanzen, die ihn kraft seines Glaubens in den Zustand der Reue versetzen können: »Diese Furcht und dieser Schrecken genügen für sich allein – um von anderem zu schweigen –, die Pein des Fegefeuers auszumachen; denn sie kommen dem Grauen der Verzweiflung ganz nahe.«[11]

1528 malte der obersächsische Meister Wolfgang Krodel für die Schneeberger Ratsstube ein »Jüngstes Gericht«, das zwar an den herkömmlichen Topos anknüpft, aber deutlich antiklerikale Züge trägt. Im Hintergrund wird ein gewaltiger Strom von Vertretern der weltlichen und geistlichen Obrigkeit im Augenblick seines Antritts der Höllenstrafen geschildert. »Sie [die Obrigkeit – R. Mi.] wöllen dem Text Matth. am 13. Kapitel kein Statt geben von der Absünderung der Gottlosen von den Auserwählten«[12], hatte Thomas Müntzer gedroht.

Eine gewaltige Vision vom Umbruch im Sinne der Endzeitvorstellung rezipierte man in der Offenbarung des Johannes. Nach 1495 schuf Albrecht Dürer einen Zyklus von 15 Holzschnitten (»Apokalypse«) nach dem letzten Buch des Neuen Testamentes. In genialer Weise ist hier die allgemeine Weltgerichtsangst bildkünstlerisch umgesetzt. Zugleich wurden Hoffnungen geweckt, die sich allgemein mit der Vision vom anderen Sein verbanden. »... so muß man die wuchersüchtigen Bösewichter wegtun ... und warten ... auf einen neuen Johannes, auf einen gnadenreichen Prediger, welcher den Glauben allenthalben durch seinen Unglauben erfahren hab«.[13] Das konnte beispielsweise im Umfeld der Täufer, die nachweislich Kontakte zu Müntzer unterhielten[14], zu konkreten Aktionen führen. »Dem altgläubigen Priester oder dem evangelischen Pfarrer, die sich auf ihre Parochie beschränkten, trat der Missionar gegenüber, der überall einfiel, in Winkeln und Gassen, in Wirtshäusern und auf Feldern die Zeugen der Apokalypse sammelte und für das Gericht am Ende der Tage versiegelte«.[15] Diesem Geist ist auch der Holzschnitt »Predigt Johannes des Täufers« von Lucas Cranach d. Ä. aus dem Jahre 1516 verpflichtet.

Zwei berühmte realisierte Visionen eines neuen Staatswesens stellen die Gründung der Schweizer Eidgenossenschaft – bereits 1291 – und der Wiedertäuferstadtstaat Münster 1534 dar. Liegen auch rund 250 Jahre zwischen beiden Ereignissen, so ist ihnen doch ihr anfänglicher radikaler Bruch mit den alten Staatsstrukturen als eine Bewegung der untersten sozialen Schichten gemeinsam. »Das Bild der Schweizer Entwicklung ist darum für uns aufschlußreich, weil es zeigt, daß das, was im Bauernkrieg 1525 angestrebt wurde, keine Utopie war ...«[16]

Dagegen wurde bei den Münsteranern eine neue Hierarchie unter der Herrschaft ihres »Königs« – Jan van Leiden – kreiert, die von theokratischem Selbstverständnis geprägt war: »Die Schrift ist das Wort Gottes, alles andere ist Menschenwort und belanglos. In Münster hatte das so weit geführt, daß alle Bücher außer der Heiligen Schrift und der täuferischen Traktate öffentlich verbrannt wurden.«[17] Bereits 1535 wurde der von vielen Utopien erzeugte »Wiedertäuferstaat« blutig niedergeschlagen. Heinrich Aldegrever hat uns druckgraphische und zeichnerische Arbeiten hinterlassen, die von diesen Ereignissen bestimmt sind. Wie nahe auch Müntzer den glaubenseifrigen Münsteranern war, belegt allein der Satz: »Auch muß vorhin das Volk ganz hart gestraft werden um der unordentlichen Lüst wegen, die also üppig die Zeit verkurzweilen ohn alle einbleibenden Mut zur ernsten Betrachtung des Glaubens.«[18]

Nicht nur radikal wurden Veränderungswünsche vorgetragen, das Bild von der Heiligen Familie oder die liebevolle Hinwendung Marias zu ihrem Kind waren alte und geschätzte Themen, deren sich die Künstler noch immer erfolgreich bedienten. In einer Welt elementarer Existenzangst stellten sie eine friedvolle Alternative dar. Harmonische Mutter-Kind-Schilderungen, in eine bürgerliche Stube verlegt, dienten dem Gläubigen zur Andacht, konnten ihm helfen, den für viele unwirtlichen Alltag zu bestehen.

Nach 1526 ging Cranach d. Ä. daran, sich einer neuen Aufgabe zu widmen, der Schaffung des reformatorischen Lehrbildes. Die Kunst wurde in den Dienst der Reformation genommen, jedoch bevorzugte man den pädagogischen Aspekt zu Ungunsten des sinnlich-bildhaften. Ein charakteristisches Beispiel gibt bereits 1519 Cranachs Holzschnitt »Himmelwagen und Höllenwagen des Andreas Bodenstein von Karlstadt«. Nur mit Mühe sind unter den vielen Schrifttafeln die bildlichen Darstellungen erkennbar.[19] Nicht zu vergessen schließlich die Aufnahme von Themen, die dem antiken Kulturbereich entstammten. Hier erfolgten sowohl bildkünstlerische Interpretationen belletristischer Literatur als auch deren Verschmelzung mit philosophischen Fragestellungen der Vergangenheit und Gegenwart. Das um 1530 vom älteren Cranach gemalte Tafelbild »Das Goldene Zeitalter« zeigt eine merkwürdige Verquickung der Hesiodschen Weltaltervorstellungen mit der alttestamentarischen Paradiesidee,[20] was wir häufig für die Kunst der Reformationszeit feststellen können. Kontemplativer Versenkung in das Reich des Geistes (Erasmus von Rotterdam) als Suche nach einem Weg aus den gesellschaftlichen Wirren der Zeit stand ein sozialrevolutionärer Antiklerikalismus (Thomas Müntzer) entgegen, der Bigotterie und kirchlichen Institutionalismus schroff parierte: »Wer Gott nit recht förcht, kann auch von Tag zu Tag nit verneuet werden in der Erkenntnis Gottes, welche ihm doch vonnöten ist ...«.[21] Dieser gewaltigen Spannbreite hatten die Künste zu dienen. Auch sie waren in den Kampf der gesellschaftlichen Gruppierungen um 1500 einbezogen. Geschmäht und verachtet, gelobt und gefördert, taten sie das ihnen Gemäße in den Schilderungen der Visionen vom anderen Sein. R. Mi.

C1 (Farbtafel)
Wolfgang Krodel d. Ä.
Das Jüngste Gericht. 1528
Gemälde auf Holz. 174 × 143 cm
Wörlitz, Gotisches Haus, Inv. Jest. 1596

Seine Wundmale vorweisend, von den zwölf Aposteln umgeben, wird Christus als Weltenrichter, in einer Wolkenbank sitzend, dargestellt. Das Motiv korrespondiert in der unteren Bildzone mit dem Gleichnis von den zehn Jungfrauen, die auf ihren Bräutigam (Christus) warten. Die fünf Klugen (Seligen) hatten für ausreichend Öl in ihren Lampen gesorgt, die fünf Törichten (Verdammten) hatten das Öl vergessen und fanden demzufolge die Tür verschlossen (Matthäus 25, 1–13). Innerhalb dieses Spannungsfeldes ist eine Weltlandschaft dargestellt, die eine strenge Teilung in Gut und Böse erfahren hat. In ihrem rechten Bereich erkennt man, wie u. a. Papst, Kaiser, König, Bischöfe und Mönche von einem Höllenschlund erwartet werden.

Dieses Gerechtigkeitsbild hing ursprünglich in der Ratsstube von Schneeberg/Erzgebirge. Seine Ikonographie ist von reformatorischen Vorstellungen beeinflußt.

Die Figuren- und Gewandzeichnung sowie die kühle Farbigkeit kennzeichnen bereits manieristische Stilmerkmale.

Rode (1818) S. 38; Dörner (1967); Harksen (1983) S. 26.

R. Mi.

C 2 (Abbildung)
Mitteldeutscher Meister
Weltenrichter. Um 1510
Holz, mit Resten originaler Fassung. H. 68 cm
Schulpforte, Erweiterte Oberschule Pforte

Corssen (1868) S. 310; Bergner (1905) S. 126.

C 3 (Farbtafel)
Hans Mielich
Übergabe des Freiheitenbuches der Freien Reichsstadt Regensburg. 1536.
Aus dem Freiheitenbuch der Stadt Regensburg
Deckfarben auf Pergament. 410 × 275 mm
Regensburg, Museen der Stadt

Die Darstellung einer Sitzung des Inneren Rats von Regensburg steht im weitesten Sinne in der Nachfolge des Kupferstichs von Dürer (Kat. C 26). In der stolzen Reihe der Ratsherren ist u. a. der Maler Albrecht Altdorfer, der Lehrherr Mielichs, zu bestimmen. Die Tür der Ratsstube an der Stirnwand erinnert an die Schauwand von Altdorfers Holzschnitt (Kat. A 143). Die vornehme Stelle nahe dem Fenster schmückt eine Tafel des Jüngsten Gerichts, als Mahnung an die Regenten zur Gerechtigkeit.

W. Pfeiffer in: Mielke (1988) S. 23. W. S.

C 4 – C 18
Albrecht Dürer
Die Apokalypse. 1498
Holzschnitt
Berlin, Staatliche Museen, Kupferstichkabinett

Dürers Apokalypse war eine gewaltige Stimme in der Gemeinschaft humanistischer Reformbestrebungen.

Nichts wird mehr leise verhandelt, die Himmelstüren werden explosionsartig aufgerissen, die Vollstrecker des Weltgerichts sind große Figuren, die mit weitausgreifenden Bewegungen ihr strafendes Handwerk ausüben. Bereits die erste Vision (C 5) zeigt die wichtigsten Attribute dieser letzten Abrechnung: Schwert und Buch. Während das Buch erst spät übergeben wird (C 8), ruht das Schwert selten.

C 2

Obwohl die Blätter durch ihren graphischen Reichtum zum Verweilen auffordern, treibt die innere Dynamik der Stille des letzten Blattes zu (C 18). Die Schaubarkeit der Verheißung ist Erlösung und Aufbruch zugleich. Der diesseitige Ausblick auf eine Stadtanlage der Zeit Dürers ist hoffnungsfroh. »Es gilt die abgesprengten unteren Teile zu sammeln ... und zuletzt das Korn der Selbstbegegnung zum Erntefest der Apokalypse zu bringen.« (Ernst Bloch, Geist der Utopie, 1923)

Bartsch 61–75; Meder (1932) 164–178; Strauss (1977) 40–55; Friedländer (1921) S. 43–54; Dvorák (1924) S. 193–202; Waetzoldt (1936) S. 45–81; Wölfflin (1936) S. 45–81; Panofsky (1948) S. 51–59; Kat. Dürer (1971)

S. 320 f.; Panofsky (1977); Appuhn (1979); Kunst der Reformationszeit (1983) S. 27–38; Kat. Apokalypse (1985) S. 63–74. E. B.

C 4
Die Marter des Evangelisten Johannes
392 × 283 mm. Inv. B–175

C 5
Johannes erblickt die sieben Leuchter
395 × 284 mm. Inv. B–179

C 6
Johannes erhält die Weisung gen Himmel
393 × 281 mm. Inv. B–180

C 7 (Abbildung)
Die vier Reiter
394 × 281 mm. Inv. B–181

C 8
Die Eröffnung des sechsten Siegels
394 × 283 mm. Inv. B–182

C 9
Die vier Engel, die Winde aufhaltend
395 × 282 mm. Inv. B–183

C 10
Die sieben Posaunenengel
393 × 281 mm. Inv. B–184

C 11
Der Engelkampf
394 × 283 mm. Inv. 306–1974

C 12
Der Evangelist Johannes, das Buch verschlingend
391 × 284 mm. Inv. B–185

C 13
Das Sonnenweib und der siebenköpfige Drache
392 × 279 mm. Inv. B–186

C 14
Der Kampf Michaels mit dem Drachen
394 × 283 mm. Inv. B–187

C 15
Das Tier mit den Lammshörnern
391 × 281 mm. Inv. B–188

C 16
Der Lobgesang der Auserwählten im Himmel
392 × 282 mm. Inv. B–189

C 17
Die Babylonische Buhlerin
392 × 282 mm. Inv. B–190

C 18 (Abbildung)
Der Engel mit dem Schlüssel zum Abgrund
393 × 283 mm. Inv. B–191

C 19
Albrecht Dürer
Petrus und der Sturz des Zauberers Simon Magus.
Um 1497. Bez. mit der später hinzugefügten
Jahreszahl 1512
Feder in Braun mit Rötelspuren. 270 × 196 mm
Dessau, Schloß Georgium, Inv. B III-19

Die Zeichnung beeindruckt durch ihre klare Anordnung, die sie als Entwurf für ein Glasfenster denkbar werden läßt. Der Dramatik der ihr zugrunde liegenden Geschichte vom Zauberer Simon Magus, der sich erbot, vor Petrus und dem Kaiser Nero in die Lüfte zu steigen, ist nur verhalten nachgegangen. Der stärkste Ausdruck findet sich bei Simon, der von den Dämonen gestützt und schon fallengelassen wird. Obwohl die Aufteilung dieser oberen Figuren mehr der dekorativen Ordnung der Gesamtkomposition folgt, klingen hier die Bilder der Apokalypse an. Der rechtsstehende Türke ist gegenseitig im Kupferstich Türkenfamilie (Bartsch 85) übernommen.

Lippmann 701; Winkler 219; Strauss (1974) XW/219; Friedländer (1914) Nr. 8; Schade (1963) Nr. 93. E. B.

C 20
Matthias Gerung
Christus predigt seinen Jüngern
Feder in Schwarz, stark verblaßt. 227 × 161 mm
Dessau, Schloß Georgium, Inv. B, III, 19

Das Blatt ist die wohl einzige bekannte Zeichnung Gerungs. Sie diente als Vorzeichnung zu einem Holzschnitt (Dodgson in: Jb. der preußischen Kunstsammlungen Bd. XL; Hollstein 47: Ein alter Mann triumphiert über Katholiken und Heiden). Der Holzschnitt übernimmt die Gesamtkomposition, variiert aber im Detail. So ist das Motiv der versinkenden Toten aufgegeben, sie sind liegend auf der Erde angeordnet. Auch sind die Bauern im Holzschnitt weggelassen.

Friedländer (1914) Nr. 12; Dodgson in: Jb. der preußischen Kunstsammlungen Bd. XXIX, S. 195 ff. E. B.

C 21 (Abbildung)
Bernt Notke
St.-Georgsreliquiar. Um 1480
Silber, getrieben und gegossen, teilvergoldet; Korallen, Amethyste und Rubine. H. 46 cm
Hamburg, Museum für Kunst und Gewerbe, Inv. 1950.31

Nicht der Kampf des zu Pferde ansprengenden Ritters Georg ist dargestellt, hier wird der Triumph des Heiligen zum Ausdruck gebracht: Siegessicher holt er zum Schwertstreich aus, und ohnmächtig beißt der Drache in den Kreuz-

C18

schild. Nicht menschliche Heldentaten, sondern die christliche Wappnung machen den Jüngling zum Sieger. Ehemals hob sich die Figur strahlend vom – jetzt verlorenen – Email des Sockels, des Drachen und der Kreuze auf den Schilden ab. Das Bildwerk, das heute wie die Reduktion zeitgenössischer Großplastik erscheint, wirkte ursprünglich wohl wie ein leuchtendes, großes Schmuckstück.

Bis 1950 gehörte das Reliquiar den Elbinger Georgsbrüdern, einer Vereinigung angesehener Kaufleute. Gemeinsame Gottesverehrung, Wohltätigkeit und Geselligkeit waren die Ziele der Brüderschaft, die sich das Bild ihres Patrons in diesem Schaustück arbeiten ließ.

Rückert, Goldschmiedearbeiten. Erwerbungen seit 1950, in: Jb. der Hamburger Kunstsammlungen Bd. V (1960) S. 154–163. B. H.

C 22 (Abbildung)
Donauschule
Die Bürger von Regensburg wollen den heiligen Wolfgang aus der Klausur zurückholen. Um 1520
Gemälde auf Holz. 118,4 × 90,5 cm
Nürnberg, Germanisches Nationalmuseum
Inv. Gm 325

Im Hintergrund der meisterlich gemalten oberdeutschen Landschaft wird der heilige Wolfgang (924–994) beim Wurf seiner Axt ins Tal geschildert, die der Legende zufolge den Ort bezeichnete, der zum Mittelpunkt seines späteren Kultes werden sollte (St. Wolfgang am Abersee).

Stange vermutet den Altdorfer-Schüler Wilhelm Stettner (um 1515 bis 1540 als Monogrammist WS im Elsaß und in Lothringen tätig) als den Maler dieser Tafel. Vgl. auch H. Hesse (Kat. A 79).

Lutze/Wiegand (1936) Textbd. S. 49f., Bildbd. Abb. 274; Stange (1964) S. 84–86, Abb. 126. R. Mi.

C 23 (Farbtafel)
Albrecht Dürer
Lesepult mit Büchern. 1521.
Pinsel in Schwarz und Weiß auf grauviolett grundiertem Papier. 198 × 280 mm
Wien, Albertina, Inv. 3176, D 146

Unter den Gemälden Dürers sind zumindest zwei Stegreifstücke erhalten, die auf Reisen relativ rasch aus Einzelstudien zusammengefügt worden sind: »Der zwölfjährige Jesus unter den Schriftgelehrten« (1506 in Italien gemalt; Lugano, Sammlung Thyssen) und der »Heilige Hieronymus in Halbfigur« (1521, vor dem 16. März in Antwerpen beendet; Lissabon, Kunstmuseum). Die Studie mit dem Lesepult, aus dessen Fach eine Spanschachtel und zwei Bücher hervorquellen, gehört zu den Vorarbeiten für den Hieronymus. Sie ist in der Ausführung etwas knapper und steiler gefaßt worden. Erstaunlich ist die Konzentration, mit der Dürer das spröde Bücherstilleben beinahe zu einem Emblem fügte; das Pult hat einen Vorgänger in einer früheren Zeichnung (Winkler 637) und in der Darstellung auf dem Kupferstich des »Hieronymus im Gehäuse« (Kat. C 26).

Winkler 791; Panofsky 821; Koschatzky/Strobl (1971) S. 388 Nr. 127; Strauss (1974) Bd. IV S. 2010 Nr. 1521/7.
W. S.

C 24
Oberdeutscher Zeichner (Hausbuchmeister)
Schlafender Mann im Lehnstuhl. Um 1475–1500.
Feder in Graubraun, hellgrau laviert. 178 × 143 mm
Erlangen, Graphische Sammlung der Universität

Die Zeichnung ist kaum mit Kupferstichen oder Gemälden ihrer Zeit zu vergleichen. Die zeitweilige Zuschreibung an Schongauer oder an den Hausbuchmeister trägt lediglich dem außergewöhnlichen Konzept Rechnung. Da hat sich ein kleiner, breitschultriger Mann im Gestänge eines hohen Stuhls verfangen. Ein ruheloser, unbequemer Schlaf könnte nicht besser verdeutlicht werden. Hier wirkt weder die großartige Klarheit Michael Pachers noch der vergnügliche Zug des Hausbuchmeisters, der Zeichner scheint durch das vertrackte Motiv überwältigt worden zu sein.

Bock (1929) 31; Kuhrmann (1974) S. 39f. Nr. 27. W. S.

C 25
Albrecht Dürer
Der heilige Hieronymus in der Zelle. 1511.
Holzschnitt. 234 × 160 mm
Berlin, Staatliche Museen, Kupferstichkabinett, Inv. B–214

Der Holzschnitt enthält wichtige Elemente des berühmten Kupferstichs von 1514, es fehlen aber die räumlichen Verbindungen, deren Entfaltung dort gelang. So wirken die Gegenstände des Bildes gedrängt, der Heilige hat sich in einen unbegehbaren Winkel zurückgezogen.

Meder (1932) 228d; Strauss (1977) 159; TIB (1980) 114.
W. S.

C 26
Albrecht Dürer
Der heilige Hieronymus im Gehäuse. 1514.
Kupferstich. 241 × 183 mm
Berlin, Staatliche Museen, Kupferstichkabinett
Inv. 103–1987

Zwischen dem Holzschnitt von 1511 und dem Kupferstich hat Dürer allen Motiven eine besondere Ausarbeitung zukommen lassen. Der Raum ist geweitet. Das Licht fällt von der Seite und von vorn in den Raum und wirft Schatten und Reflexe in unaufhörlicher Folge. Die Feinheit des Stichs lädt das Auge zum Verweilen ein, um es dem Zauber der Ruhe auszuliefern. Dabei enthalten die Gegenstände besondere Bedeutung, Totenschädel, Kruzifix und das niedergebeugte Haupt des Hieronymus ragen aus der Landschaft hervor.

Meder (1932) 59b; Strauss (1977) 77; TIB (1980) 60.
W. S.

C 27 (Abbildung S. 20)
Albrecht Altdorfer
Der heilige Hieronymus an der Mauer. Um 1515.
Kupferstich. 122 × 105 mm
Berlin, Staatliche Museen, Kupferstichkabinett
Inv. 718–143

C 21

C 22

Selten ist Hieronymus dargestellt worden als ein in sich gekehrter, stolpernder Greis. Dabei sind Anregungen durch andere Künstler aufgenommen worden: Die Figurenwelt Mantegnas, die Raumspannung durch das Wandstück nach Dürers Stich des Paulus von 1514 (Meder 47), das Löwenmotiv nach Cranachs Holzschnitt (Hollstein 1) sind zu einer eigenwilligen Bildvorstellung verschmolzen worden. Sebald Beham hat in zwei Kupferstichen von 1519 (Pauli 61) und 1520 (Pauli 66) auf das Vorbild Altdorfers Bezug genommen.

Winzinger (1963) S. 98 Nr. 121; Mielke (1988) S. 170 Nr. 80.

W. S.

C28

C28 (Abbildung)
Ludwig Schongauer
Der Wolf und die Ziege. Um 1480–1490.
Feder in Braun. 196 × 277 mm
Basel, Kupferstichkabinett, Inv. U. VIII. 78

Die Fabel vom Wolf, der ein Tier der Herde gleichsam umschmeichelnd entführt, ist sehr ähnlich von Hans Weiditz behandelt worden (vgl. Kat. C29). Wie auch wohl dort ist die Darstellung des Streits in der Natur, einschließlich des friedlichen Zusammenlebens von Wolf und Schaf (bzw. Ziege), der Gegenstand dieser Zeichnung. Der Sinn für die fabelhafte Darstellung, bei der alle Elemente einfach zusammengestellt erscheinen, ist bezeichnend für die künstlerische Auffassung des 15. Jahrhunderts.

Burckhardt (1988) S. 84 Anm.; Falk (1979) S. 53 Nr. 38.
W. S.

C29 (Abbildung)
Hans Weiditz
Kampf aller gegen alle. Um 1519/1520
Aus: Petrarca, Glücksbuch II, Einleitung
Holzschnitt. 216 × 155 mm

In einem dicht verstellten Landschaftsraum werden die vielgestaltigen Bildmotive des Buches zusammengefaßt. Es werden »die gegenseitigen Vernichtungsformen in vier große Ordnungen gegliedert, den Widerstreit der kosmischen Gewalten, die Kämpfe der Tierwelt, die Vernichtung der Tiere durch den Menschen und die Streitigkeiten in der Menschenwelt« (Fraenger S. 60). Sich feindlich begegnende Tier- und Menschenpaare verkörpern unverhüllte Gegnerschaft. Die sich im Vordergrund abspielende Hauptszene, die Verfolgung eines Wolfes durch Bauern, betritt das Gebiet subtilerer Auseinandersetzungen: Die Entführung eines Ziegenbockes aus der Herde ist dem Wolf in friedlicher Hinterhältigkeit gelungen. Der Aufwand, mit der seine Verfolgung inszeniert ist, macht deutlich, daß in der Wolfsnatur des Menschen der eigentliche Feind gesehen wird.

Musper (1927) 186; Fraenger (1930) S. 60 ff.; Scheidig (1950) S. 192.
E. B.

C30
Albrecht Altdorfer
Der Todessprung des Marcus Curtius. 1512
Feder in Schwarz und Weiß auf braunrot grundiertem Papier. 207 × 146 mm
Dessau, Schloß Georgium, Inv. I. 57

In zwei Zeichnungen des Jahres 1512 variierte Altdorfer das Motiv des Opfersprunges. Bei der Dessauer Fassung fügen sich die Architekturstücke, ohne an Wucht zu verlieren; Feuergarben und Rauchkreise quellen aus der Erdspalte, in die Pferd und Reiter hinabschießen. Diese kopfüber herabspringende Gruppe scheint mit Cranachs frühem Holzschnitt zusammenzuhängen, dessen Haltung aus anderem Blickwinkel in unnachahmlicher Weise mit Leben erfüllt worden ist.

Friedländer (1914) Nr. 21; Winzinger (1952) Nr. 36. W. S.

C 31
Albrecht Altdorfer
Die Rückkehr der Cloelia in das Lager des Porsenna.
Um 1508. Feder in Schwarz und Weiß auf braunrot grundiertem Papier. 164 × 154 mm
Dessau, Schloß Georgium, Inv. I. 56 v.

Drei alte Kopien des Blattes helfen, die fehlenden Streifen oben und links und die große Fehlstelle über dem Kopf der reitenden Dame zu ergänzen, tragen aber nicht weiter zur Deutung der Darstellung bei. Das Thema scheint am ehesten in den Bereich der Römertugenden zu gehören, dem sich Altdorfer gelegentlich gewidmet hat (vgl. Kat. C 30). Dargestellt ist wohl Cloelia, die durch ihre beherzte Flucht aus dem Lager des etruskischen Königs Porsenna sich dessen Achtung erworben hatte und, als Geisel zurückgefordert, mit nachdrücklichem Lob entlassen wurde.

Friedländer (1914) Nr. 20; Baldass (1938); Winzinger (1952) Nr. 135 (Historia-Meister); Mielke (1988) Nr. 26.
W. S.

C 32
Melchior Feselen
Belagerung Roms durch Porsenna. Um 1529
Feder in Schwarz und Braun, Geländekorrektur in Rötel
297 × 533 mm
Erlangen, Graphische Sammlung der Universität
Inv. B 875

Vorzeichnung zu dem in München erhaltenen Gemälde aus der Folge von Historienbildern im Auftrag Herzog Wilhelms IV. von Bayern von 1529. Die mutige Flucht der jungen Cloelia mit ihren Gefährtinnen aus dem Lager des Etruskerkönigs Porsenna galt als ein Beispiel römischer Kampftugend. Porsenna erscheint dabei als Verkörperung des gerechten Herrschers. Vor dem Hintergrund Roms breitet sich das Heerlager der Belagerer aus. Die Unterredung, mit der der König die junge Römerin ehrt, erscheint in Kontrast gesetzt zu der Übermacht des Heerbanns, ein Konzept, dessen Großartigkeit bei der Ausführung des Bildes nicht ganz eingehalten werden konnte.

Bock (1929) 875; Kuhrmann (1974) S. 72 f. Nr. 59. W. S.

C 33
Hans Dürer
Eine Audienz. Um 1530.
Schwarze Kreide. 275 × 325 mm
Erlangen, Graphische Sammlung der Universität
Inv. B 212

Die Zuschreibung des Blattes an den Bruder Albrecht Dürers, der zwischen 1529 und 1534 Hofmaler in Krakau war, ist nicht gesichert, doch weisen die pathetische Auffassung und eine Einzelheit wie die hohe Mütze mit Pelzrand, ein polnisches Kleidungsstück, in diese Richtung. Auch das Papier ist wohl polnischer Herkunft. Im Vergleich mit entsprechenden Darstellungen aus Kaiser Maximilians »Weißkunig« ist die Steigerung der Bauformen deutlich, deren Gewalt durch wirksame Schattenflächen unterstrichen wird. Individuelle Züge werden diesem Vorgehen geopfert. Der Aufbau der Räumlichkeit ist dabei schwach entwickelt, und die Aneinanderreihung der Figuren verrät merkwürdig geringe Beweglichkeit.

Bock (1929) 212; Kuhrmann (1974) S. 90 f. Nr. 81. W. S.

C 34
Georg Pencz
Der Tod der Virginia. Um 1546/1547
Kupferstich. 114 × 74 mm
Berlin, Staatliche Museen, Kupferstichkabinett
Inv. 904–1984

Beispiel der Römertugend, nicht ohne Beziehung zum Tod der Lukretia. Auch hier steht der Fall am Beginn eines siegreichen Aufstandes. Der Willkür des Dezemvirn Appius Claudius tritt der Heerführer Lucius Virginius entgegen. Er tötet seine Tochter, die ihm nach öffentlicher Gerichtsverhandlung genommen werden sollte.

Darstellungen dieser Art wurden offenbar aktuell im Zusammenhang mit dem Schmalkaldischen Krieg und mit der Frage, ob Widerstand gegen den Kaiser gestattet sei. Dies ist wohl auch der Hintergrund mancher Judith-Darstellungen von Cranach.

Bartsch 84; Le Blanc (1854 ff.) 120; Landolt 92. W. S.

C 35
Conrad Schnitt
Die Entführung der Europa und ihre Demütigung
Um 1524.
Feder in Braun. 425 × 585 mm
Basel, Kupferstichkabinett, Inv. U. VI. 22

Zweigeteilte Darstellung; links: die Entführung der Europa durch den Stier, über den klagenden Gefährtinnen die Herde des Königs von Phönizien; rechts: die Demütigung der Europa durch eine vielköpfige Gruppe von Geistlichen mit Papst und Kardinal. Von rechts treten ein Laie mit einem Sack auf dem Rücken und eine Frau an die Szene heran. Die Darstellung ähnelt dem Aufbau einer Verspottung Christi. Die Felsengrotte dahinter ist als Andeutung eines Grabes zu verstehen, im Hintergrund ein bedeutsamer Sonnenuntergang.

Die sechs erklärenden Distichen der Sockelschrift finden sich auch in einer Schrift, die unter dem Namen des Erasmus von Rotterdam 1544 in Basel von Celio Secondo und Johannes Oporinus herausgegeben worden ist.

Koegler (1912); Hieronymus (1985) S. 3–38, Abb. 13.
W. S.

C 36 (Abbildung)
Conrad Schnitt
Cebes-Tafel, Entwurf für Glas- oder Wandmalerei. 1521
Feder mit Tusche, aquarelliert. 775 × 618 mm
Weimar, Kunstsammlungen, Inv. KK 214

Der griechische Text des späten Sokrates-Schülers Kebes (Cebes), 1. Jahrhundert v. u. Z., wurde gern als Lehrstoff

C29

C36

verwendet. Er behandelt den Zustand der Seele von ihrer Vereinigung mit dem Leib und beschreibt den Verlauf des menschlichen Lebens. Der Mauerring und die verschiedenen Höfe mit ihren schmalen Pforten, die Begegnung des strebenden Menschen mit personifizierten Tugenden und Lastern symbolisieren die Erlangung vollkommener Tugend und den Übergang aus der Welt ins Reich der »höch sten Glückseligkeit«. Alle Baseler Cebes-Darstellungen so wie auch unsere Zeichnung, sind am berühmten Titel holzschnitt Hans Holbeins d.J. orientiert.

Barth (1986) Nr. 76.

R.B

C 37

C 37 (Abbildung)
Lucas Cranach d. Ä.
Lukretia. Um 1510–1513
Gemälde auf Lindenholz. 60 × 47 cm
Privatbesitz

Unter Meinhardis Beschreibungen vieler, auch abgelegener Themen im Schloß zu Wittenberg von 1508 wird der Selbstmord der Lukretia, ein Beispiel der Römertugend und der ehelichen Treue, nicht besonders erwähnt. Erst einige Jahre später taucht das Bild, sicherlich in Verbindung mit italienischen Vorbildern, zuerst in der vorliegenden Fassung auf, wird bald durch Nachbildungen verbreitet, von denen eine 1514 datiert ist. Aufblitzende Details wie die Perlenkette der entblößten Zähne, die Schlagschatten von Dolch und Schmuckringen auf der Haut (auch der gewaltige Arm) rücken das Bild in die Nähe des sog. Fürstenaltars (FRR 20).

Koepplin/Falk Bd. 2 (1976) Nr. 576; FRR 42. W. S.

C 38 (Abbildung)
Peter Flötner (Plaketten) und
Wenzel Jamnitzer (Goldschmiedearbeit)
Vorderfront eines Schreibkabinetts. 1545–1550
Bronze, gegossen, vergoldet, montiert
H. 66 cm, Br. 78,5 cm
Berlin, Staatliche Museen, Kunstgewerbemuseum
Inv. 1889, 109

Die Mittelplakette »Versuchung des Glaubens« zeigt die von Dämonen der Unkeuschheit und Völlerei, auch in Gestalt eines Mönches, bedrängte Fides. Sie sitzt mit hilflos erhobenen Armen, fast entblößt, außerhalb der Kirche vor einer brennenden Stadt. Ihr Attribut, das Kreuz, liegt am Boden. Die Plakette ist durch die sehr expressive, persönliche Bildsprache Flötners geprägt. Das Gegenstück zeigt die »Versuchung der Geduld«, beide sind um 1535 entstanden. Die umliegenden runden Plaketten, um 1540 datierbar, in mehr klassischer Gestaltung zeigen acht Tugenden (Glaube, Hoffnung, Liebe, Klugheit, Geduld, Tapferkeit, Mäßigkeit, Gerechtigkeit) und vier durch Tugend und Mut berühmte Frauen des Altertums (Dido, Jael, Kleopatra, Lukretia). Sie sind sicher als Heilsplan gegen die in der Mitte gebrandmarkten Übel der Zeit zu verstehen und verleihen der Front insgesamt eine reformatorische Aussage.

Schreibkabinette wurden mit Beginn der Neuzeit und ihrer auch diplomatischen Reisetätigkeit als tragbare Repräsentationsmöbel gebräuchlich. Äußerlich meist unscheinbare Kästen, enthielten sie nach Herunterklappen der Vorderfront als Schreibplatte ein sorgfältig gestaltetes Inneres, Stand und geistige Position des Reisenden widerspiegelnd. Die frühesten und berühmtesten deutschen Schreibkabinette entstanden in der Nürnberger Werkstatt Wenzel Jamnitzers.

Wesenberg in: FuB Bd. 30; Alfter (1986) S. 18 ff.; Weber (1975) Kat. 38, 61 (1–4), 62 (1–8); Kat. Jamnitzer (1985) S. 64 ff. A. W.

C 39
Peter Flötner
Pfaffenkirmes. Um 1535
Holzschnitt, mit typographischem Text. 149 × 558 mm
Halle, Staatliche Galerie Moritzburg, Inv. F 321

In seinem Bericht über zeitgenössische Nürnberger Künstler lobt der Rechnungsmeister Neudörfer zuerst Flötners Kunstfertigkeit als Schnitzer und fährt dann fort: »Was aber dieser Flötner für sich selbst machet, das mussten eitel wüste und abscheuliche Angesichter und Gemäld in Form der langen Creuzfahrt von Münich, Nonnen und Pfaffen, die er gerissen und in Druck gegeben hat, sein.« Die Kreuzfahrt, Prozession, wird auf diesem Blatt als Kirmes karikiert. Einem Schwein folgen Mönche, Nonnen und Laienbrüder, ihr Schaugerät ist durch Symbole der Völlerei und Unzucht ersetzt. Wurstspieße, Heugabeln mit Unterwäsche, statt der Reliquie ein Gänsebraten und statt des Kelches ein Bierhumpen, anstelle des Gesangbuches ein Spielbrett und statt des Rauchfasses eine Hose. Auf die heruntergebrannten Laternen nimmt eine Zeile der Spottverse Bezug: Lux mundi sein wir noch/alles improbitatis (das Licht der Welt sein wir noch/alles Schelmerei).

Flötner verlieh mit diesem Blatt der populären Kritik am klösterlichen Lebenswandel in eindringlicher Weise Ausdruck.

Lange (1897) S. 4; Geisberg (1924 ff.) 825/826, Martin Luther und die Reformation (1983) Nr. 299. A. W.

C 40 (Farbtafel)
Oberrheinischer Meister
Garstige Alte. Ende 15. Jh.
Buchsbaumholz, z. T. gefaßt. H. 16 cm
Frankfurt am Main, Städtische Galerie Liebieghaus
Inv. 925

Legner (1967) Nr. 28; Spätgotik am Oberrhein (1970) Nr. 96; Natur und Antike in der Renaissance (1985) Nr. 305.

C 41 (Farbtafel)
Deutscher Meister
Nackte Alte. 2. Viertel 16. Jh.
Buchsbaumholz. H. 20,7 cm
Frankfurt am Main, Städtische Galerie Liebieghaus
Inv. 606

Legner (1967) Nr. 29; Natur und Antike in der Renaissance (1985) Nr. 306.

C 42
Hans Weiditz d. Ä.
Adam und Eva. Um 1505–1510.
Buchsbaumholz, Sockel Lindenholz. H. 21,8 cm
Basel, Historisches Museum
Inv. 1870. 942

Die Darstellung des ersten Menschenpaares in unverhüllter Nacktheit beeindruckt sowohl durch die feingliedrig weiche Körpermodellierung, als auch durch die spannungsreiche Komposition. Die Mimik der auseinanderdriftenden und doch miteinander verkettet scheinenden Gestalten, die unbändige Sehnsüchte verrät, kulminiert im Antlitz des Adam, das wohl, im Gegensatz zum verführerisch lockenden der Eva, die Marter zwischen Begehren und Gewissensqual spiegelt. Dem kunstvollen Kabinettstück, das gewiß für einen humanistisch Gebildeten gearbeitet wurde – es stammt aus der Sammlung des 1591 gestorbenen Freiburger Bürgers Basilius Amerbach – liegt viel weniger die dem Thema eigene moralisierende Absicht zugrunde, als es, analog humanistischem Denken, als Bestimmungsversuch menschlichen Seins im Spannungsfeld zwischen Natur und moralischer Norm betrachtet werden kann und damit als vorbehaltlose Bejahung menschlicher Existenz.

C 38

Pinder (1924) S. 443; Bange (1928) S. 54; Müller (1966) S. 172; Spätgotik am Oberrhein (1970) Nr. 142; Kunstepochen der Stadt Freiburg (1970) Nr. 215. F. K.

C 43
Deutsche Werkstatt
Türklopfer mit Darstellung des Sündenfalls. Anfang 16. Jh.
Eisen, gegossen, geschmiedet. H. 23 cm
Berlin, Staatliche Museen, Kunstgewerbemuseum
Inv. F. 864

Kunsthandwerk der Dürerzeit (1971) Abb. 87.

C 44
Konstanzer Meister, tätig 1. Hälfte 16. Jh.
Die Saat Adams und Evas. Um 1520
Einblattholzschnitt, koloriert, mit typographischem Text. Drucker: Johann Schäffler. 399 × 285 mm.
Gotha, Schloßmuseum, Inv. 37, 17

Auf eine zwölfzeilige gereimte Einleitung, in der Adam als Bauer vorgestellt wird (Zeile 2 f.), folgen drei übereinander angeordnete bildliche Darstellungen, die nebeneinander zu denken sind. Durch beigefügte Namensschildchen werden die Figuren als Adam und Eva, als Abel und Kain bezeichnet. Über (d. h. hinter) ihnen geht die durch den Sündenfall verursachte Saat, die Einteilung der Menschen in reich und arm, in hoch und niedrig, auf. Einziges bisher nachgewiesenes Exemplar.

Geisberg (1924 ff.) 1572; Meuche/Neumeister (1976) B 36. P. Th.

C 45
Werkstatt Lucas Cranachs d. Ä.
Adam und Eva (Sündenfall). Um 1530
Gemälde auf Fichtenholz. 83,4 × 52,7 cm
Weimar, Kunstsammlungen, Inv. G 593

Während in Cranachs Darstellungen von Adam und Eva aus der Zeit um 1510 bis ca. 1520, die nicht ohne Anregung durch Dürers Kupferstich von 1504 und seine Adam-und-Eva-Tafeln von 1507 entstanden sind, die nackte menschliche Gestalt in ihrem Eigenwert dominiert, gestaltet Cranach das biblische Thema in der Malerei seit etwa Mitte der zwanziger Jahre als friedliche Idylle, als vertrautes Beieinander der beiden ersten Menschen unter dem Baum der Erkenntnis und in harmonischer Übereinstimmung mit der Natur. Der zeitgenössische Betrachter assoziierte mit den Tieren des Paradieses auch symbolischen Sinn: Hirsch und Löwe deuten auf Christus als Überwinder der Sünde, Hase und Rebhuhn verkörpern wohl die sündhafte Sinnlichkeit. Das religiös-moralische Anliegen findet so nur noch attributiv Ausdruck. Diese Konzeption des Sündenfalls hatte Cranach schon in seinem Holzschnitt 1509 verwirklicht.

Die Weimarer Tafel, die an Farbwirkung eingebüßt hat, ist sehr wahrscheinlich eine in der Werkstatt Cranachs entstandene Kopie nach einem heute verschollenen Gemälde Cranachs von 1527 (ehemals Gotha, FRR [1979] Nr. 198 A; Verlorene Werke der Malerei, Berlin 1965, S. 124).

Meyer (1917) S. 331; Verzeichnis Weimar (1824) Nr. 40; Schuchardt T. II (1851) S. 127, Nr. 403, T. III (1871) S. 156, zu Nr. 53; Kat. Weimar (1913) Nr. 150; Glaser (1921) S. 232.

H. H.

C 46
Lucas Cranach d. Ä.
Das Goldene Zeitalter. Um 1530
Gemälde auf Holz. 75 × 105 cm
Oslo, Nationalgalerie, Inv. NG Nr. 519

Seit Friedländer/Rosenberg (1932) trägt dieses Gemälde einen Titel, welcher sich auf Hesiod (»Werke und Tage«, in: Sämtliche Werke, Leipzig 1984, S. 106–109) beruft. Jedoch ist solch eine exakte literarische Verankerung des Motivs höchst bedenklich. Beispielsweise wird in Hesiods Weltalter-Vorstellungen keine räumliche, sondern eine temporäre Zäsur vorgenommen.

Eher wäre hier an den eingegrenzten Liebesgarten oder an das Paradies zu denken. Das Gemälde schildert einen Zustand, wo den Menschen die Strafe der körperlichen Arbeit (nach dem Sündenfall) noch unbekannt ist. Möglicherweise nimmt der Tanz um den Apfelbaum (links im Bild) darauf sogar Bezug. Die üppig gemalte Vegetation, die sicher nicht ohne symbolischen Eigenwert ist (vgl. L. Behling, Die Pflanze in der mittelalterlichen Tafelmalerei, Weimar 1957), erzeugt Wohlbehagen. »Cranach war damals der einzige Künstler in Deutschland, der Bilder malte mit ... profanen Themenkreise(n) ...« (D. Koepplin in Koepplin/Falk [1974] Bd. I S. 211)

Friedländer/Rosenberg (1932) S. 69 Nr. 214; Lüdecke (1953) S. 5 Abb. 2; Schade (1974) S. 70, S. 387 Anm. 530, Taf. 160.

R. Mi.

C 47 (Abbildung, Ausschnitt)
Westfälischer Bildschnitzer
Relief mit Darstellung der Wurzel Jesse. Um 1480
Eichenholz, z. T. ergänzt, Reste originaler Fassung
H. 85 cm, Br. 870 cm (gesamt)
Berlin, Staatliche Museen, Kunstgewerbemuseum
Inv. 1872, 688

Es ist bezeichnend, daß gegen Ende des 15. Jahrhunderts, in einer Zeit des Umbruchs, mit der Hoffnung und auch Heilserwartung als auffallend häufiges Thema bildlicher Darstellung erneut die Wurzel Jesse erscheint. Nach der Vision des Jesaia (11.1) »Und es wird ein Reis hervorgehen aus dem Stamm Isais, und ein Zweig aus seiner Wurzel Frucht bringen«, entwächst nach überliefertem ikonographischem Schema auch am hier gezeigten Relief dem Leib des schlafenden Jesse ein weit verzweigter Baum – analog dem lebensspendenden arbor vitae – in dessen Zweigen die alttestamentlichen Könige der salomonischen Linie als Vorfahren des Messias auftreten. Sie bewegen sich nahezu spielend in den Kreisen der S-förmig geschwungenen Ranke, die mit lappigem Blattwerk in granatapfelähnlichen Blüten endet (Auferstehungssymbol). In ihrer Mitte, unmittelbar über der Figur des Jesse, thront Maria mit dem Kinde. Die märchenhafte Kleidung der Könige ist im Stil des frühen 15. Jahrhunderts gehalten. Der Bildfolge liegt ein Kupferstich Israhel van Meckenems nach einer älteren niederländischen Vorlage zugrunde.

Im Unterschied zu den sonst in der Spätgotik üblichen Büsten, wurden hier die Vorfahren Christi in ganzer Figur dargestellt. Vermutlich bildete das Relief die untere Zone eines Lettners.

Führer durch die Sammlung des Kunstgewerbemuseums, Berlin 1887, S. 16; Kunsthandwerk der Dürerzeit (1971) S. 95, Abb. 10, 11; Kunstgewerbemuseum Berlin. Geschichte, Wiederaufbau, Neuerwerbung. Kat. (1983) Nr. 5, S. 56.

E. M.

C 48
Mainzer Formschneider, tätig Ende 15. Jh.
Christus auf dem Regenbogen. 1492
Holzschnitt, mit xylographischem Text
Drucker: Jakob Meydenbach, Mainz.
Zwickau, Ratsschulbibliothek

Schramm (1921) XV 1102.

C 49
Hans Weiditz
Ständebaum. Um 1519/1520
Aus: Petrarca, Glücksbuch I, Kap. 16
Holzschnitt. 155 × 100 mm

Die aus dem Wurzelwerk hervorkriechenden Bauern versinnbildlichen den Ursprung des gesellschaftlichen Menschen in der Landarbeit, demzufolge wurzeln hier alle Stände. Weiterhin ist der Bauer immer noch in der gesellschaftlich tragenden Funktion der Ernährer aller Schichten. Die Wiederkehr des Bauern im Baumwipfel ist keinesfalls als »Aufruf zur Revolution« (Scheidig) mißzuverstehen. Vielmehr ist hier die Forderung von Sebastian Brant, die von moralischen Grundsätzen diktierte Ordnung der Stände wiedereinzunehmen, ins Bild gesetzt. Erst diese reformierte Ordnung eröffnet den Ausblick auf die Vision im Wipfel: den Bauern als »Sinnbild für die Wiederkehr der ständelosen, zwietrachtenthobenen saturnischen Urzeit, worin die Menschen ohne Unterschied sich nur von Ackerwerk und Fruchtbau nähren, wie das Ovid in seiner klassi-

C 47

schen Verkündung des goldenen Zeitalters geweissagt hatte«. (Fraenger)

Musper (1927) 78; Fraenger (1930) S. 100 ff.; Scheidig (1955) S. 60 f.; Raupp (1986) S. 16. E. B.

C 50
Straßburger Meister, tätig 1. Hälfte 16. Jh.
Der wolredendt Niemant. Um 1533
Einblattholzschnitt, mit xylographischem und typographischem Text. Drucker: Johann Prüß, Straßburg; Text: Jörg Schan, ebenda. Blattgr. 363 × 299 mm
Gotha, Schloßmuseum, Inv. 40, 46 a/b

Eine Legende vom heiligen Niemand (Historia Nemesis, Lied von »John Nobody«) läßt sich seit dem 12./13. Jh. in zahlreichen lateinischen, deutschen, französischen und englischen Fassungen als Prosaerzählung, gereimte Predigt, Heiligenparodie und z.T. dramatisierte Spottschrift nachweisen. Durch Ulrich von Hutten in seiner lateinischen Dichtung »Nemo« (1507–1509) verwendet und von dem Straßburger Barbier Jörg Schan noch vor 1507 umgedeutet. Bei Schan zunächst Personifikation eines Sündenbocks für alles, womit sich vor allem die Dienstboten gern herauszureden pflegten. Darauf spielt noch das spätgotische Spruchband des vorliegenen Gothaer Einblattholzschnitts an, auf dem es heißt: »Nieman so heis ich was ieder man dvot das zicht man mich.« Dann, in einer weiteren Umdeutung Schans, wie in unserem Blatt, wird der »Niemant« zum Vertreter reformatorischen Gedankenguts (gegen Ablaß, Mönche und Pfaffen) und zum Fürsprecher des gemeinen Mannes.

Bolte (1896) S. 78 ff.; Meuche/Neumeister (1976) B 40. P. Th.

C 51 (Abbildung)
Ulmer Formschneider, tätig um 1460–1480
Spottbild auf Kaiser und Papst. Um 1476 (?)
Einblattholzschnitt, koloriert. 370 × 254 mm
München, Staatliche Graphische Sammlung, Inv. 48 324

Auf dem Mastkorb eines Schiffes ringen zwei spärlich bekleidete und durch Krone bzw. Tiara sowie zusätzliche Schriftbänder als Kaiser Friedrich (III.) und als Papst (Pius II.) näher bezeichnete Männer um die Herrschaft. Rechts neben ihnen ein unheilverkündender Komet. Pius II. hat eine als »roma« bezeichnete Waage der Rechtsprechung in der Hand und greift nach dem französischen Lilienwappen, dazu das Schriftband »rex francie«. Über dem Lilienwappen der Doppeladler »Imperium«. Um den Hals Pius II. hat sich außerdem die Schlange »dux / medvlanie« (d. i. Francesco I. Sforza, seit 1454 Herzog von Mailand) gelegt, und sein rechter Fuß findet nur mühsam Halt auf dem als »patriarche roma« bezeichneten (Schicksals-) Rad. Der römische Kaiser Friedrich III. (1415–1493, als deutscher König Friedrich IV.), das zerbrochene Szepter »rex bohemie« (Symbol der ihm mit dem Tode Podiebrads im Jahre 1471 erneut entgangenen böhmischen Krone) in Händen, kämpft ebenfalls mit nicht nur einem Gegner. Neben Pius II. (1405–1464), welchen er vor dessen Wahl zum Papst

C 56

(1458) unter dessen weltlichem Namen Aeneas Sylvius im Jahre 1442 zu seinem Sekretär und Ratgeber ernannt hatte, macht Kaiser Friedrich III. der Löwe »dux burgundie« (d.i. Karl der Kühne von Burgund) zu schaffen. Karl der Kühne nahm seit 1467 zahlreiche Eroberungen auf Kosten des Reiches vor und versprach seine Tochter dem Sohn des Kaisers. Die Ehe kam jedoch erst nach dem Tode Karls des Kühnen zustande. Möglicherweise spielt der von dem Kometen ausgesandte Strahl, welcher den burgundischen Löwen trifft, auf den Tod Karl des Kühnen (1477) an. Das unter den beiden Protagonisten befindliche (Staats-) Schiff bezieht sich ebenfalls auf die komplizierte politische Geschichte der zweiten Hälfte des 15. Jahrhunderts. Es trägt die Bezeichnung »Duces austria«, der Mast ist als »Ciuitates Imperatorie« gekennzeichnet. Die Taue tragen von links nach rechts die Namen »duces baüarie«, »rex polonie«, »rex vngarie«. Die Leitersprossen werden aufsteigend als »xagvsa«, »veneca«, »bosna«, »sicilja« bezeichnet. Die drei Ruder heißen (ebenfalls von links nach rechts): »duces saxonie«, »Rex Sao«, »Rex dacie«. Auf dem Anker steht: »Electores imperij«. Auf dem abgeholzten Baum ganz rechts der Name »Jherusalem« und das französische Lilienwappen. Ganz links unten auf einem Felsstück die Signatur des Formschneiders: »Michel«.

Schreiber (1926) 1956 P.Th.

C 52
Erhard Schön
Der Teufel mit der Sackpfeife. Um 1535
Einblattholzschnitt, koloriert, mit typographischem Text
364 × 270 mm
Gotha, Schloßmuseum
Inv. 37, 2

Formatfüllende Darstellung eines Teufels, der einen Mönchskopf als Dudelsack benutzt. Der Klerus zeigt sich als Instrument des Teufels. Durch die hinter dem Mönchskopf sichtbaren Pfeifen, die an zwei Hörner erinnern, wird der Klerus gleichzeitig als Antichrist gekennzeichnet. Lange vor Martin Luther hatte z.B. bereits Bernhard von Clairvaux (1090–1153) die Ansicht vertreten, daß viele Kleriker in Wahrheit dem Antichrist dienten (vgl. Radeke [1915]).

Geisberg (1924ff.) 1144; Radeke (1915) S. 15–17, 202; Meuche/Neumeister (1976) B 16. P.Th.

C 53
Augsburger Meister, tätig 1. Hälfte 16. Jh.
Der Narr als Warner. Nach 1543
Einblattholzschnitt, koloriert, mit typographischem Text
Drucker: Anthony Corthois d.Ä.; Text: Hans Sachs
268 × 379 mm
Gotha, Schloßmuseum
Inv. 37, 19

Selbstbewußt und z.T. als Scholar, z.T. als bürgerlicher Gelehrter gekleidet, steht der Narr als würdiger Sprecher der nachreformatorischen Öffentlichkeit zwischen den Vertretern der kirchlichen und weltlichen Obrigkeit. Er warnt die weltlichen Herrscher vor dem Übermut der Geistlichkeit. Der Text unter der bildlichen Darstellung stellt eine erste zeitgenössische Veröffentlichung eines Gedichtes von Hans Sachs dar, welches dieser unter dem Titel »Ein warnung Hennsl Narren den weltlichen stant vor dem gaistlichen stand« mit Datum vom 1. Mai 1543 in der Sammlung seiner Werke aufführt.

Hanckel (1952) Nr. 219; Meuche/Neumeister (1976) B 48. P.Th.

C 54
Deutscher Meister, tätig 1. Hälfte 16. Jh.
Hasen richten über Jäger, Mönche und Priester.
Um 1535
Einblattholzschnitt, koloriert, mit xylographischem und typographischem Text. 264 × 387 mm
Gotha, Schloßmuseum
Inv. 40, 47

Die Darstellung gehört zum Themenkreis der Verkehrten Welt, die häufig im Gewande von Tierfabeln bis auf das alte Ägypten und die Antike zurückzuführen ist. Im vorliegenden Blatt um Mönch und Prediger zeitgenössisch bereichert und dadurch sozial konkretisiert. Von Meuche/Neumeister (1976) als direktes Echo auf die Ereignisse des Bauernkrieges interpretiert.

Meuche/Neumeister (1976) B 43; Lexikon der Kunst, Bd. V (1978) Stichwort: Verkehrte Welt. P.Th.

papa
cometa
rex francie
roma
bohemie
Dux burgundie
rex polonie
rex ungarie
Duces austrie

C51

C 59

C 55
Lucas Cranach d. Ä.
Martin Luther als predigender Mönch. Um 1522–1524
Gemälde auf Pergament, auf Buchenholz aufgezogen.
43,4 × 29,5 cm
Nürnberg, Leihgabe der Paul Wolfgang Merkelschen Familienstiftung an das Germanische Nationalmuseum
Inv. Gm 1570

Dieses Bildnis Luthers wendet sich wie der Kupferstich, der ihm zugrunde liegt, an die breite Öffentlichkeit. Es wirkt etwas undifferenzierter in der Malerei, was zum Teil auch auf die nicht gleichmäßige Haftung der Farbe auf dem Pergamentgrund zurückzuführen ist. Luther trägt zwar noch das Ordensgewand (paßt die Gürtelschnalle zu ihm?), hat aber das Haupthaar ungekürzt, so entspricht sein Auftreten auch dem Zwischenzustand, in dem er sich befand.

Martin Luther und die Reformation (1983) Nr. 363. W. S.

C 56 (Abbildung)
Lucas Cranach d. Ä.
Martin Luther mit Doktorhut. Um 1520
Gemälde auf Holz. 40,3 × 26,5 cm
Privatbesitz

Das Gemälde steht anscheinend zwischen den beiden Kupferstichen von 1520, die Luther im Dreiviertelprofil nach links und im Profil mit Doktorhut zeigen. Die knappe Büstenform spricht für eine besonders private Fassung des Bildnisses. Für Cranach als Bildnismaler ist bemerkenswert, wie fast jedes dieser Porträts Luther mit eigenem Verständnis erfaßt. Das Bild seiner Person wuchs offenbar in den Begegnungen Schritt für Schritt.

Koepplin/Falk Bd. I (1974) Nr. 73. W. S.

C 57
Hans Brosamer (?)
Martin Luther Siebenkopf. 1529
Titelblatt zu: Johannes Cochläus, Septiceps Lutherus
Leipzig, Valentin Schumann, 1529
Holzschnitt 164 × 135 mm
Berlin, Staatliche Museen, Kupferstichkabinett
Inv. 335–1974

Spottbild auf Luther, in lateinischer Fassung zu einer Streitschrift des Hofkaplans Herzog Georgs von Sachsen verwendet. Die Fassung mit deutschen Erklärungen (abgebildet bei Hollstein) könnte früher erschienen sein. Durch die Siebenzahl der Köpfe ist der Reformator als ein Untier gekennzeichnet, vielleicht spöttisch auch als »Siebenkünstler«, als Vertreter der sieben freien Künste. Zu vermuten ist, daß Cochläus eine entsprechende Formulierung Luthers gegen diesen selbst ins Feld geführt hat. Von gewisser Derbheit sind die Gleichsetzung Luthers mit einem liederlichen Mann (Luther = Luder, über ihm ein Stab) sowie die Bezeichnungen als gewalttätiger Barabbas und als Irrgeist, dessen Kopf von Bienen umgeben ist (»Schwärmer« war ein Lieblingswort in der Polemik des Reformators).

Dodgson II (1911) 413, 10; Hollstein 402. W. S.

C 58 (Farbtafel)
Hans Plock
Friedrich der Weise und die Reformatoren. Um 1560
Klebebild auf einer Buchseite. Aus dem I. Band der Plock-Bibel von 1541. 34,9 × 33,2 mm
Unter Verwendung folgender Kupferstiche:

1. Friedrich der Weise von Albrecht Dürer (Meder 102)
2. Philipp Melanchthon von Heinrich Aldegrever 1540 (Bartsch 185)
3. Martin Luther von Heinrich Aldegrever 1540 (Bartsch 184)
4. Pallas Athene von Lucas van Leyden 1530 (Bartsch 139 I)
5. Putten bei der Weinlese (Fragment) vom Monogrammisten IB 1529 (Bartsch 35)
6. Mars mit Stier und Pferd als Kriegsbeute aus einer Planetenfolge Heinrich Aldegrevers von 1533 (Bartsch 76)
7. Mars mit der Kriegsfackel in der Landschaft von Heinrich Aldegrever 1529 (Bartsch 82)

Berlin, Staatliche Museen, Kupferstichkabinett
Inv. 20–1953

Die Collage der Plock-Bibel besteht aus der Zusammenstellung des Reformatorenpaares mit dem Kurfürsten, der Luther beschützte. Dabei ist die Schrifttafel des Dürerstiches wegen des Bezuges auf die Bibeltreue Friedrichs durch Aussparen der Aquarellierung hervorgehoben. Der Kurfürst ist dargestellt in Abwendung vom Gott des Krieges und in Zuwendung zur Göttin der Weisheit, die von Gestalten friedlicher Erntearbeit begleitet ist.

Timm (1957). S. 111 ff. W. S.

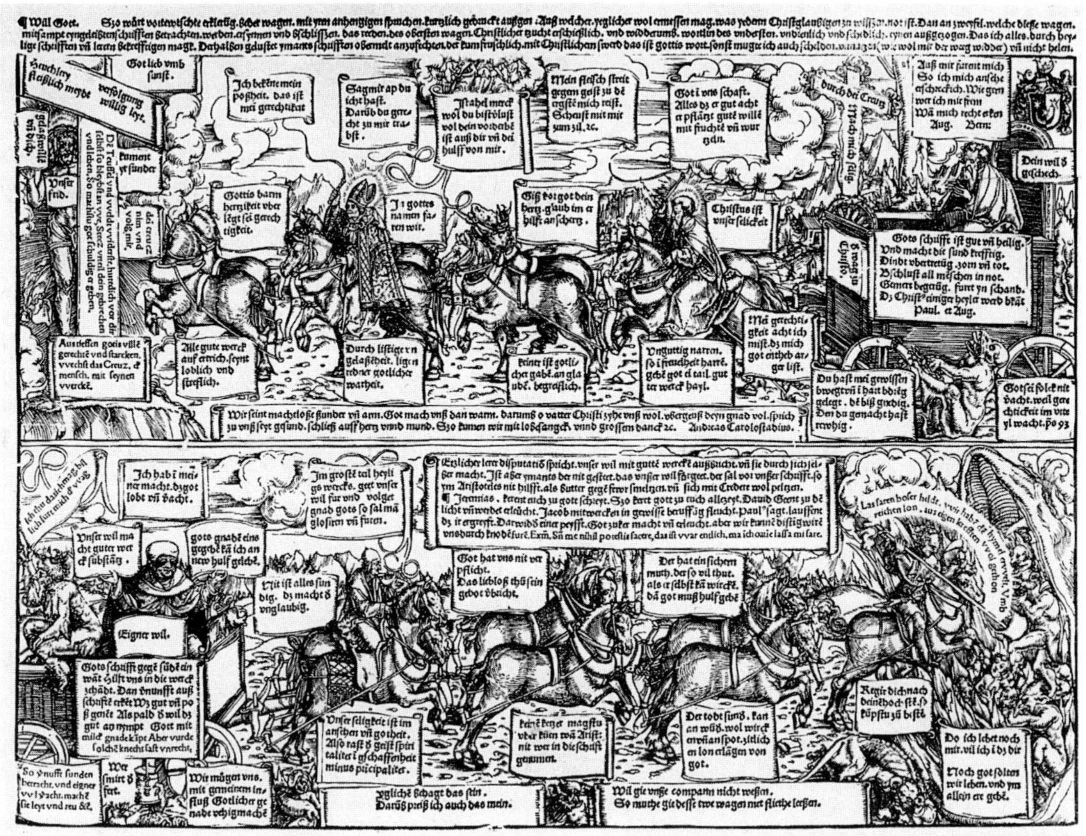

C 60.2

C 59 (Abbildung)
Baseler Zeichner (Reproduktion)
Gedenkblatt für Andreas Karlstadt. 1541/1542
Mit der dreizeiligen Überschrift:
REVERENDVS IN CHRISTO D. AN/dreas Botenstein Carolstadius ... Petri sepultus.
Buchdruck und Holzschnitt. 320 × 250 mm
(Maße des Holzschnitts: 150 × 145 mm)
Eingeklebt in den hinteren Spiegel des Einbands einer französischen Bibelausgabe (Biblia magna. Lyon, Johannes Moylin alias de Cambray, 1520) aus dem Besitz des Leonhard Hospinian (Basel 1500/1505–1564)
Original in Bern, Stadt- und Universitätsbibliothek.

Das Gedenkblatt für den am 24.12.1541 verstorbenen Andreas Bodenstein von Karlstadt (geb. 1486) ist bei einem unbekannten Drucker in Basel erschienen. Es bietet das einzige authentische Porträt Karlstadts*, der, von dem unbekannten Künstler in Gelehrtentracht dargestellt, in Basel von 1534 bis 1541 Theologieprofessor war. Dem Porträt beigefügt sind ein Trauergedicht mit biographischen Daten aus der Feder des Basler Humanisten Heinrich Pantaleon (1522–1595)** sowie ein Epigramm des ältesten Sohnes Karlstadts und späteren Paracelsisten Adam (von) Bodenstein (1528–1577) auf das Bild des Vaters.

Karlstadt war 1517/18–1519 einer der Lehrer Thomas Müntzers in Wittenberg und stand mit diesem bis 1524 in Briefwechsel.

Hospinian 7 U. B.

* Adam Bodenstein sagt in seinem Epigramm: »Nam licet ad vivum referat pictura parentem ...« Die Authentizität eines bisher oft abgebildeten Karlstadtporträts (Kupferstich in der Porträtsammlung der Universitätsbibliothek Basel; Abb. z. B. in: Köpfe der Lutherzeit, hrsg. v. Werner Hofmann, München 1983, S. 264 f. Nr. 119) muß jetzt als ungesichert gelten, zumal zum Basler Kupferstich der Name Karlstadts nur in einer handschriftlichen, unter das Bild geklebten Legende (17. Jh.?) genannt ist. Ein erster Hinweis auf die Existenz unseres »Gedenkporträts« findet sich, allerdings mit falscher Fundortangabe, in: Köpfe der Lutherzeit, a. a. O.

** Die Freundschaft zwischen Karlstadt und Pantaleon ist sonst nur in einem Brief Pantaleons an Karlstadt und Oswald Myconius, Heidelberg, 1541 September 20, belegt (UB Basel: Mscr. O III 28 a, Bl. 85r–86r, entdeckt von Hans-Peter Hasse, Dresden).

C 60
Lucas Cranach d. Ä.
Der Fuhrwagen. 1519
Holzschnitt. 300 (285) × 400 mm

C 60.1
Ein vollständiges Exemplar mit deutschem Text
Konsistorium der Ev. Kirche Berlin-Brandenburg,
Zentralbibliothek, Depositum

C 60.2 (Abbildung)
Ein in nur zwei Fragmenten erhaltenes Exemplar
mit lateinischem Text
Nordhausen, Kirche St. Blasii, Bibliothek

Als beschlossen war, daß die erste große theologische Auseinandersetzung über die neue Wittenberger Theologie zwischen Johannes Eck aus Ingolstadt und Andreas Karlstadt stattfinden sollte – Luther hat sich erst später als zweiter Disputant eingeschaltet –, war Karlstadt daran gelegen, nicht nur wissenschaftliche Thesen zu bieten, sondern für seine Sache auch durch eine Bilddarstellung und durch sentenzartige Aussagen zu werben. Durch den Briefwechsel mit dem Kaplan und ständigen Berater des Kurfürsten Friedrich II. (des Weisen), Georg Spalatin, ist etwas über das Werden dieses Werkes bekannt geworden, das als gewagt galt und auch den Zorn der Gegner herausforderte. Als es erschien, ist es auf der Kanzel zerrissen worden. Bei den Beichtkindern wurde nach seiner Lektüre geforscht. In dem diplomatischen Nachspiel zwischen Eck und dem Kurfürsten spielte das Blatt eine Rolle, weil Eck es auch als persönliche Beleidigung empfand.

Nach einer Verzögerung, weil es schwierig war, auf dem Holzstock die vielen Schriftfelder, die Karlstadt wünschte, anzubringen, erschien zuerst eine für die studentische Jugend bestimmte lateinische Fassung im März 1519. Bald darauf folgte eine deutsche Ausgabe für breite Volksschichten. Es war eine so interessante Produktion, daß man sie auch Dürer in Nürnberg zuschickte.

Als Gestalter für sein Werk hatte Karlstadt »celeberrismus noster pictor« (unseren hochberühmten Maler) Lucas Cranach gewonnen. Die Grundidee und auch die meisten Einzelangaben für die Bildgestaltung stammen aber von Karlstadt. Er hatte sich von einem Augustinus-Zitat, das die Heilige Schrift ein »vehiculum« (Gefährt) nennt, in einer damals verbreiteten Erbauungsschrift, dem von Hans Schäufelein illustrierten »Himmel- und Hellwag« des Johannes von Leonrodt (erschienen 1517, in zweiter Auflage 1518), zu einer Antithese inspirieren lassen: Ein Wagen fährt mit einem frommen Büßer auf den leidenden Christus zu, das Vorbild sich selbst preisgebender Frömmigkeit. Paulus und Augustinus sind die Kutscher, die den Wagen trotz der Steine auf dem Weg und der hemmenden Teufel an den Rädern voranbringen. Auf der unteren Zone des Blattes fährt ein zweiter Wagen ohne Hindernisse und gut geschmiert mit einem heiligen Streiter in der Art des heiligen Georg dem offenen Höllenrachen entgegen. Auf dem Wagen steht ein Mönch mit großem Redegestus. Damit sollte die scholastische Theologie angeprangert werden, die den eigenen Willen und das Vermögen des Menschen bei der Erlangung des göttlichen Heils hervorhob.

In der lateinischen Fassung des Blattes stecken tatsächlich persönliche Angriffe auf Eck im Stil der Dunkelmännerbriefe. Die deutsche Fassung ist stärker auf die Frömmigkeit gerichtet, die bei Karlstadt deutliche Anlehnungen an Bernhard von Clairvaux und die deutsche Mystik hat. Cranach ist der schwierigen Aufgabe, ein ständig durch Inschriften unterbrochenes Bild zu schaffen, mit Wendigkeit gerecht geworden. Es handelt sich bei dem Fuhrwagen um die erste Bildpolemik der Reformationszeit, die sowohl für das Passional wie für das Rechtfertiungsbild einen Ansatzpunkt geliefert hat. Außer den gezeigten Exemplaren ist nur ein weiteres in der Hamburger Kunsthalle bekannt geworden.

Schade (1973) Nr. 70; Schade (1974) S. 72 f., Abb. S. 75.

K. v. R.

C 61
Erhard Schön
Die Klage der Heiligenbilder. Um 1530
Einblattholzschnitt, koloriert, mit typographischem Text.
463 × 387 mm
Gotha, Schloßmuseum, Inv. G 74, 4

Nach Meuche/Neumeister erste bildliche Darstellung des Wittenberger Bildersturms im Zuge der Reformation. Im Februar 1522 hatte der Rat der Stadt unter dem Einfluß Karlstadts verfügt, die Bilder aus den Kirchen zu entfernen, um Abgötterei zu unterbinden. Martin Luther differenzierte die radikalen Ansichten Karlstadts (u. a. im Jahre 1526), indem er einräumte, daß man sich der Bilder, d. h. der Kunstwerke im sakralen Bereich, »zum ansehen, zum zeugnis, zum gedechtnis, zum zeychen« durchaus bedienen könne, da die Bilder an sich »weder gut noch böse« seien.

Meuche/Neumeister (1976) B 21; Lexikon der Kunst Bd. I. (^{2}1987) Stichwort: Bilderfrage.

P. Th.

C 62
Hans Holbein d. J.
Christus lehrt seine Jünger beten. Um 1523
Metallschnitt des Meisters CV
86 × 63 mm
Berlin, Staatliche Museen, Kupferstichkabinett
Inv. 158.1–1927

C 63
Hans Holbein d. J.
Anbetung der Heiligen Dreifaltigkeit. Um 1523
Metallschnitt des Meisters C. V.
86 × 64 mm
Berlin, Staatliche Museen, Kupferstichkabinett
Inv. 158.2–1927

Holbeins Metallschnitte zum Vaterunser sind 1523 erschienen. Sie gehören zu einem Kommentar, den Erasmus von Rotterdam auf Bitten von Jostus Ludovicus Decius (Dietz), Sekretär König Sigismunds von Polen, verfaßte. Es gibt aber auch Einzeldrucke mit kurzen deutschen (Basel,

C 66

Berlin) und französischen (London, nach Dodgson in: Mitteilungen der Gesellschaft für vervielfältigende Kunst, Wien 1905, Nr. 1 S. 10) Überschriften, die sicher nicht als Probedrucke, sondern als selbständige Gebet-Einblattdrucke zu betrachten sind. Die Arbeit des Metallschneiders CV unterscheidet sich von der des gleichzeitig für Holbein arbeitenden Jakob Faber durch geringere Aufhellung der Gesamtflächen. Die Umrisse sind zwar scharf geschnitten, aber die Schattierungen überspinnen fast völlig die Gegenstände; das Metall erscheint weicher als bei Faber.

Schmid (1899) S. 244 f., 259; Dodgson I (1903) S. 1 f.; Hieronymus (1984) S. 488–490 Nr. 436. W. S.

C 64
Lucas Cranach d. Ä.
Sonntagspredigt. 1528
Holzschnitt. 113 × 75 mm
Berlin, Staatliche Museen, Kupferstichkabinett
Inv. 302–1986

Darstellung des dritten Gebotes. Mit kleinen Holzschnitten dieser Art veröffentlichte Cranach wirksame Beiträge im Sinne von Luthers Reformation.

Koepplin/Falk Bd. I (1974) S. 277 f. Nr. 255; Hollstein, GE (1954) Nr. 68c. W. S.

C 65
Barthel Beham
Der Schuhmacher und der Chorherr. 1524
Holzschnitt. 120 × 111 mm
Dresden, Staatliche Kunstsammlungen,
Kupferstich-Kabinett
Inv. A 1926–184

Im Gespräch des Geistlichen mit dem Schuster kommt die Argumentation zwischen den Lutherischen und den Päpstlichen in aller Schärfe zur Austragung (der Domherr droht, daß man mit dem Schwert gegen die Evangelischen vorgehen werde).

Passavant III S. 211 Nr. 279 (Dürer); Röttinger (1927) S. 33 Anm. 1. W. S.

C 66 (Abbildung)
Hans Holbein d. Ä.
Christus, das wahre Licht. Um 1523/1524
Holzschnitt. Formschneider: Hans Lützelburger
80 × 277 mm
Dresden, Staatliche Kunstsammlungen,
Kupferstich-Kabinett

In bezug auf die Graphik der Reformation ist Holbeins Beitrag, obgleich weniger bekannt, klarer und weitreichender als der Cranachs. Gilt das bereits für ein Titelblatt wie den Auszug der Apostel, von denen jeder den Schlüssel zur Vergebung mit sich trägt, so in noch stärkerem Maße von diesem Holzschnitt mit dem Licht. Hier die Schar der Gläubigen vom Bürger bis zum Bauern, dort der Zug der Geistlichen, die ihr Augenlicht verloren haben und ihrem Plato und Aristoteles in den Abgrund folgen. Die Mitte füllt ein großer Leuchter mit den Evangelistensymbolen und mit Büsten der Apostel. Das Licht der Sonne ist mit dem Licht des Leuchters in eins gesetzt (Trudzinski) – ein erstaunlicher, großartiger Gedanke, wie Licht und Erlösung in anderer Weise in Cranachs Entwurf einer Leuchterkrone (Kat. C 70) zusammengehören. Die Bäume auf der Seite des Lebens stehen den Bergen auf der Seite des Verderbens gegenüber.

Martin Luther und die Reformation (1983) Nr. 317; Hofmann (1983) Nr. 58; Trudzinski (1984) S. 64–82. W. S.

C 67
Geofroy Tory (Reproduktion)
Die Rechtfertigung des Sünders. Um 1529
Holzschnitt. 270 × 350 mm
Original in Paris, Bibliothèque Nationale

Der bisher nur als Unikat bekannte Probedruck ist seinem Stil nach dem von der italienischen Renaissance geprägten Gelehrten, Graphiker und Drucker Geofroy Tory zuzuschreiben. Tory hat wohl unter dem Einfluß des humanistischen Bibeltheologen Jacques Lefèvre d'Étaples (Faber Stapulensis) die Summe der theologischen Aussagen des Apostels Paulus über den Menschen im Alten und im Neuen Testament zur Darstellung gebracht. Der nackte, elende Mensch unter der Herrschaft der Sünde und des Gesetzes ist dem Tod ausgeliefert wie ein absterbender

Baum. Er kann sich aber, angeleitet von dem Propheten Jesaia, der auf Maria mit dem Kind weist, und von Johannes dem Täufer, der den Christus am Kreuz als das Lamm Gottes bezeichnet, das die Sünde der Welt trägt, der Erlösung zuwenden und wie ein grünender Baum werden. Der Holzschnitt hat für alle Stationen eine französische Beschriftung und außerdem eine Numerierung, die darauf schließen läßt, daß die Darstellung von einem Begleittext erläutert wurde, der wohl vor allem die entsprechenden Bibelstellen zitierte. Der vermutlich vor 1529 entstandene Druck hat die Wittenberger Theologen zur Übernahme der Darstellung angeregt.

Dabei ist die Motivfülle behutsam reduziert und akzentuiert (Prager Typ), aber unter dem Einfluß Luthers auch energisch umgestaltet worden (Gothaer Typ).

Unter den möglichen Bildquellen Torys ist an ein Gemälde wie Carpaccios Grabbereitung Christi, Berlin (West), Gemäldegalerie, zu erinnern, das in der Gestalt des am Baum sitzenden Hiob neben der Aufbahrung des Toten ein wichtiges Element vorgebildet enthält.

Bernard (1857) S. 186ff.; Thulin (1955) S. 139; Göransson (1957) S. 59ff.; Wirth (1981) S. 18; Busch (1982) S. 97–129, 114–118; Hofmann (1983) S. 212–213; Ohly (1985) S. 21, 25–26. K. v. R.

C 68
Werkstatt Lucas Cranachs d. Ä.
Die Rechtfertigung des Sünders
(Sündenfall und Erlösung des Menschen).
1529
Gemälde auf Eichenholz. 72 × 88 cm
Prag, Nationalgalerie, Inv. E. C. No. 819
(Katalog Rudolphinum zu Prag 1889, Nr. 159)

Torys Holzschnitt (Kat. C 67) ist offenbar von Cranach im Jahr 1529 aufgegriffen worden. Fortgefallen sind als Einzelmotive: die Deutung der beiden Berge zu Seiten des Bildes als Zion und Sinai sowie die Personengruppen von Hagar und Ismael und Sara und Isaak entsprechend dem Brief des Paulus an die Galater 4, 21–26. Weggelassen ist das irdische Jerusalem. Das himmlische Jerusalem, Tory bezeichnet damit die Darstellung des Christus als Weltenrichter, ist ersetzt durch einen Kranz von Engeln, die bei geöffnetem Himmel über den Christusereignissen schweben. Der Text dazu (Markus 4, 11 und Psalm 91, 4) erläutert, daß die Engel Christus bei seinem Werk dienen. Um das Todesgeschick des Menschen deutlich zu machen, wird der Tote nicht als Gerippe auf dem Sarkophag, sondern als ein Verstorbener, den man mit seinem Totenhemd in die Erde legt, dargestellt. Auch wird der Sieg Christi über den Tod dadurch unterstrichen, daß er aus einer großen Bergeshöhle heraustritt. Die Dreiergruppe vorn ist bei Cranach deutlicher zusammengefügt und auf die Heilszenen bezogen worden. Gemäß der ursprünglichen Intention waren aber in einem zweiten Arbeitsgang Beschriftungen hinzugefügt worden (offenbar in Anlehnung an die französischen des Holzschnittes), die bei der letzten Restaurierung leider entfernt worden sind. Ergänzt wurde das Bild durch biblische Belegstellen in vier Kolumnen, die wohl ebenfalls auf den (nicht erhaltenen) Begleittext Torys zurückgehen.

Friedländer/Rosenberg (1932) 183c; Thulin (1955) S. 135; Friedländer/Rosenberg (1979) 221c (Werkstattarbeit). K. v. R.

C 69
Lucas Cranach d. Ä. (Reproduktion)
Die Rechtfertigung des Sünders. Um 1530
Federzeichnung. 198 × 285 mm
Gehört zu den seit Kriegsende verschollenen
Zeichnungen des Dresdener Kupferstich-Kabinetts

Die Zeichnung bezweckt nur die Klärung von Teilmotiven; das Motiv des Lebensbaumes in der Mitte etwa wird als bekannt vorausgesetzt. Die Gestalt des gnädigen Gottes (im Gegensatz zum richtenden Gott auf der Gegenseite) erscheint rechts, er wendet sich dem Kreuz zu, das auf dem Rücken des Lammes über Tod und Teufel »hinwegreitet«, eine gewagte Verdichtung des Erlösermotivs.

Rosenberg (1960) Nr. 52. W. S. und K. v. R.

C 70 (Abbildung)
Lucas Cranach d. Ä.
Entwurf eines Deckenleuchters mit dem über Tod
und Teufel siegenden Christus. Um 1530
Feder und Pinsel in Schwarz, grau laviert.
1191 × 1305 mm
Weimar, Kunstsammlungen, Inv. KK 103

Die großformatige Federzeichnung eines Deckenleuchters setzt sich aus Ornamentformen der italienischen Hochrenaissance und figürlichen Motiven nach Vorlagen von Cranachs Hand zusammen. Die Christusfigur entstammt einem seiner ersten Dogmenbilder zur lutherischen Religion, das die Überwindung von Sünde, Tod und Gesetz durch Gnade, Erlösung und ewiges Leben zum Inhalt hat. Christus als Schmuckelement eines Gebrauchs- oder Ausstattungsgegenstandes ist auf den ersten Blick eine Profanation, doch lassen sich allegorische Bezüge zwischen dem Leuchter und der Lichtgestalt des Erlösers mühelos herstellen, was in diesem Entwurf sicher beabsichtigt ist.

Rosenberg (1960) A 24; Schade (1974) S. 47f., Amn. 292/302; Barth (1986) Nr. 56. R. B.

C 71 (Farbtafel)
Hans Weiditz d. Ä.
Hiob im Elend. Um 1500–1505
Lindenholz. H. 26 cm
Köln, Schnütgen-Museum, Inv. A. 1066

Auf einem Haufen aus Steinen und Scherben sitzt der große Dulder des Alten Testamentes, in stiller Anmut und demütiger Geduld seine Armseligkeit und Qual ertragend. Trauergestus und Stützgebärde meinen seelischen und körperlichen Schmerz des vom Satan geschlagenen Mannes, der von Gott aber doppelt belohnt werden soll. Schon die Kirchenväter sahen in Hiob eine Praefiguration Christi und das Sinnbild christlicher Geduld und Demut. Motivge-

C70

schichtlich gilt der Bildtopos als Quelle für die Darstellung des Christus im Elend. Das kabinettstückartige Andachtsbild, für die persönliche Meditation bestimmt, wurde sicherlich auch in der Intention in Auftrag gegeben und gearbeitet, beim Betrachter ästhetischen Genuß zu bereiten.

Details wie die feinen Locken oder auf dem Schutthügel wachsende Pflänzchen zeigen die virtuose Schnitztechnik des Meisters. Die Augen und Lippen zu tönen, die Skulptur aber nicht polychrom zu fassen, stellt eine innovatorische Entscheidung dar und ist am Oberrhein so früh für Weiditz d. Ä. charakteristisch.

Osten (1981) S. 54; Museen in Köln (1986) S. 212. F. K.

C72 (Abbildung)
Süddeutscher Meister
Abendmahl. Nach 1511
Lindenholz. 51 × 53 cm
Berlin, Staatliche Museen, Skulpturensammlung, Inv. 8057

Die Vorlage für diese Abendmahlsdarstellung lieferte der Dürersche Holzschnitt (Kat. C73) aus der 1510 vollendeten Folge der Großen Passion. Bis zu Details der Haar- und Gewandformen wurde das graphische Vorbild ins Relief umgesetzt, dabei aber durch Weglassen eines Kopfes am linken Bildrand die Zahl der Personen auf die dreizehn biblisch belegten reduziert. Die musizierenden Putten in den Zwickeln mögen Erfindungen des Schnitzers bzw. anderen Quellen entnommen sein. Die Wahl des fast quadratischen Formats läßt vermuten, daß die Arbeit als Einzelwerk gedacht war und nicht zu einem plastischen Zyklus nach Dürers Graphikfolge gehörte. Das Relief ist Bestandteil eines künstlerischen Rezeptionsprozesses, der, vom bewundernswerten Vorbild Dürerscher Bilderfindungen und Formen gespeist, diese plastisch umsetzte und der nicht auf zeitgenössische Meister beschränkt war. F. K.

C72

C73
Albrecht Dürer
Das Abendmahl. 1510
Aus der Großen Passion
Holzschnitt. 395 × 284 mm
Berlin, Staatliche Museen, Kupferstichkabinett, Inv. B–167
Siehe Kat. E1–E10

C74 (Farbtafel)
Lucas Cranach d. J.
Christus als Guter Hirte. 50er Jahre 16. Jh.
Gemälde auf Rotbuchenholz. 21 × 14,3 cm
Erfurt, Angermuseum
Inv. 4411

»Ich bin der gute Hirte, und erkenne die Meinen ... Und ich lasse mein Leben für die Schafe« (Johannes 10, 14–15). Dieses Gleichnis vom Seelsorger findet man bereits in der frühchristlichen Kunst (vgl. Himmelmann [1980]). Martin Luther bemerkte in einer Tischrede im Frühjahr 1533 u. a., daß Meister Lucas Christus male, wie er das Schaf aus der Einöde herausträgt (»M. Lucas pingat ... Christum ovem e deserto humeris reportantem«, Werke 1912, S. 248 Nr. 533). Zweifelsfrei war hier der ältere Cranach gemeint, von dem jedoch kein derartiges Werk mehr bekannt ist.

Das hier interessierende, vorzüglich in verhaltenen Braun- und Grautönen gemalte Bild, ist stilistisch dem väterlichen Lehrer (Cranach d. Ä.) stark verpflichtet. Die charakteristische Zeichnung der rechts oben im Grund befindlichen geflügelten Schlange scheint das Gemälde jedoch zweifellos als eine Arbeit Cranachs d. J. aus den 50er Jahren des 16. Jahrhunderts auszuweisen (vgl. auch Schade [1974] S. 420 f.).

Schade/Gronau (1973) S. 77; Koepplin/Falk (1974/1976) S. 383, S. 782 Anm. 134; Koepplin (1983) S. 77 Abb. 4, S. 92 Anm. 33; Kunst der Reformationszeit (1983) S. 401. R. Mi.

C75
Friedrich de Wit-Verlag (1648–1712)
nach Heinrich Aldegrever
Bildnis des Bernd Knipperdolling
(um 1490–1536). 2. Hälfte 17. Jh. Kupferstich
325 × 232 mm
Gotha, Schloßmuseum, Inv. 4, 2

Der Dargestellte war der Sohn einer in Münster ansässigen wohlhabenden Bürgerfamilie, ein Tuchkaufmann, der mit dem Bischof der Stadt in Fehde lag. Sein Haus war das erste Zentrum der Wiedertäufer. Unter deren Herrschaft wurde Knipperdolling schließlich »Schwertträger« des Königs (Henker). Nach der Stadteroberung am 22. 1. 1536 hingerichtet.

Kat. Heinrich Aldegrever (1985) S. 44 Nr. 4 (J. Luckhardt).

R. Mi.

C76
J. Muller nach Heinrich Aldegrever
Bildnis des Jan van Leiden (1509–1536).
Anfang 17. Jh. Kupferstich. 320 × 230 mm
Gotha, Schloßmuseum, Inv. 5,1

Unter dem Einfluß des Propheten Jan Matthys aus Haarlem bekam Jan van Leiden Anschluß an die Wiedertäufer. Seit 1534 festigte er die Wiedertäufergemeinde in Münster. Nach der Reorganisation des »Gottesvolkes« zum »König« (d. h. Sprecher eines Regierungsrates von zwölf Ältesten) ernannt. Es folgte in Münster die Einrichtung der Gütergemeinschaft, der Vielweiberei und einer prunkvollen Hofhaltung. Jan van Leiden wurde nach der Stadteroberung (25. 6. 1535) am 22. 1. 1536 hingerichtet. Gegenstück zum Bildnis Bernd Knipperdolling (C75)

Kat. Heinrich Aldegrever (1985) S. 42 Nr. 3 (J. Luckhardt).

R. Mi.

C77
Heinrich Aldegrever (?)
Jan van Leiden und sein Hofstaat. 16. Jh.
Zeichnung in schwarzer Kreide. 160 × 199 mm
Amsterdam, Rijksprentenkabinet
Inv. 1961:20

Die Figur Jan van Leidens, unter seinem Wappen sitzend, ist durch Aldegrevers Kupferstich (C76) angeregt. Die nackte männliche Gestalt mit dem Richtschwert – rechts im Bild – dürfte Bernd Knipperdolling meinen. In diesem Zusammenhang scheint die Nacktheit der Dargestellten als die Inkarnation verwerflichen Tuns interpretiert. Gleichzeitig wird hier offensichtlich an die zügellosen Zustände am Hof der Münsteraner Wiedertäufer erinnert, deren grausames Schicksal wohl damals noch allgemein im Gedächtnis der Zeitgenossen haften geblieben sein dürfte.

Die Liniierung des Blattes läßt die Vermutung zu, daß es sich um einen Entwurf handelt, der in ein anderes Format bzw. künstlerisches Medium übertragen werden sollte. Es könnte sich um die Illustration für eine Geschichte der Wiedertäufer handeln, wie sie vor allem nach 1600 in den Niederlanden hohe Auflagen erreichte.

Kat. Heinrich Aldegrever (1985) S. 140 Nr. 51 (A. Lorenz).

R. Mi.

C 78.1

C 78.2

C 78
Benedikt Dreyer
Reliefs des Kanzelkorbes der Lübecker Marienkirche. 1533
Eichenholz
Zarrentin, Ev.-luth. Kirchgemeinde

Im Jahre 1699 wurde jene Kanzel nach Zarrentin verkauft, die sich die Gemeinde der Lübecker Marienkirche 1533, dem Zentrum und Wesen des protestantischen Gottesdienstes sichtbaren Ausdruck verleihend, hatte errichten lassen. Die fünf ausgestellten Reliefs schmückten den

Kanzelkorb; ihre verschiedene Größe ist bedingt durch dessen Konstruktion an einem Kirchenpfeiler. Zwei weitere Teile, die sich im St.-Annen-Museum Lübeck befinden und die Verkündigung an Maria darstellen, dienten als Bekrönung des Schalldeckels. Als Szene aus dem Neuen Testament begriffen, wurde man wohl so dem Kirchenpatrozinium gerecht, ohne sich dem Geist der Reformation entgegenzustellen.

Die Formensprache der Reliefs ist von verhärteten, steifen Gewandschlingungen gekennzeichnet. Die Landschaftsformationen, aus stilisierten Elementen aufgebaut, deuten auf die Kenntnis oberdeutscher Plakettenkunst hin. Die geringe Bohlentiefe von ca. 5 bis 6 cm und die Absicht, auch auf weitere Entfernung eine angemessene Wirkung zu erzielen, ergeben den holzschnittartigen Charakter der Reliefs. Die eindringliche Gebärdensprache, die vor allem an den Hauptfiguren entwickelt wurde, verleiht den Szenen partiell vehemente Bewegungszüge und wird als sprachliches Mittel eingesetzt, als Pathosformel, die die Ernsthaftigkeit und das Gewicht der Aussage unterstreichen soll. Ob die Stücke ursprünglich polychrom gefaßt waren, kann erst eine restauratorische Untersuchung genau belegen, die erhaltene Lavierung der Augensterne läßt aber einen monochromen Überzug vermuten. Der Entwurf des Bildprogramms des Predigtstuhls wurde wohl kaum vom Bildschnitzer selbst besorgt. Die Forschung führt die geistige Autorenschaft der Bildfolge auf Johannes Bugenhagen, den Reformator Lübecks, zurück. Die gleichzeitige Entstehung der Kanzel und der Holzschnittfolge Erhard Altdorfers für die niederdeutsche Bibelübersetzung Bugenhagens, die 1534 in Lübeck erschien, stützen die Annahme: Hasse (1982) wies in der Kanzelikonographie und den Bibelillustrationen, die gewiß unter reger Anteilnahme des norddeutschen Reformators geschaffen wurden, gleiche theologische Vorstellungen nach.

Die bildkünstlerische Gestaltung des Kanzelkorbes führt ein einzigartiges Programm vor, dessen Leitgedanke das Wort und seine Verkündigung beinhaltet. Dazu werden Kernthemen der protestantischen Ikonographie ausgewählt, denen gleichzeitig eine Beziehung zu aktuellen theologischen Diskussionen und bedrängenden Problemen der reformatorischen Bewegung immanent ist. So setzt die Bildfolge, indem sie den Mittelpunkt des neuen Gottesdienstes, der das Mysterium aus dem Zentrum verdrängt hat, betont, auch ein Zeichen für eine neue geistige und geistliche Strategie. »Die Kanzel ist wohl das monumentalste Bilddokument bekenntnishaften Charakters, das uns aus dieser frühen Phase der Reformation überliefert ist.« (Hasse)

Bartholdi (1907); Hasse (1982) S. 29–36. F. K.

C 78.1 (Abbildung)
Moses und der unerlöste Mensch
103,5 × 38,5 cm
»Dorch dat gesette kümt erkenntnisse der sunde –
Dorch eine minsken ist die sunde gekame i de werlt
und dorch de sunde de doeth.«

Moses weist auf die Gesetzestafeln, das Gebot Gottes, und bezeichnet damit sinnbildhaft die Verkündigung des göttlichen Willens in der Zeit des Gesetzes, dem Alten Testament. Die überraschende Formulierung der klagenden Aktfigur mit straff gestreckten Gliedern, stellt den noch unerlösten Menschen des Alten Bundes dar, der in seiner Nacktheit Adam assoziiert.

C 78.2 (Abbildung)
Predigt Johannes des Täufers
103,5 × 44 cm
»Doeth bote wente dat himmelrike ist nar bi kamen.«

Der Sermon des Täufers im Walde, von einem aus Astwerk errichteten Predigtstuhl aus, ist ein Bildtopos, der im Zuge der Reformation intensiv gebraucht wurde, nicht zuletzt auf Grund der intendierten Identifikation der prophetischen Rede von der Umkehr, Buße und Abkehr von der Sünde mit der Abwendung von der römischen Kirche. Die individualisierten Gesichter der Zuhörer und ihre auffallend zeitgenössische Gewandung haben Anlaß gegeben, in ihnen Reformatorenporträts zu sehen.

C 78.3 (Abbildung)
Christus als Guter Hirte
103,5 × 52 cm
»Ik bin ein gudt heirde ein gudt heirde leth sin levent
vor sin scape.«

Das mittlere Bild der Szenenfolge tritt vor allem durch die ausführliche Landschaftsformation im Hintergrund, in dem das Thema sinnbildlich verstärkende Schilderungen zu sehen sind, hervor. Das theologische Problem der Darstellung avancierte gerade 1533, dem Jahr der Veröffentlichung von Luthers »Predigt über das verlorene Schaf«, zu aktueller Bedeutung. Im Wesen handelte der Sermon zwar von Christus als Opferlamm, der Titelholzschnitt des Wittenberger Druckes aber trug das Bild Christi als Guter Hirte. Die bildhafte Formulierung des predigenden, gleichniserzählenden Christus wird so mit einer der auf den gnädigen, liebenden Gott gerichteten Kernaussagen des Evangeliums verbunden.

C 78.4 (Abbildung)
Aussendung der Apostel
102,7 × 34 cm
»Gaeth hen in de gantze werlth unde p(re)diket dat
evangelium allen creatur.«

Christus, der seine Jünger mit zwingendem Gestus auffordert, auszuziehen und seine Botschaft zu verkünden, wird von drei begierig lauschenden Aposteln geradezu bedrängt. Die anderen sind im Hintergrund durch eine Gruppe stupide aneinandergereihter Köpfe wiedergegeben. Das Thema der Aussendung gewinnt im Zusammenhang mit der Ausbreitung der evangelischen Lehre eine neue, gewichtige Bedeutung.

C 78.3

C 78.4

C 78.5 (Abbildung Seite 13)
Warnung vor den falschen Propheten
102,5 × 64,4 cm
»Seht ju vor de falsken Propheten dede in scapes klederen to jw kame inwendich awerst sin see ritende wülwe.«

Durch den Baumstamm ist das Blatt in zwei Bildhälften geschieden. Auf der linken Seite belehrt Christus seine andächtigen Zuhörer, deren Gesten die Versicherung gegenseitigen Beistandes sowie erregtes Diskutieren der Warnung erkennen lassen. Rechts dagegen werden die Übeltäter selbst ins Bild geführt: ein Mönch als Vertreter der römischen Kirche, ein Turbanträger, der als Heide bzw. Muslim gedeutet wird, und eine Gestalt, die sich, barhaupt und mit gefalteten Händen, von den Jüngern nicht unterscheidet. Die beiden Tiere, Wolf und Schaf, die aus den weiten Gewändern hervorschauen, setzen die warnenden Worte auf anschauliche, bildhafte Weise in Szene.

Nachträge

Anonymer Meister
Reichsadler mit allen Ständen. 1487
Holzschnitt. Blattgr. 559 × (290) 470 mm
Gotha, Schloßmuseum, Inv. 35,25

Anonymer Meister
Sakramente eines Sterbenden. 1. Hälfte 16. Jh.
Druckgraphik, Blattgr. 246 × 368 mm
Gotha, Schloßmuseum, Inv. 37,22

Anonymer Meister
Bildnis des Erasmus von Rotterdam. 16. Jh.
Bez.: IMAGO AD VIVAM
Kupferstich. Blattgr. 285 × 406 mm
Gotha, Schloßmuseum, Inv. 38,19a/b

Hans Baldung Grien und Werkstatt
Laien-Bibel mit Holzschnitten. 1541/1542
Druck: Wendelin Rihel, Straßburg
Basel, Kupferstichkabinett, Inv. 1977.120b

Lucas Cranach d. Ä.
Das Neue Testament. 1530
Wittenberger Buchausgabe im Oktavformat mit Holzschnitten
Kreuzlingen, Privatbesitz

Daniel Hopfer
Das Jüngste Gericht. Um 1500
Kupferstich. Blattgr. 307 × 445 mm
Gotha, Schloßmuseum, Inv. 60,17

Niclaus Manuel Deutsch
König Josias läßt die Götzenbilder zerstören
Scheibenriß. 1527
Feder, laviert. 431 × 320 mm
Basel, Kupferstichkabinett, Inv. U.I.77

Georg Pencz
Der Neidische und der Geizige. 1531
Holzschnitt mit Text von Hans Sachs nach einer Fabel des Äsop
Blattgr. 398 × 286 mm
Gotha, Schloßmuseum, Inv. 37,7

Georg Pencz
Geschichte vom Hirten und dem Wolf. 1531
Holzschnitt mit Text von Hans Sachs nach einer Fabel des Äsop
Blattgr. 400 × 286 mm
Gotha, Schloßmuseum, Inv. 37,8

Georg Pencz
Der Esel in der Löwenhaut. 1531
Holzschnitt mit Text von Hans Sachs nach einer Fabel des Äsop
Blattgr. 400 × 290 mm
Gotha, Schloßmuseum, Inv. 40,1

Schwäbischer Meister
Erschaffung Evas und Sündenfall. 1539
Holzschnitt. 220 × 145 mm
Erlangen, Graphische Sammlung der Universität
Inv. AH 106

D

»Denn der Stein, vom Berge gerissen, ist groß geworden«

In den Voraussagen des Propheten Daniel wird der Untergang aller weltlichen Herrschaft zweimal in Bildern der Vernichtung *ohne Hand* gefaßt. Luther hat eine dieser Prophezeiungen als Argument dafür angeführt, daß die Feinde durch göttliches Eingreifen ohne Schwert und leibliche Gewalt geschlagen würden.[1] In direkter Anrede an Johann von Sachsen am 13. Juli 1524 bezieht sich Müntzer ebenfalls auf die göttliche Herkunft des vernichtenden Steins: »Dann der Stein, an hende vom Berge gerissen, ist groß geworden.« Was in den folgenden Worten wie der Unterschied in der Perspektive zwischen Fürsten und gemeinem Mann wirkt: »Die armen leien und bawrn sehn yn viel scherffer an dann yr«, erhält unversehens eine Zuspitzung: »Ja Got sey gelobt, er ist groß geworden, wann auch andere herren oder nachpawrn schon umb evangelion willen wolten verfolgen, so wurden sie von yrem eygen volck vertrieben werden.«[2] Die Androhung eines Aufstandes erscheint hier mit dem angenommenen Fall verbunden, daß Kursachsen wegen seines Bekenntnisses zum Evangelium von Feinden bedroht würde.

Das Standbild des Propheten Daniel ist zwar um 1530 einmal von Georg Lemberger im Holzschnitt dargestellt worden, eine bildliche Fassung hat das Motiv vom Stein ohne Hand aber damals offenbar nicht erfahren. Es wäre eine gewaltige Darstellung geworden: »Der Stein aber, der das Bild schlug [d. i. das Standbild, das die Aufeinanderfolge der Weltreiche repräsentiert], ward ein großer Berg, daß er die ganze Welt füllte.« (Daniel 2, 35) Ein vergleichbarer Stein zerschlägt in der Apokalypse des Johannes den Sitz der Herrschaft. Cranach etwa läßt ihn in seinem Holzschnitt zum Septembertestament von 1522 aus den Händen des Engels im Angesicht des brennenden Roms herabfallen und einen gähnenden Schlund mit aufgeworfenen Rändern schlagen. In Holbeins Totentanz wirft der Tod einen Wappenschild auf den Grafen, keinen Stein. Das Wappen des Todes aus dieser Folge aber zeigt zwei Knochenarme, die einen spitzen Stein schwingen, zu Seiten einer Sanduhr. Der Stein, mit dem David den Goliath, jene Verkörperung der Tyrannei, zu Boden streckte, wäre er nicht in der Zeit der Reformation und des Bauernkrieges als Kampfbild zu erwarten gewesen? Den Schweizer Künstlern war der Steinwurf als Verkörperung des eigenen erfolgreichen Kampfes gegen die Tyrannei vertraut, weitere Verbreitung fand er nicht gleich, wie auch das Bild des Rütschwurs nicht nach Deutschland übergriff.

Georg Lemberger, Die Vision Daniels, aus: Luther, Der Prophet Daniel Deudsch. Holzschnitt. 1530

Der Bauernkrieg hat bekanntlich kein eigenes Bild vom kämpfenden Bauern hervorgebracht. Die Kupferstiche Sebald Behams sind mit beträchtlicher Verspätung gedruckt worden und zeigen im Grunde Landsknechte, wie sie sich oft den Bauernheeren angeschlossen hatten. Die Bauern mit Bundschuhfahnen, eindeutige Bilder von Verschwörern, dürften in der Mehrzahl als Kunstfiguren von der bürgerlichen Seite zu deuten sein, wie dies für die Figur des Karsthans in besonderem Maße gilt. So fehlt auch zur besonderen Abschreckung unter den Feinden Kaiser Maximilians im Krieg in den Niederlanden nicht ein Heer der wilden Bauern »mit dem Käse und dem Brot«, dessen Kampf auf einem der Weißkunig-Holzschnitte Burgkmairs (um 1512–1516) geschildert ist.

Die schärfste Formulierung vom Aufstand entwickelte

Unbekannter Schweizer Zeichner. David und Goliath. Feder und Pinsel. 1. Hälfte 16. Jh. Basel, Kupferstichkabinett

91

unter der Regie des Sebastian Brant der Zeichner Hans Weiditz bei der Darstellung der Tyrannei im Glücksbuch des Petrarca. Hier suchen Truppen von mehr oder weniger unbewaffneten Männern den Turm des Herrschers durch Tauziehen zum Einsturz zu bringen. Der Erfolg ihres Kampfes bleibt offen. Ihre Seile sind wohl als Werkzeuge der Hoffnung zu interpretieren, ähnlich wie bei dem Holzschnitt »Von vielfältiger Hoffnung«.

In eindeutiger Weise ist dagegen stets die waffentechnische Überlegenheit der Herrschenden dargestellt worden. Versagte sich auch der Kaiser, in die Holzschnittfassung seines Triumphzuges die Parade seiner Geschütze einzubringen, so diente ihr überwältigender Aufmarsch zur Darstellung der Zerschlagung des Wiedertäuferreiches zu Münster.

In den Holzschnitten unter Sebastian Brants Regie wird die Hoffnung auf soziale Umwälzung immer wieder durch abziehende Wetterfronten verkörpert. Nach Donner und peinigendem Hagel erscheint die Sonne der Gerechtigkeit. Offensichtlich ist es Brant darum zu tun, das Unwetter auch mit anderen Leiden (etwa übler Nachrede) zu verbinden. Man hat bei ihm den Eindruck, daß der Bedrückung und der Ungerechtigkeit mit kosmischen Argumenten entgegengetreten wird, zumal auch die handelnden Bauerngestalten deutlich den Eindruck verkleideter Götter hinterlassen.

Wagt diese Art der Bauerndarstellung, der sich beson-

D4

ders Weiditz gewidmet hat, auch nicht die Gleichsetzung mit den Bauern der tatsächlichen Aufstände dieser Jahre am Oberrhein, in Schwaben und Thüringen, so behält sie doch den Anspruch auf gerechte Behandlung des Bauern als eine geschichtliche Fragestellung im Auge. Nicht viel anders übrigens, als Luther nach Niederschlagung des Bauernkrieges gegenüber den Fürsten dafür eingetreten ist: »Und ob yhr sie alle schlügt, so sind sie noch ungeschlagen. Gott wird andere erwecken. Denn er will euch schlagen und wird euch schlagen.«[3]

Komplizierte geschichtliche Vorgänge wie die grausam gedämpfte Erhebung der Bauern taugen zu Ruhmesbildern nicht. Die Bilder der Schlachten dieser Zeit handeln entweder von der Überwältigung des Königs von Frankreich bei Pavia oder von Triumphen über die Heere der Türken. Sie sind als Ersatz heranzuziehen für die fehlenden Darstellungen vom Kampf gegen die Bauern. Wenn in weitem Abstand zu Altdorfers Alexanderschlacht Michael Ostendorfer eine seiner Türkenschlachten bei niedrigem Sonnenstand in einer Weltlandschaft ausklingen läßt, wird die kriegerische Auseinandersetzung mit einem unauflöslichen kosmischen Ereignis verknüpft, wie es im Grunde der Anschauung Sebastian Brants entsprach. W. S.

D1 (Abbildung)
Wolfgang Huber
Die Erweckung des Lazarus. 1519
Feder in Schwarzbraun, grau laviert auf rötlich getöntem Papier. 217 × 106 mm
München, Staatliche Graphische Sammlung
Inv. 1966/34

Entwurf zu einem Epitaphbild: die vielköpfige Famili des (oder der) Verstorbenen kniet vor einer dunklen Höhle darüber öffnet sich eine hohe Grotte mit zwei Ausblicke auf die Landschaft. Die ganze Situation ist von der Hof nung auf Erlösung gespannt.

Kuhrmann (1967) S. 423; Kuhrmann (1968) S. 41 Nr. 5; Taf. 54; Bjurstrœm (1972) Nr. 477; Winzinger (1979) S. 13 Nr. 147. W. S

D2 (Abbildung)
Werkstatt Lucas Cranachs d. Ä.
Die Erweckung des Lazarus. Um 1530
Gemälde auf Lindenholz. 120 × 82,5 cm
Dresden, Staatliche Kunstsammlungen, Gemäldegalerie Alte Meister, Inv. 1934

Die Geschichte von der Wiederbelebung des bereits be grabenen Lazarus, des Bruders von Martha und Maria, e laubt verschiedene Auslegungen. Sie läßt die Gruppe de Gläubigen, die Christus folgen, auf die Gruppe der Ungläu bigen prallen, die auch durch das Wunder nicht beweg werden. Dabei werden der Name mit der Person aus de Parabel vom reichen Mann und vom armen Lazarus i Verbindung gebracht und der Vorgang auf die Erlö sung des gemeinen Mannes bezogen. Entsprechen dieser Vorstellung sind die Ungläubigen als würdige Män ner mit Baretten dargestellt, die Gläubigen dagegen ba häuptig.

Zu erinnern ist daran, daß der lutherische Prediger Grau ert, gezwungen, zu Ostern 1524 vor den Toren der Stad Magdeburg zu predigen, über die Auferstehung des arme Lazarus sprach (F. Hülße [1883] S. 250 f.). W. S

)2

D3
Hans Schäufelein
Die Erweckung des Lazarus. Um 1515
Holzschnitt. 741 × 1067 mm
Berlin, Staatliche Museen, Kupferstichkabinett
Inv. 853–100

Schäufeleins Darstellung ist gegenüber dem Cranachbild breiter angelegt. Bis in viele Einzelheiten ist der Vorgang ausgesponnen, viel handgreiflicher im Detail als die idealisierte Darstellung Cranachs. Auch erscheint der Gegensatz der Glaubensparteien weniger stark betont. Der Baum zwischen Christus und Lazarus steht für die Verheißung des ewigen Lebens. Der Vorgang spielt sich auf dem Forum einer Stadt ab.

Bartsch 17; Kunst der Reformationszeit (1983) S. 317f. E31. W. S.

D4 (Abbildung)
Hans Weiditz
Die Erweckung des Lazarus. Um 1519/1520
Aus: Petrarca, Glücksbuch II, Kap. 51
Holzschnitt. 95 × 157 mm

In dem biblischen Thema von der Erweckung des Lazarus fand Weiditz die Entsprechung des Kapitels von der Klage über den verlorenen Bruder. Es schildert die Ankunft von Jesus und seinen Jüngern und läßt der Erweckung selbst keinen Raum. Offenbar kannte Weiditz den großen Holzschnitt von Schäufelein (Kat. D3), dessen Anordnung er gerafft übernahm.

Musper (1927) 233; Scheidig (1955) S. 245. E. B.

D5
Hermann tom Ring
Christus als Heiland der Menschen. Um 1555
Feder in Graubraun, laviert. 261 × 184 mm
Wien, Albertina, Inv. 3020, L. 174

Vorzeichnung zu dem datierten Gemälde von 1555 in Münster. Hinter einem Grab mit dem noch gebundenen Lazarus drängen sich Pilger und Kranke. Die Erlösung des gemeinen Mannes findet in einer weiten Landschaft statt. Den Scharen der Elenden antwortet aus den Rängen oben die Menge der Seligen. Das Jüngste Gericht, auf der Rückseite der gleichen Tafel, findet in dem Bild der Vergebung sein Gegenstück.

Benesch (1964) Nr. 97. W. S.

D6
Daniel Schwegeler
Die Verschwörung auf dem Rütli. Um 1507
Aus: Etterlyn, Chronik der Eidgenossenschaft. Basel 1507
Holzschnitt. 160 × 145 mm
Berlin, Staatliche Museen, Kupferstichkabinett
Inv. 70–1960

Die Darstellung des Rütlischwurs aus dem 13. Jahrhundert steht hier als Beispiel für andere Verschwörungen, die nicht im Bild überliefert sind. Links deutet ein Heerhaufen die Gefahr an, in der sich die Verschwörer befinden, die ihren Versammlungsplatz mit dem Boot erreicht haben. Der Vorgang selbst wird nicht besonders betont, das Abnehmen des Baretts, der Griff zur Urkunde genügen zum Abschluß des Bündnisses. Unter den möglichen Anregungen für die Darstellung ist Dürers Kupferstich der sechs Kriegsleute, um 1496 entstanden (Meder 81), der von Heller 1827 bereits als eine Darstellung des Wilhelm Tell angesprochen worden war. Zur Zuschreibung an Daniel Schwegeler: F. Hieronymus, Oberrheinische Buchillustration 2, Kat. Ausst. Basel (1984) S. VIII–XV.

Dodgson (1907) Nr. 16; Bock (1924) Nr. 16. W. S.

D7 (Abbildung)
Oberrheinischer Meister
Von der Erwartung besseren Wetters. Um 1500
Flugblatt von Sebastian Brant (Unikat)
Holzschnitt. 258 × 385 mm
Berlin, Staatliche Museen, Kupferstichkabinett
Inv. 290–1961

Die doppelsinnige Auslegung von Unwetter als Naturereignis und als Folge sündhaften Verhaltens liegt diesem Flugblatt zugrunde. Der Bauer hat das Grasschneiden aufgegeben und erwartet besseres Wetter in seiner Hütte, während die Bäuerin in Arbeitshaltung der Wiederkehr der Sonne entgegensieht. Umgeben ist sie von zwei nackten Kindern, die die Sonne begrüßen. Der Hahn als Symbol der Wachsamkeit, der aus der Nacht zum Licht führt, ruft die Sonne herbei. Wie aus dem Text ersichtlich, richtet sich das Flugblatt gegen üble Nachrede, die im schlechten Wetter versinnbildlicht wird. Gleichzeitig ist das schlechte Wetter selbst Folge der Nachrede und eine Besserung auch eine erzieherische Frage. Das lange Haar, der Blumenkranz und die nackten Kinder der Bäuerin erinnern an Venusdarstellungen. Der laufende Bauer scheint der Gestalt des Merkur verwandt. Die astrologisch begründete Feindschaft von Mars und Venus spielte bei bestimmten Planetenkonstellationen für Unwettervorhersagen eine große Rolle. E. B.

D8
Hans Weiditz
Landsknecht im Sturmhagel. Um 1519/1520
Aus: Petrarca, Glücksbuch I, Kap. 115
Holzschnitt. 97 × 155 mm

Während der Bauer auf die Wiederkehr besseren Wetters vertraut, trifft den Landsknecht der Sturmhagel mit aller Wucht. Gegenübergestellt sind die stetige, alle Unbilden einbeziehende Tätigkeit, symbolisiert in der Gestalt des Bauern, und die unstete, von der Natur völlig abgehobene, dem Kriegsglück vertrauende Lebensweise des Landsknechts. Bauer und Landsknecht sind hier lediglich Sinnbilder für unterschiedliche Lebenshaltungen, die sich aus ihrer sozialen Bindung ergeben. Ihre Gegenüberstellung kann im Zusammenhang mit dem Text nicht als revolutionäre Vision (im Sinne von »Friede den Hütten – Krieg den Palästen«) interpretiert werden.

Musper (1927) 177; Scheidig (1955) S. 179; Raupp (1984) S. 97. E. B.

07

D9

D9 (Abbildung)
Hans Weiditz
Von der verlorenen Tyrannei. Um 1519/1520
Aus: Petrarca, Glücksbuch II, Kap. 82
Holzschnitt. 141 × 155 mm

Der Grundgedanke des Textes, tyrannische Macht als instabile Herrschaftsform, wird im Bild durch die an den Fundamenten der Macht ziehenden Untertanen veranschaulicht. Sebastian Brant illustrierte den entsprechenden Abschnitt im »Narrenschiff« (Vom Ende der Gewalt, Das Narrenschiff, 56, Leipzig 1986) mit dem Glücksrad. Dieser Bildgedanke erscheint auch in der Lösung von Weiditz: Der entmachtete König liegt zu Füßen des Postamentes. Weiditz konkretisiert die im Narrenschiff mit dem Schicksalsrad ausgedrückte symbolische Verallgemeinerung durch die Ermordung des Königs durch einen Bauern. Die Folgen der Tyrannei, wiederum als verwerfliche Abirrung vom guten Regiment (vgl. Kat. B27) gesehen, sind warnend vorgestellt: »Hast du die mit dem Schwert erobert, mußt du sie mit dem Schwert behalten und wirst sie mit dem Schwert auch verlieren.« (Petrarca)

Musper (1927) 268; Scheidig (1955) S. 282. E. B.

D10 (Abbildung)
Hans Holbein d. J.
Der Tod und der Graf. Aus der Totentanzfolge. 1526
Holzschnitt. Formschneider: Hans Lützelburger
Dresden, Staatliche Kunstsammlungen,
Kupferstich-Kabinett, Inv. A 1898–108

Ausgehend von den mittelalterlichen Totentänzen ersinnt Holbein einen sozial sehr differenziert handelnden Tod. Dem Grafen, der verzweifelt flieht, tritt er als Bauer entgegen, mit Stirnbinde, Dolch und zu Boden gefallenem Dreschflegel. Auf den Grafen wirft er den Wappenschild, das Attribut des Edelmannes. Dieser Tod trifft nicht nur den einzelnen Menschen, sondern greift in die Geschichte und den Aufbau der Gesellschaft ein.

Wirth (1979) S. 123 ff.; Hofmann (1983) Nr. 51. W. S.

D 11 (Abbildung)
Sebald Beham
Luther als Junker Jörg. 1522
Holzschnitt. 390 × 275 mm
Gotha, Schloßmuseum, Inv. 45,40

Die gemalten Fassungen des Bildnisses zeigen das Motiv der Waffe in den Händen des Reformators, das Cranachs Holzschnitt vermeidet. Behams entschiedene Formulierung läßt darauf schließen, daß es in der Umgebung Nürnbergs eine Öffentlichkeit gab, ähnlich wie unter den Bürgern Magdeburgs (vgl. die Bemerkung zu Kat. D 12), die das militante Bild erwartete, obgleich Luther inzwischen zurückgekehrt war und wieder bartlos im geistlichen Gewand wirkte.

Pauli 1112 a I. W. S.

D 12 (Abbildung)
Lucas Cranach d. Ä.
Lukretia. Um 1525
Gemälde auf Holz. 33,5 × 24,5 cm
Privatbesitz

Die Fassung im Oval ist ungewöhnlich, wirkt aber formal nicht unpassend. Das Bild der Lukretia (vgl. Kat. C 37) hat gegen 1522/1523 eine besondere Aktualisierung erfahren als Gegenstück zur Darstellung Martin Luthers mit Bart und Schwert. Am 26. April 1523 berichtet der Magdeburger Möllenvogt Sebastian Langhans, daß er neben zum Verkauf angebotenen Lutherschriften »ein Brustbild Dr. Martin Luthers« sichergestellt habe, das »mit dem Schwerte und Barte in einer schwarzen Jopen« auf die Innenseite eines Brettes gemalt war, auf dessen Außenseite sich das Bild der heiligen Lukretia befand (F. Hülße [1883] S. 231). Diese Angabe ist entweder auf ein Diptychon oder auf ein durch einen Deckel geschütztes Bild zu beziehen. Man könnte nun einen Zusammenhang der Bilder in Leipig (Luther als Junker Jörg, FRR 148) und in Privatbesitz annehmen, die im Format etwa übereinstimmen, doch scheint das verborgene Motiv des Schwertgriffs der Überlieferung nicht voll zu entsprechen. Schwert und Dolch bezeichnen in beiden Fällen die Dargestellten als zum äußersten Widerstand bereite Menschen.

Koepplin/Falk Bd. II (1976) Nr. 579; FRR 166. W. S.

D 11

D 10

D 13 (Abbildung)
Peter Vischer d. Ä.
Grabfigur des Grafen Otto IV. von Henneberg. Um 1488
Bronze. H. 164 cm
Römhild, Stadtkirche

Peter Vischers Verdienste als Bronzegießer, Leiter und signierender Meister seiner bedeutenden Nürnberger Werkstatt sind unumstritten; sein Anteil an den Entwürfen und Modellen wurde aber in neuerer Zeit – im Gegensatz zu den Werken seines gleichnamigen Sohnes – mehrfach in Frage gestellt. So wäre es möglich, daß auch das Modell zu einem Frühwerk Vischers, dem Grabmal des Grafen Otto IV. von Henneberg, von einem Stein- oder Holzbild-

D12

hauer geliefert worden ist, im Zuge einer Arbeitsteilung, die bekanntlich bis zum Barock (Schlüter–Jacobi) in Deutschland allgemein üblich bleiben sollte. Die Figur des jugendlichen Ritters schließt sich in ihrem noch vollkommen spätgotisch empfundenen Typus einer Reihe verwandter Rittergrabmäler des 15. Jahrhunderts an (Hans Witten). Neu und somit zukunftsweisend ist ihre Verselbständigung zur frei stehenden, allseitig bearbeiteten Plastik. Die straffe Dehnung des Körpers mit vorgesetztem rechten Bein wirkt raumerobernd, eine Bindung an den Hintergrund besteht nur noch formal durch ein rahmendes Schriftband.

Meller (1925) S. 50 ff. Abb. 29; Deutsche Kunst der Dürerzeit (1971) S. 55 Abb. 19; Liebmann (1982) S. 397 ff. E. M.

D 14 (Farbtafel)
Meister der Peter-Vischer-Werkstatt
Landsknecht. Um 1490–1495
Bronze, Hohlguß, feuervergoldet. H. 13,5 cm
Graz, Steiermärkisches Landesmuseum Joanneum, Inv. P 51

Bange (1949) S. 14; Schwarz (1955) S. 60; Biedermann (1982) Nr. 129.

D 15
Nürnberger Werkstatt
Leuchter mit der Figur eines Landsknechts. Anfang 16. Jh.
Bronze (Schwert und Kappe fehlen; ein Arm ergänzt).
H. 25,5 cm
London, Victoria & Albert Museum, Inv. M 2–1945

Landsknechte gehörten zu Beginn des 16. Jahrhunderts zum Bild des deutschen Alltags. Ihre Erscheinung – meist waren es verwegene Gesellen – sind uns vor allem durch graphische Blätter u. a. von Dürer, Cranach und Burgkmair überliefert. Der Einfluß ihrer phantasievollen Kleidung auf die Mode der Zeit ist bekannt, und so werden auch die nach 1500 weit verbreiteten Landsknechtsfiguren als Lichtträger nicht überhöht, sondern lediglich als aktuelle Darstellungen einer bestimmten Bevölkerungsgruppe zu werten sein. Sie entstanden in direkter Nachfolge der sog. Männleinleuchter des 15. Jahrhunderts, deren Statuetten ebenfalls einfache Menschen, Handwerker oder Bauern, in ihrer spezifischen Kleidung wiedergeben. Die auch heute noch recht zahlreich erhaltenen Landsknechtsleuchter stehen häufig der Volkskunst nahe. Von ihnen unterscheidet sich das hier gezeigte Exemplar durch eine äußerst qualitätvolle, feinteilig gearbeitete und wohlproportionierte Figur, die, einem Artisten vergleichbar, beide Kerzenhalter balancierend emporhält.

Turner (1982) S. 29 Abb. 13. E. M.

D 16 (Farbtafel)
Peter Dell d. Ä.
Krieger aus einer Kreuzigungsgruppe. Um 1530
Lindenholz. H. 10,7 cm
München, Bayerisches Nationalmuseum, Inv. R 203

Der Gerüstete im Plattenharnisch beobachtet in lässig lehnender Haltung die Todesqualen Christi am Kreuz. Eine

D 13

Lanze in der Hand, trägt er eine Art Sturm- bzw. Schützenhaube, die eigentlich zur zeitgenössischen Schlachtenbekleidung von Knappen und Landsknechten, also Fußsoldaten, gehört. Mittels prägnanter Körperformung und Physiognomie sowie scharfer Oberflächenzeichnung verleiht die kultivierte Formensprache Dells der Gestalt eine eigentümliche Faszination.

Müller (1959) Nr. 162. F. K.

D 17 (Abbildung)
Hans Schäufelein
Ausschreitender Landsknecht. Um 1510
Nachträgl. beschr.: Alberto Duro
Feder in Braun auf gebräuntem Papier.
238 × 192 mm
Berlin, Staatliche Museen, Kupferstichkabinett
Inv. 12–1947

Die Figur ist in großen klaren Schwüngen angelegt und, abgesehen von leichten Korrekturen an den Oberschenkeln und am rechten Fuß, bruchlos zu Ende geführt worden. Das Schwert, das die Bewegung des Mannes unterstreicht, ist zuletzt über Wams und Hose gezeichnet worden. In der Schrittstellung verwandt ist der Holzschnitt eines Fähnrichs, um 1512 entstanden, in Karlsruhe (Bartsch 100, Geisberg 1098). Der lebhaften Bewegung der freien Gestalt folgt eine dünne, nach links abfallende Bodenlinie. Eine gewisse Erinnerung an Dürers Holzschnitt »Ritter und Landsknecht« (Meder 265) scheint in Schäufeleins Gestalt noch erkennbar. W. S.

D 18
Hans Schäufelein
Verdiente Landsknechte. Um 1516–1518
Aus dem Triumphzug Kaiser Maximilians
Holzschnitt auf Pergament.
355 × 368 mm
Berlin, Staatliche Museen, Kupferstichkabinett
Inv. 44–1956

In der langen Folge des Triumphzuges Kaiser Maximilians erscheinen in einem der letzten Abschnitte vier Reihen ausgezeichneter Soldaten, die das Konzept jeweils mit Namen nennt. Unter ihnen heben sich die Lanzenträger Schäufeleins durch besondere Kraft und Geschlossenheit heraus. Lichtführung und Raumhaltigkeit der Gestalten grenzen sie klar von den Figuren Burgkmairs, Altdorfers oder Becks ab.

Schesta 126–128; Appuhn (1979) S. 194. W. S.

D 19
Urs Graf
Werbung eines deutschen Landsknechts
im Zunftsaal. 1521
Feder in Schwarz. 213 × 320 mm
Basel, Kupferstichkabinett, Inv. V. IX. 17

Die Zeichnung zeigt eine Verhandlung »unter der Rose«, d. h. nach Meinung des Sprichwortes das Heraufbeschwören des Unglücks durch Geschwätz. Das Schriftband des Todes links bezieht sich auf die Katastrophe. Sein erstes Opfer wird der deutsche Landsknecht sein, der Schweizer Söldner in der Mitte wendet sich ihm entgegen, der Franzose sucht ihn zu werben. W. S.

D 20
Niklaus Manuel Deutsch
Landsknecht in der Landschaft. Um 1512
Feder in Braun über leichter Stiftvorzeichnung
273 × 192 mm
Bern, Kunstmuseum, Inv. A 1979, 100

Das spannungsvolle Standmotiv und die Führung von Spieß und Schwert greifen in bezeichnender Weise die Weitläufigkeit der Landschaftsdarstellung auf. Das Spiel der Richtungen, von feinen Einzelheiten virtuos begleitet, scheint ein besonderes Anliegen des Künstlers, dem er auch in anderen Zeichnungen folgt.

Hugelshofer (1967) Nr. 21. W. S.

D 21
Hans Weiditz
Bewaffnetes Heer. Um 1519/1520
Aus: Petrarca, Glücksbuch I, Kap. 97
Holzschnitt. 142 × 154 mm

Die Parade der Landsknechte verdeutlicht in besonderem Maße deren Hang zu modischer Kleidung. Aufgrund ihres gefährlichen Berufes waren die Söldner als einzige von der ständischen Kleiderordnung ausgenommen. Sie entwickelten eine starke Neigung, die Kompliziertheit ihrer geschlitzten Arm- und Beinkleider maßlos zu steigern.

Im Zusammenhang mit dem Buch und seinem Bildprogramm ist der Landsknecht Sinnbild ungezügelter Leidenschaften, die in der Vorstellung einer reformierten Ständeordnung, wie sie Sebastian Brant mit Hilfe von Petrarcas Glücksbuch zu propagieren suchte, keinen Platz haben.

Musper (1927) 159; Scheidig (1955) S. 158. E. B.

D 22 (Abbildung)
Jörg Ratgeb
Das Martyrium der heiligen Lucia. Um 1510
Feder in Braun auf rötlich getöntem Papier
290 × 113 mm
Dresden, Staatliche Kunstsammlungen,
Kupferstich-Kabinett

Die erhaltenen Zeichnungen Ratgebs sind Vorzeichnungen zu Altarflügeln und damit weniger Ausbrüche künstlerischen Wagemutes, als Ergebnisse kühler Berechnung und handwerklicher Ökonomie. Auch bedurfte der für Ratgeb bezeichnende Reichtum ausgestreuter Bildmotive einer gewissen Ordnung. Die Stationen des Martyriums sind: der Löwenzwinger, der Versuch der Verbrennung am Pfahl und die Hinrichtung durch das Schwert. Es ist nicht das einzelne Motiv, sondern die unruhevolle Häufung der Bilder, mit denen der Künstler seine Aussage verwirklicht.

Fraenger (1960) S. 803 ff.; Schade (1963) S. 60 Nr. 178; Deutsche Kunst der Dürerzeit (1972) S. 259 Nr. 483; Fraenger (1972) S. 49 f., Abb. 13. W. S.

D17

D23
Jörg Ratgeb
Grablegung und Höllenfahrt Christi. Um 1520
Feder in Schwarz. 206 × 310 mm
Stuttgart, Staatliche Graphische Sammlung, Inv. C 65/1399

Die bilderbuchartige Darstellung erinnert dem Konzept nach an Gemälde Ratgebs, dem das Blatt auch stilistisch nahesteht, wie die Veröffentlichung durch Monika Kopplin nach Anregungen von Heinrich Geissler und Werner Schade bestätigen konnte.

M. Kopplin in: Die Renaissance im deutschen Südwesten, Kat. Ausst. Heidelberg 1986, Nr. E 18. W. S.

D 24
Meister der Grüninger Offizin
Bauern mit der Fahne des Bundschuhs im Aufgebot des mythischen Königs Turnus. Um 1502
Aus: Vergil, Opera. Straßburg, Johann Grüninger, 1502

D 22

Holzschnitt. 215 × 161 mm
Berlin, Staatliche Museen, Kupferstichkabinett
Inv. 48.9–1955

In der Aeneis des römischen Dichters Vergil wird die Kampfkraft der Gegner des Aeneas durch ein Teilheer aus lydischen Bauern zur Anschauung gebracht. Der unbekannte Illustrator des Verlegers Grüninger kennzeichnete diese Hilfstruppe durch die Bundschuhfahne. Wohl ging die Anregung hierzu von Sebastian Brant aus, und ein Nebengedanke mag gewesen sein, daß mit der Fahne des Bundschuhs das Illegitime der Gegenpartei gekennzeichnet werden sollte.

Vergil, Aeneis, hrsg. u. komm. von M. Lemmer, Wiesbaden 1987, S. 235, 380. W. S.

D 25 (Abbildung Seite 10)
Nicolaus Hogenberg
Waldschlacht. 1522
Holzschnitt. Formschneider: Hans Franck. 149 × 295 mm
Dresden, Staatliche Kunstsammlungen, Kupferstich-Kabinett

Der in utopische Wildnis verlegte Kampf zwischen nackten Männern und Bauern hat offenbar kein überliefertes Geschehen zum Gegenstand und lebt auch im einzelnen von Motiven der Überraschung. Der Figurenfries enthält links das Selbstbildnis des nackten Künstlers mit der Weinflasche, die Gestalt neben ihm stellt wohl den Formschneider dar. Der Holzschnitt ist ein Musterblatt mit kräftig charakterisierten Typen, gewagten Motiven und sorgfältig zusammengestellten Gruppen. Auffällig ist die feine Arbeit des Formschneiders, der den Einfällen des Zeichners mit Hingabe gefolgt ist, wie etwa beim Geflecht der hohen Kopfbedeckungen links. Bei verschiedenen Gesichtern wird die Anregung durch Hans Weiditz deutlich. Manche Verwundung, wie das Abhauen des erhobenen Armes links neben dem starken Fichtenstamm, erscheint allerdings gesucht. Geglückt dagegen ist die Gruppe der Bauern mit ihren einfachen Bewegungen. Sie sind wirklich mit den Gestalten Altdorfers im Troß des Triumphzuges auf eine Stufe zu stellen. Motivwelt und malerische Haltung des Blattes sind möglicherweise durch die Holzschnitte zur ersten italienischen Übersetzung der Schriften des Vitruv durch Cesariani, Como 1521, angeregt worden.

Dodgson Bd. II (1911) S. 195 ff.; Winkler (1964) S. 54–59.
W. S.

D 26 (Abbildung)
Hans Burgkmair
Die Käse- und Brotschlacht. Um 1514–1519
Holzschnitt (Neudruck von 1775). 219 × 193 mm
Berlin, Staatliche Museen, Kupferstichkabinett
Inv. 32–1955

Den jungen Maximilian bekämpften im niederländischen Feldzug von 1483/1484 besonders hart die »Bauern mit dem Käse und Brot«, sie führten dieses Zeichen wohl in ihren Fahnen (im Holzschnitt rechts). Ihnen gelang einmal sogar die Eroberung der burgundischen Geschütze.

Petermann 82 III; Hollstein GE (1954) 467. W. S.

D 26

D 27
Hans Weiditz
Aufständische Bauern. Um 1519/1520
Aus: Petrarca, Glücksbuch II, Kap. 34
Holzschnitt. 95 × 157 mm

Das kurze Kapitel »Vom Haß des Volks« wird in der Darstellung aufständischer Bauern mit der Bundschuhfahne aktualisiert. Der von den Bauern gestellte Ritter wirkt in seiner modischen Kleidung außerordentlich exotisch. Wie im guten und schlechten Regiment (Kat. B 25 u. Kat. B 27) wird das aufständische Verhalten der Bauern auf die Dekadenz des Adels zurückgeführt. »Der von aufständischen Bauern mit der Bundschuhfahne umstellte Ritter gilt in diesem Sinne nur noch als ein weiteres Beispiel für die ewig schädliche Wirkung ungezügelter Leidenschaften.« (Raupp S. 105)

Musper (1927) 221; Scheidig (1955) S. 228; Raupp (1984) S. 94 f.

E. B.

D 28
Hans Holbein d.J. (Reproduktion)
Eine Schlacht. Um 1530–1532
Pinsel in Grau und Schwarz. 286 × 441 mm
Original in Basel, Kupferstichkabinett, Inv. 1662.140

Fragment eines Frieses von kämpfenden Fußtruppen, der nach Ausweis einer Kopie in Wien an den Seiten durch beträchtliche Streifen zu ergänzen ist; bei der Kopie ist der Lanzenwald der beiden Heere verstärkt, das Licht fällt von links ein. Der linke Heerhaufe scheint unter der Wucht der von rechts anstürmenden Streiter zu wanken. Die Verdichtung zu einer herausdrängenden Ecke von Einzelkämpfern ist durch niedergefallene Stangen und Schwerter unterstrichen.

Landolt (1972) Nr. 79. W. S.

D 29
Urs Graf
Soldatenversammlung. 1515
Feder in Schwarz. 290 × 217 mm
Basel, Kupferstichkabinett, Inv. U. X. 53a

Die Zeichnung ist für Urs Graf bedeutsam als ungewöhnlich konzentriertes, reliefhaft gerafftes Werk. Die Aufmerksamkeit wird auf das Gesicht des Anführers gelenkt, dem sich die Landsknechte zuwenden und dessen Federbusch sich wirksam vom hohen Fahnenbanner abhebt. W. S.

D 30
Urs Graf
Das Schlachtfeld. 1521
Feder in Schwarz. 211 × 315 mm
Basel, Kupferstichkabinett, Inv. U. X. 91

Die Schlacht mit ihren drei Kampfplätzen und dem Reiterangriff venezianischer Hilfstruppen, der Stradioten, scheint an die Schweizer Niederlage bei Marignano im Jahre 1515 zu erinnern. Im Vordergrund sind die Greueltaten des Krieges geschildert: Feuer, Raub, zerhauene Tiere und ausgeraubte Menschen, am Rande die Roheit des Reisläufers, der sich aus der Schlacht mit einem Trunk aus der Flasche verabschiedet. Der Krieg hatte zu dieser Zeit seine Glorie verloren, das Verdingen als Söldner war allgemein in Verruf geraten, Erasmus hatte 1517 in der »Klage des Friedens« zur Vernunft aufgerufen.

Andersson (1978) S. 29f. W. S.

D 31
Hans Weiditz
Bürgerkrieg. Um 1519/1520
Aus: Petrarca, Glücksbuch II, Kap. 73
Holzschnitt. 142 × 154 mm

Das Kapitel über den Bürgerkrieg entstammt der Erfahrung des italienischen Autors, während Weiditz und Brant in Deutschland auf keinen Bürgerkrieg zurückblicken konnten. Entsprechend ist die wenig überzeugende Bildvorstellung, die rivalisierende Bürgergruppen, umringt von klagenden Frauen, innerhalb einer Stadtanlage zeigt.

Musper (1927) 261; Scheidig (1955) S. 272. E. B.

D 32 (Abbildung)
Michael Ostendorfer
Ein Kriegszug in offener Landschaft. 1539
Aus: Warhafftige beschreibung des andern Zugs in Osterreich wider den Turcken ... vergangens fuffzehnhundert zwei und dreißigsten jares thatlich beschehen.
Nürnberg: (Jheronimus Formschnyder) 1539
Holzschnitt, koloriert
Formschneider: Hieronymus Andreä. 340 × 490 mm
Wien, Albertina

Bei niedrigem Sonnenstand begegnet dem türkischen Heer, das aus einem Engpaß herabquillt, die wohlgestaffelte Streitmacht des kaiserlichen Aufgebotes unter dem Befehl des Pfalzgrafen Friedrich II. Vor der Andeutung der Wagenburg stehen die offenbar entscheidenden drei Blöcke mit Reitern (»Der gewaltig raisig zeug« und die böhmische Truppe in zwei Teilen) und der Block mit Landsknechten. In einer zweiten Phase ist der Rückzug der Türken hinter dem Berg zu sehen.

Nur wenige Schlachtendarstellungen der Zeit veranschaulichen so stark das Zusammenspiel menschlicher Entscheidungen mit den Gegebenheiten des Tages und des Geländes, dessen Weiträumigkeit der gewiß nicht überdurchschnittliche Holzschnitt Ostendorfers einfängt.

Dodgson Bd. II (1911) S. 251 Nr. III.7. W. S.

D 33
Schüler Lucas Cranachs d. Ä. (?)
Die Belagerung Wolfenbüttels im Jahr 1542. 1542
Gemälde auf Leinwand. 147,5 × 212 cm
Braunschweig, Städtisches Museum
Inv. G 506

Der Rat der Stadt Braunschweig hatte sich 1528 offiziell zur Reformation bekannt. Diese Entscheidung war gegen den »Hüter des alten Glaubens in Norddeutschland« (Puhle), den Stadtherrn Herzog Heinrich d.J., erfolgt. Seit 1531 war Braunschweig Mitglied im »politisch-religiösen Gravitationszentrum des Protestantismus« (Puhle), dem Schmalkaldischen Bund. Nachdem der Konflikt zwischen der Stadt und dem Stadtherrn seinen Höhepunkt erreicht hatte, wurde dem Welfenherzog im Juni 1542 der Krieg erklärt. Im Juli 1542 begann die Belagerung seiner Residenz Wolfenbüttel durch die Heere der Alliierten, des Landgrafen Philipp von Hessen, des Kurfürsten Johann Friedrich I. von Sachsen und der Stadt Braunschweig. Offenbar nahm Lucas Cranach d.Ä. im Auftrag des sächsischen Kurfürsten daran teil. Diesem Umstand verdanken wir einen Holzschnitt, der sozusagen aus erster Hand ein relativ authentisches Bild dieses Vorgangs gibt. Das Gemälde orientiert sich nur allgemein in der Komposition an ihm. So dominiert hier die Reiterfigur Johann Friedrichs I. von Sachsen (unten in der Mitte) und das Treiben seines Heerlagers. Diese Tatsache erlaubt Rückschlüsse auf den Auftraggeber (vgl. auch Schade [1974] S. 439 Nr. 334). Es handelt sich um ein weltliches Ereignisbild, das Einblick in das Militärwesen der ersten Hälfte des 16. Jahrhunderts gewährt.

Puhle (1985). R. Mi

D32

D34
Albrecht Dürer
Die Landschaft mit der Kanone. 1518
Eisenradierung. 217 × 322 mm
Berlin, Staatliche Museen, Kupferstichkabinett
Inv. 4–1952

Dürers Darstellung rechnet zwar wohl mit der Schaustellung des Geschützes, schwächt sie aber auch wieder dadurch ab, daß er die Zugtiere außerhalb der Darstellung läßt und die mit vielen Einzelheiten gegebene Landschaft sehr hochzieht.

Die Feldschlange gehörte zur Nürnberger Ausrüstung der Jahre 1450 bis 1480 und war 1518 bereits durch wirksamere Modelle ersetzt worden.

Meder (1932) 96e; Strauss (1977) S. 242 Nr. 86. W. S.

D35
Hans Weiditz
Geschütze, ausgestellt in der Landschaft. 1519
Aus: Petrarca, Glücksbuch, »Von Kriegszeug und Weeren«
Holzschnitt. 141 × 153 mm
Berlin, Staatliche Museen, Kupferstichkabinett
Inv. 651–143

Der Holzschnitt, wohl unter dem Eindruck von Dürers Radierung (Kat. D34) entstanden, zeigt zwar die Vielfalt der Geschütze, die aber nur als Ausstellungsstücke erscheinen. Bogen und Armbrüste, auf einem Gestell aufgehängt, sind dem Holzschnitt etwas gewaltsam zugefügt worden. Im Motiv des so stark betonten Rades scheint die Erinnerung an das Glücksrad beschworen, das unter den Illustrationen zu Petrarcas Glücksbuch eine große Rolle spielt.

Musper (1927) 161; Scheidig (1955) S. 160. W. S.

D36
Erhard Schön
Die Beschießung von Münster. Um 1534
Holzschnitt, von sieben Stöcken gedruckt (Neudruck).
315 × 2735 mm
Berlin, Staatliche Museen, Kupferstichkabinett, Inv. D–247
Druckstöcke aus Holz
D–247.1: 285 × 391 mm, D–247.2: 284 × 395 mm, D–247.3: 287 × 396 mm, D–247.4: 276 × 389 mm, D–247.5: 281 × 393 mm, D–247.6: 291 × 399 mm. Auf der Rückseite in ursprünglicher Verwendung: Hochfüllung mit Granatapfelmotiv (unbeschrieben). 301 × 401 mm. Inv. D–247.7

Eine Parade von Kanonen; die Stadt Münster erscheint auf dem großen Holzschnitt nur am Rande links. Im wüsten Vorfeld vor der Geschützstellung liegen erschossene Soldaten, hinter den vier schaumäßig aufgestellten Kanonen der Aufmarsch des Landsknechts-Fähnleins, ein Diener tritt aus dem Zelt des Befehlshabers, eine Kochstelle mit Weinfässern schließt den Fries ab, der im einzelnen ganz unterschiedliche Darstellungsmaßstäbe aufweist.

Das Kriegsgeschehen vollzieht sich in namenlosen Demonstrationen. Weder ist die vom Bischof von Münster abgefallene Stadt, noch das Heer des Bischofs deutlich gekennzeichnet; die Anführer des Krieges sucht man vergeblich, wenn auch die Kanonen mit ihren ausgeprägten Läufen wohl bestimmbar sind. Dumpfer und unheimlicher ist eine Belagerung nie dargestellt worden.

Röttinger (1925) 249; Geisberg (1924ff.) 1258–64; Pauli 1454; TIB (1901) 13 S. 455 Nr. 249. W. S.

D 37 (Abbildung)
Hans Weiditz
Gericht und Hinrichtungen. Um 1519/1520
Aus: Petrarca, Glücksbuch II, Kap. 122
Holzschnitt. 141 × 152 mm

Entsprechend dem Text werden verschiedene Hinrichtungsarten dargestellt. Im Vordergrund ein sog. Siebenergericht, das Ausnahmerecht praktizierte und landesschädliche Straftaten aburteilte. Die Charakterisierung der Eideshelfer und des Richters unterstützt die justizkritische Haltung des Textes, worauf auch die Wiederverwendung des Druckes in Ciceros Officia in der deutschen Fassung von Schwarzenberg (Musper L 117) hinweist. Es bleibt offen, ob die Darstellung mit der grausamen Vergeltung der Bauernaufstände in Verbindung gebracht werden kann. Die erzieherische Funktion des Textes zielt auf eine innere Wahrheit angesicht des Todes, unabhängig von Richterspruch und Todesart. Erinnert wird an den Kreuzestod Christi als schärfsten Kontrast zwischen Todesursache und Todesart.

Musper (1927) 309; Scheidig (1955) S. 328; Raupp (1984) S. 98f. E. B.

D 38
Wolfgang Katzheimer
Werkzeuge der Bestrafung und Hinrichtung. 1507
Aus: Bambergische Halsgerichtsordnung
Bamberg: (J. Pfeyl) 1507
Holzschnitt. Formschneider: Fritz Hamer. 245 × 175 mm
Berlin, Staatliche Museen, Kupferstichkabinett
Inv. 796–143

D 37

Dem Holzschnitt folgt wohl die Darstellung auf Erhard Schöns Illustration zur Brandenburgischen Halsgerichtsordnung, die 1516 erschien. Das Fortlassen der landschaftlichen Umgebung läßt alle Instrumente, unter ihnen Hals- und Fußeisen, Schwert, Rad, Galgen und Hochgericht, bedeutend hervortreten.

Dodgson (1906) S. 51 B12–24 (Wolf Traut zugeschrieben); Röttinger (1925) S. 38 Nr. 9. W. S.

D39–D50
Käthe Kollwitz
Bauernkrieg. 1903–1908
(die Blätter der für die »Verbindung für historische Kunst« geschaffenen Folge sind durch + gekennzeichnet)
Berlin, Staatliche Museen, Kupferstichkabinett

D39
Aufruhr. 1899
Radierung. 295 × 317 mm
Inv. 60–1961

In der Radierung ist das Thema der Folge bereits im Kern gefaßt. Ausgehend von dem Blatt Weberzug von 1897, sind nicht allein die Gesten verstärkt, durch die brennende Ruine und die hochgehaltenen Sensen und Hellebarden ist auch die Situation im historischen Sinne festgelegt. Eine nackte Frau mit einer Fackel in der Hand fliegt über dem Zug, ein Genius des Aufruhrs, ähnlich der Gestalt der Freiheit auf dem Revolutionsbild von Delacroix.

Klipstein 44 IV.

D40
Pflugzieher und Weib. 1902
Farblithographie. 368 × 505 mm
Inv. 906–1984

Das Motiv des Menschengespanns vor dem Pflug begegnet in Darstellungen des 16. Jahrhunderts nicht. Es scheint aus einer gewissen Anlehnung an den Zug der Aufbegehrenden entwickelt, wird dann aber in der abschließenden Fassung (Kat. D45) ins Profil gerückt.

Klipstein 61 IIa.

D41 +
Losbruch. 1903
Radierung mit Überzeichnungen. 507 × 592 mm
Inv. 496–1909

Das Ausgangsblatt der Bauernkriegsfolge. In einem Brief von 1921 schreibt Käthe Kollwitz, daß sie von der Gestalt der schwarzen Anna aus dem Buch von Zimmermann über den Bauernkrieg beeindruckt war. Damit wurde die Gestalt des Genius (siehe Kat. D39) durch eine wirkliche, handelnde Person ersetzt, wohl in Anlehnung an Goyas berühmte siebente Radierung der »Schrecken des Krieges« (Harris 127, zur Heldentat der Augustina de Aragón vgl. Chr. Dittrich, Francisco de Goya, Kat. Ausst. Dresden 1978, S. 102). Die große Platte ist durch Einzelstudien dreier Köpfe rechts von der Frauengestalt vorbereitet worden (Klipstein 64, 65). Noch auf der Druckplatte hat die Künstlerin dann verschiedene Abwandlungen in den Gesten vorgenommen, die am besten anhand der Probedrucke im Berliner Kabinett verfolgt werden können.

Klipstein 66.

D42
Mutter und toter Sohn. 1903
Mit handschr. Vermerk der Künstlerin:
Verworfene Platte zu Bauernkrieg Bl. 5.
Radierung und Durchdruckverfahren, teilw. überzeichnet, Klebekorrektur. 228 × 344 mm. Inv. 104–1964

Ursprünglich für die Bauernkriegsfolge vorgesehenes Blatt. Begleitend entstanden die Pietàdarstellungen Klipstein 70, 72. Die Mutter liegt, vom Schmerz hingestreckt, mit dem Kind auf der Erde, als ob durch diese Umarmung eine Wiederbelebung erreicht werden könnte.

Die Angabe »zu Bauernkrieg Bl. 5« bezieht sich auf einen früheren Plan der Folge, in der Ausführung ist an Blatt 6 (Kat. D48) zu denken.

Klipstein 71 I.

D43 +
Beim Dengeln. 1905
Radierung und Durchdruckverfahren. 298 × 298 mm
Inv. 70–1959

Mit der Gestalt der Bäuerin, die beim Dengeln von den Gedanken an ihre Not überwältigt wird, ist der Künstlerin eine der eigenartigsten Ausbildungen der Folge gelungen. Der angestaute Zorn wird deutlich in dem Motiv des Sensenblattes, das den Mund verschließt.

Klipstein 90 IX.

D44
Inspiration. 1905
Radierung und Durchdruckverfahren. 564 × 297 mm
Inv. 227–1912

Verworfenes Blatt der Folge. Der männliche Genius ergreift mit nacktem Arm den von der Frau gehaltenen Sensenschaft. Ein Schwur scheint mit dem Aufnehmen der Waffe verbunden zu sein.

Klipstein 91 IV.

D45
Pflüger mit stehender Frau im Vordergrund. 1905
Radierung, mit Kohle und Kreide teilw. überzeichnet.
460 × 596 mm. Inv. 192–1911

Verworfenes Blatt der Folge. Die Künstlerin bemühte sich in verschiedenen Fassungen um die Gestalt der Bauersfrau, so, als hätte sie daran gedacht, eine Vorstellung vom Leben der schwarzen Anna (vgl. Kat. D41) zu geben. Übernommen aus dieser Fassung wurde die Richtungsänderung des Menschengespanns (vgl. Kat. D46).

Klipstein 92.

D46 +
Die Pflüger. 1906
Radierung und Aquatinta. 314 × 453 mm. Inv. 106–1964

Eine der gültigen Ausarbeitungen der Folge, die fast nur auf eine einzige Figur und auf eine einzige Bewegung beschränkt ist, welche ihre Verankerung in dem runden Rad des Pfluges findet. Das Motiv ist in der Kunst bis dahin nicht nachzuweisen.

Klipstein 94.

D47 +
Bewaffnung in einem Gewölbe
1906
Radierung und Durchdruckverfahren
497 × 329 mm
Inv. 240.4–1955

Das Motiv der Menge, die aus einem beleuchteten Keller über eine Wendeltreppe nach oben ins Dunkel drängt, ist von der Künstlerin bereits 1902 in einer Lithographie (Klipstein 59) entwickelt worden.

Die räumliche Enge der Situation (bei der möglicherweise die Erinnerung an Menzels Lithographie »Verfolgung auf der Wendeltreppe« [Bock 403] anklingt) verleiht dem Zug etwas Unausweichliches.

Klipstein 95.

D48 +
Schlachtfeld. 1907
Radierung und Durchdruckverfahren
412 × 529 mm
Inv. 458–1908

Eine alte Legende von der Mutter, die bei Nacht auf dem Schlachtfeld den Körper des getöteten Sohnes findet (vgl. die Legende der heiligen Hedwig, die den Leichnam ihres Sohnes vom Schlachtfeld der Mongolenschlacht birgt), wird Gegenstand eines Bildes. Man darf angesichts dieser Trauernden die Gestalt der anfeuernden Frau (Kat. D41) nicht vergessen; beide gehören zusammenn. Entwickelt ist das Motiv übrigens aus Figuren der Kartoffelernte, etwa bei Liebermann. Das Niederbeugen zur Erde ist auch im Sinne der Künstlerin von großer Bedeutung, es war in dramatischer Weise schon einmal angelegt bei dem verworfenen Blatt Kat. D42.

Klipstein 96 IX.

D49 +
Vergewaltigt. 1907
Radierung und Durchdruckverfahren
308 × 528 mm
Inv. 69–1960

Die Ausbildung des eigenwilligen Motivs beweist, wie sehr für Käthe Kollwitz die Folge vom Bauernkrieg ein Stück Mutterschicksal bedeutete (am Zaun erscheint der gesenkte Kopf eines Kindes). Auch für dieses Erlebnis des Krieges aus dem Gesichtswinkel der Frau gab Goyas Folge der »Schrecken des Krieges« Anknüpfungsmöglichkeiten (Desastres 9, 10, 11, 30).

Klipstein 97 V.

D50 +
Die Gefangenen. 1908
Radierung und Stoffdurchdruckverfahren
327 × 423 mm
Inv. 240.7–1955

Die gefesselten Gefangenen, durch eine Absperrung mit Stricken zusammengepfercht: dieses Motiv scheint aus der entsprechenden Gefangenengruppe aus Burgkmairs Triumphzug Kaiser Maximilians entlehnt (einer Version, die dort offenbar durch eine weniger gewalttätig wirkende ersetzt werden sollte).

Die Künstlerin hat es im eigenen Leben erfühlt, wie etwa an der Gestalt des Jungen rechts zu sehen ist. Es war für sie ein Abschluß, der mehr Zukunftsvision enthält als das abschließende Blatt des Weberaufstandes (Klipstein 37).

Klipstein 98. W. S.

Nachträge

Daniel Hopfer
Drei Landsknechte. 1. Hälfte 16. Jh.
Holzschnitt. Blattgr. 267 × 352 mm
Gotha, Schloßmuseum, Inv. 44,8

Daniel Hopfer
Drei Landsknechte. 1. Hälfte 16. Jh.
Holzschnitt. Blattgr. 272 × 368 mm
Gotha, Schloßmuseum, Inv. 44,11

Daniel Hopfer
Fünf Landsknechte. 1. Hälfte 16. Jh.
Holzschnitt. Blattgr. 205 × 367 mm
Gotha, Schloßmuseum, Inv. 44,15

Niclaus Manuel Deutsch
Vier Landsknechte. 1. Hälfte 16. Jh.
Federzeichnung. 125 × 168 mm
Erlangen, Graphische Sammlung der Universität
Inv. B 1007

Niclas Meldemann
Landschaft mit Salzburg im Hintergrund. Um 1540
Holzschnitt. Blattgr. 285 × 403 mm
Gotha, Schloßmuseum, Inv. 49,7

Erhard Schön
Richten zweier Geschütze. Um 1535
Holzschnitt. Blattgr. 270 × 430 mm
Gotha, Schloßmuseum, Inv. 49,2

Erhard Schön und Niclas Meldemann
Laden zweier Geschütze. Um 1533
Holzschnitt. 250 × 400 mm
Gotha, Schloßmuseum, Inv. 49,1

C3 Hans Mielich. Übergabe des Freiheitenbuches von Regensburg

E 28 Oberdeutscher Meister. Glasgemälde mit Kreuztragung Christi

A 120 Oberdeutscher Meister. Glasgemälde mit Tod Mariae

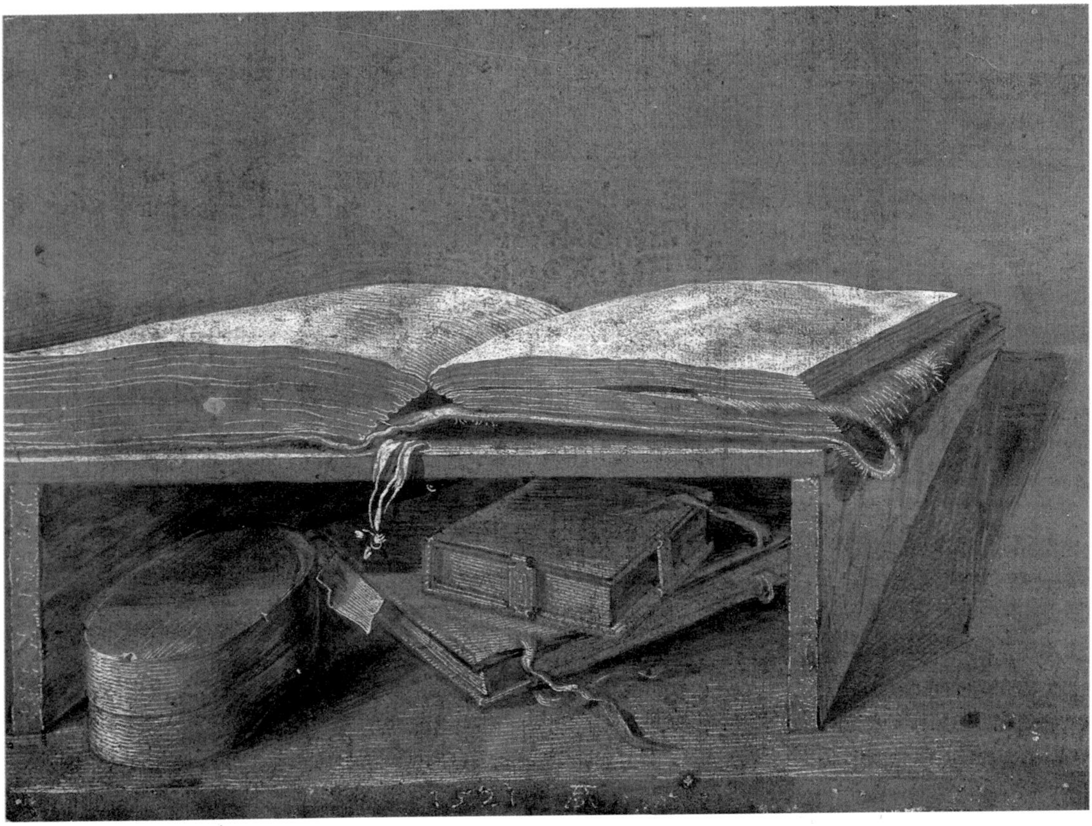

C 23 Albrecht Dürer. Lesepult mit Büchern

B2 Flämische Schnitzerwerkstatt. Hirtentanz

Werner Tübke. Frühbürgerliche Revolution (1:10-Fassung, Ausschnitt)

Frÿheit

E 37 Wolfgang Huber. Der Schmerzensmann

E
Bilder des Leids

Entkräftet, hilflos und verlassen sitzt ein Mann, gemartert und geschunden, den Körper über und über mit blutigen Geißelwunden und Schwären bedeckt, sich mühsam aufrecht haltend und den Kopf sorgenschwer in die Hand gestützt, rastend auf einer steinigen Rasenbank, den schmerzlichen, kummervollen Blick nachsinnend in die Ferne gerichtet: Es ist Christus im Elend, die Gestalt des geschlagenen und erniedrigten Gottessohnes. Der geschilderte Typ des Andachtsbildes erlebte gerade in der Zeit um 1500 noch einmal eine außerordentliche Verbreitung. Zahllose dieser Darstellungen finden sich noch heute in unseren Kirchen und Museen. Wie auch andere Andachtsbilder – der Schmerzensmann, das Vesperbild oder die Marienklage – isoliert die Darstellung eine in den Evangelien selbst oftmals gar nicht geschilderte Szene aus der Passion Christi und beleuchtet das grausame Geschehen an einem dramatischen Punkt. Die Vielzahl der Werke, die aus dem späten Mittelalter überliefert sind und wohl doch nur einen Bruchteil der unglaublichen Fülle damals geschaffener Stücke darstellen, kann nur damit erklärt werden, daß sich die ikonographischen Schemata anboten, menschliches Elend und soziale Nöte auszusprechen, wiewohl sie zugleich Ausweis und visuelles Zeichen einer aktiven Laien- und insbesondere intensiven Passionsfrömmigkeit sind. Die demonstrative Sprache, die eindringliche Gestik, das Ausdruckspathos und eine oftmals außergewöhnliche Präsenzfaszination der Gestalten sowie die psychologische Inszenierung der Ereignisse laden zur Compassio, zu emotionalem Nachvollzug ein, bieten dem Betrachter die Identifikation mit der Situation an, suggerieren ein dialogisches Verhalten zwischen Individuum und Bild. Die sowohl in der öffentlichen Verehrung wie in der privaten Begegnung gebrauchten Werke wandten sich mit ihren anschaulichen Darstellungen des Gottes als Mitmensch direkt an die Sinne.

Die Ausprägung der Passionsfrömmigkeit, die in der bildenden Kunst nur eines ihrer vielfältigen Phänomene besaß, erfuhr in der zeitgenössischen Predigtliteratur, in den fabulierenden, farbig ausgeschmückten Nacherzählungen der Evangelien, in liturgischen Ritualen und nicht zuletzt im religiösen Theater, den dramatischen Inszenierungen der entscheidenden Heilsereignisse, unterschiedliche Artikulationsforen. So eindeutig dieser kulturelle Prozeß aber scheinen mag, so differenziert und ambivalent stellt er sich bei genauerer Betrachtung dar, so gegensätzliche Funktionen konnten die Bildwerke und Malereien erfüllen. Im Kontext des krisenhaften Umbruchprozesses gelesen, spiegeln sie die entgegengesetzten Seiten des Gesellschaftsorganismus, deren unterschiedlichen Gebrauch von Bildern und die an ihn herangetragenen Erwartungen.

Das Bedürfnis, sich in einer unruhigen, viele der überkommenen Werte in Frage stellenden Zeit bewährter, unumstößlicher Tatsachen des Glaubens zu versichern, zudem aber der Wunsch nach intensiver Welt- und Selbsterfahrung konnten über die Aneignung von Realität – in wohlbekannten religiösen Mustern formuliert – im persönlichen Gefühlsleben befriedigt werden. Das Ringen breiter Volksschichten um eine aktive Teilnahme am geistigen Leben, nicht zuletzt ausgelöst durch die drohende Endzeiterwartung, schlägt sich mittelbar in Bildverständnis und Bildgebrauch nieder. Andererseits spielten gerade die Andachtsbilder in der Auseinandersetzung der institutionellen Kirche mit peripheren Frömmigkeitsformen und antikirchlich orientierten spirituellen Bewegungen des ausgehenden Mittelalters eine nicht zu übersehende Rolle, da sie, in die offiziellen Riten integriert, das Potential ekstatischer Frömmigkeit zu binden und zu kontrollieren erlaubten. Die Darstellungen des gefolterten Erlösers, der Erfüllung des Opfertodes und der trauernden alten Mutter boten den Entäußerungssehnsüchten und der kollektiven Heilserwartung in einer von apokalyptischen Visionen gepeitschten Zeit Objekte, an denen sich der Eifer entzünden, aber subversiver Tendenzen entkleidet werden konnte. Der Ikonoklasmus der reformatorischen Bewegung, vor allem der radikaler Ausprägung im äußersten linken Flügel der Volksreformation, hatte auch in diesem Faktum seine Beweggründe.

Schließlich aber entsprang diese Bildwelt, die den Verlauf des christlichen Marterweges – und dies gilt auch für die bildlich gestalteten Martyrien bekennender Heiliger – ausführlicher und drastischer schilderte denn zuvor und die traditionelle Konventionen und Muster mit einer aktuellen Sprachweise verband, einer analysierenden Beobachtung konkreter sozialer Erscheinungen. Die bildkünstlerischen Artikulationen setzten kollektive Realitätserfahrungen voraus, codierten diese bewußt oder unbewußt und bargen Denk-, Wahrnehmungs- und Handlungsschemata der Zeitgenossen. Neuartige visuelle Schöpfungen und bislang unerdachte Bildfindungen entsprachen beobachteten Erscheinungen. Die auf diese Weise mit Wirklichkeit gespeiste Bilderwelt konnte Massenerfahrungen referieren und zugleich mobilisieren. Die sinnliche Veranschaulichung und die ausführliche Schilderung gaben einer spezifischen Mimesis Raum, die im Dulderpathos des mißhandelten Gottes Kraft zum Durchstehen der eigenen bedrückenden Lage sammeln konnte.

Die um 1500 gestalteten Szenen der Passion Christi zeichnen eine bittere Welt brutaler Grausamkeiten. Dokumentarisch festgehaltenen Beobachtungen gleich, schildern die Darstellungen die Geschehnisse packend naturalistisch, unglaublich genau bis in alle Einzelheiten. Auf Altarretabeln und Stationsbildern von Kreuzwegen spielen sich schauderhafte Szenen ab. Schmerzen und Schmähungen ohne Zahl werden dem qualvoll Dahinsterbenden bereitet. Das Maß an Leid übersteigt alle Grenzen. Scharen Bewaffneter bevölkern den Ort der Passion, Mannschaften böswilliger Schergen treten zur Ausführung des Mörderhandwerkes an und verwandeln Golgatha nahezu in einen Kriegsschauplatz, steigern bildhaft an der Hinrichtungsstätte das militärische Aufgebot bedrohlicher Mächte. Das unmenschliche Gesindel mordgieriger Henker, das in den Szenen der Gefangennahme, der Verspottung, der Geißelung und Dornenkrönung, in den Darstellungen der Kreuztragung, der Kreuzigung, ja selbst der Grablegung auftritt, betreibt das Zugrunderichten der menschlichen Kreatur mit ausgeklügelter und erschreckend routinierter Widerwärtigkeit. Schmerzverzerrte Gesichter, blutige und krampfgeschüttelte Glieder, die sich am Marterholz in betäubender Qual krümmen und winden – das sind die Christusgestalten der Jörg Ratgeb und Matthias Grünewald, die sich wie empörte Aufschreie gegen entmenschte Ungerechtigkeit lesen lassen, wie die Aktualisierung des biblischen Ereignisses erscheinen, die Identifikation Christi mit dem hart geknechteten und bedrückten Mann aus dem Volke. Die außergewöhnliche Vermenschlichung des sterbenden Gottessohnes bei Tilman Riemenschneider und die sanftmütigen Erlösergestalten von Hans Witten, Adam Kraft und Peter Breuer, jammervoll erniedrigt, mit grellen Peinigungen, böse ausgedachten Schändungen und unverhohlenem Spott bedacht, zeigen menschliches Maß überschreitendes Leid und breiten im gebrochenen Menschen die Exhibition von Erbärmlichkeit aus, bieten Bilder zum Erbarmen. Verrohtes Walten menschenfeindlicher Kräfte legt den Gestalten fassungsloser Gottesmütter den zerschlagenen Leichnam des qualvoll dahingeschlachteten Sohnes in den Schoß. Sublimer, doch mit ebenso ergreifender Dramatik, demonstrieren die bewegten und vielfigurigen graphischen Bildfolgen der Passion von Albrecht Dürer und Martin Schongauer den bitteren Weg nach Golgatha. Die Schilderungen von Rohheit, Brutalität und blindwütiger Mißhandlungen in der bildenden Kunst besaßen zudem in den drastischen Reden und Dialogen im Passionsgeschehen der religiösen Spiele eine eindringliche Korrespondenz. Im späten 15. Jahrhundert erreichten die Texte den drei- bis fünffachen Umfang früherer Beispiele!

Die Darstellungen von Verhören und Schmähungen, Folterungen und Hinrichtungen aber sind – wie im Bild, so im Wort – kaum allein auf die unerschöpfliche und fabulierfreudige Phantasie der Künstler zurückzuführen. Artikulierte Daseinserfahrungen und Wirklichkeitsbezogenheit spielen eine unübersehbare Rolle: Die blutigen Kämpfe, die rohe Niederschlagung der Bauernaufstände, die in vielen Gegenden des Reiches – den Massen einziger Ausweg aus der bedrückenden Situation scheinend – aufgeflammt waren, boten durch nichts zu steigernde Anschauung und regten die lebensnahe Gestaltung der biblischen Begebenheiten an.

Wenn im Alsfelder Passionsspiel ein Söldner bei der Kreuzesaufrichtung eine Ansprache an das Volk richtet und der schaulustigen Masse furchtgebietend vorhält

»ßo mogen alle die erschrecken,
si syn frawen adder man,
die en myt augen sehen an!
... groisse ere begegne mer hude
an Jhesu dem boßewicht,
der wolde uns machen zu nicht!«,

so offenbart sich über dieses künstlerische Mittel neuartiger Vergegenwärtigung heilsgeschichtlicher Tatsachen die Reflexion von Elementen der zeitgenössischen Wirklichkeit aufs Genaueste. Die Qual des Volkes, der tierisch geschundene Mensch, fand in der Gestalt Christi, im Wehrlosen, der der brutalen Gewalt seiner Widersacher ausgeliefert ist und unterliegt, eine ergreifende symbolische Hülle schreiender Anklage. Religiös überhöht, setzen die künstlerischen Formulierungen dem erniedrigten und gequälten Menschen, der geschlagenen, ausgebluteten Kreatur der Zeit ein unübersehbares Denkmal. Die Gestalt Christi, des Erlösers, gewinnt eine neue, politisch aktualisierte Dimension hinzu. »Sein gewaltsamer Tod, verschuldet durch eine machtlüsterne Obrigkeit, wird zum Kampfruf der Aufrührer. Die Bundschuhfahne trug ein Bild der Kreuzigung.«[1] F. K.

E1–E10
Albrecht Dürer
Die Große Passion. 1496–1499 und 1510
Holzschnitte
Berlin, Staatliche Museen, Kupferstichkabinett

Gleichzeitig mit der Arbeit an den Holzschnitten zur Apokalypse entstanden die wichtigsten Blätter der Passionsgeschichte. Dürer hat in ihnen dem individuellen Leidensweg und dem schweren Ringen um Entscheidungen einen neuen Ausdruck verliehen. Die großen Richterfiguren der Apokalypse, die frei von Gefühlsregungen ihr Handwerk ausüben, sind in der Gestalt Christi, seiner Anhänger und seiner Feinde, zu gefühlsbetonten Individuen gewandelt. Das Leid des von außen hereinbrechenden Weltgerichts ist gleichsam nach innen verlegt und findet Erlösung in der Auferstehung.

Die Leidensstationen sind lautstarke Haltepunkte. Selbst Christus am Ölberg, von schlafenden Jüngern umgeben (E1), ringt nicht in stiller Nacht um seine Entscheidung. Das Liniengewebe wogt wie ein Gewirr vieler Stimmen gegen die kniende Figur, die darin zu versinken droht. Die dramatische Gestik der an der Schaustellung Christi

E2

(E 4) beteiligten Figuren scheint den Passionsspielen entlehnt.

Der von der Menge aus dem Stadttor hinausgedrängte und unter der Last des Kreuzes zusammenbrechende Christus (E 5) ist in seiner Haltung der Zeichnung »Der sterbende Orpheus« von 1494 entnommen (Panofsky [1948] Bd. I S. 60–61, Bd. II Nr. 230).

Erst 1510 fügt Dürer die restlichen vier Blätter in die Folge ein. Der Figur ist mehr Raum gegeben, sie verliert sich weniger im dichten Liniengefüge. Der innere Ausdruck ist zugunsten einer idealen Haltung fast aufgegeben.

Bartsch 5–15; Meder (1932) 114–124; Strauss (1977) 37 bis 39, 58–61, 148–151; Friedländer (1921) S. 50f.; Waetzoldt (1936) S. 127–167; Wölfflin (1943) S. 81–93; Panofsky (1948) S. 59–61; Kat. Dürer (1971) S. 321–324; Panofsky (1977); Appuhn (1979); Kunst der Reformationszeit (1983) S. 48–62. E. B.

Das Abendmahl
(s. Kat. C 73)

E 1
Christus am Ölberg. 1497/1498
392 × 277 mm. Inv. B–168

E 2 (Abbildung)
Gefangennahme Christi. 1510
394 × 280 mm. Inv. B–169

E 3
Geißelung Christi. Um 1497/1498
382 × 278 mm. Inv. B–170

E 4
Ecce homo. Um 1497/1498
392 × 284 mm. Inv. B–171

E 5
Kreuztragung. Um 1497/1498
384 × 283 mm. Inv. B–172

E 6
Christus am Kreuz. Um 1497/1498
390 × 279 mm. Inv. B–173

E 7
Christus in der Vorhölle. 1510
392 × 280 mm. Inv. B–174

E 8
Beweinung Christi. Um 1498/1499
394 × 285 mm. Inv. B–175

E 9 (Abbildung Seite 14)
Grablegung Christi. Um 1498/1499
384 × 278 mm. Inv. B–176

E 10
Auferstehung Christi. 1510
391 × 277 mm. Inv. B–177

E 11 (Abbildung)
Augsburger Meister
Gefangennahme Christi. Um 1525
Solnhofer Stein. 50,5 × 50,5 cm
London, Victoria & Albert Museum, Inv. A 41–1947

Baxandall (1974) Nr. 17.

E 12
Thüringer Bildschnitzerwerkstatt
Beweinung Christi. Ende 15. Jh.
Lindenholz. 149 × 170 cm
Berlin, Staatliche Museen, Skulpturensammlung
Verwaltetes Kulturgut aus der Sammlung Lefmann

Das Relief faßt eigentlich zwei Szenen zusammen: die Beweinung und die Grablegung Christi. Auf dramatisches Klagen wird dabei verzichtet und einer sachlich berichtenden und demonstrierenden Sprache der Vorrang gegeben. Johannes und Maria zeigen den Leichnam, ihn behutsam fassend, vor. Dahinter haben sich die still trauernden Frauen eingefunden. Zwei Schergen, an Kleidung und Physiognomie erkennbar, machen sich am Deckel des Sarkophages zu schaffen. Während Joseph von Arimathia das Geschehen meditativ registriert, diskutieren zwei weitere Gestalten erregt über den Vorfall. Umherliegendes Gebein dokumentiert Golgatha, die »Schädelstätte«.

Die harten, steifen Faltenfügungen, Figurenanordnung und -typen gehören einem in Thüringen allgemein verbreiteten Formenschatz an; das Werk stammt aus einer dort rege produzierenden Altarwerkstatt. Motivisch verwandt sind je ein Retabel im Erfurter Dom und im Schloßmuseum Gotha (Inv. 27/P6D). F. K.

E 13
Freiberger Meister
Christus in der Rast. Um 1500
Linde, originale Fassung auf Leinwand. H. 112 cm
Freiberg, Stadt- und Bergbaumuseum, Inv. 47/12

Die Ausführung in Lebensgröße, die Roßhaarperücke und zudem das Halseisen sind Bestandteile einer auf starke Vergegenwärtigung gerichteten Bildsprache.

Die aus der Kirche zu Mittelsaida stammende Skulptur vertritt ein Gestaltmuster, das ein Freiberger Meister entworfen und vielfach ausgeführt hat; von der selben Hand stammt wohl das Stück Inv. 47/57 im gleichen Museum. Sehr ähnlich auch sind die Skulpturen Inv. 47/29 und die im Freiberger Dom.

Maedebach (1955) Nr. 4. F. K.

E 14 (Abbildung)
Peter Breuer
Christus in der Rast. Um 1515
Linde, Reste originaler Fassung. H. 28 cm
Niedercrinitz, Ev.-luth. Kirchengemeinde

E 11

Das kleine Relief, das Christus mit gekreuzten Beinen auf einem um ihn geschichteten Steinhaufen sitzend zeigt, wurde erst 1957, in einer Wandnische der Kirche verborgen, aufgefunden. Vermutlich stammt es aus der Predella des kleinen Flügelaltars mit der Verkündigung. Die Komposition schließt sich eng an die große Breuersche Skulptur im Freiberger Museum (Inv. 47/31) an.

Röber (1979) S. 62. F. K.

E 15 (Abbildung)
Peter Breuer
Schmerzensmann. 1512/1513
Lindenholz, Reste originaler Fassung. H. 89 cm
Callenberg, Ev.-luth. Kirchengemeinde

Der Schmerzensmann stammt aus dem Gesprenge des Altars der Dorfkirche zu Callenberg und zeigt die ikonographisch interessante Modifikation des Motivs der übereinandergelegten Hände vom Bildtopos des Christus in der Grabesruhe zur Fesselung. Simultan wird der Gottessohn mit den Zeichen des Kreuzestodes und der diesem vorangehenden Gefangenschaft gezeigt; reale Zeitlichkeit ist somit abgelegt, Leid, Erniedrigung und Demütigung der gefesselten und geschundenen Kreatur verallgemeinert und symbolhaft überhöht. Das unentschiedene Schreiten, durch die Gewandsprache des flatternden Lendentuches unterstrichen, und die labile Körperhaltung betonen den Mitgefühl heischenden Ausdruckswert.

Hentschel (1951) S. 150; Röber (1980) S. 15. F. K.

E14

E 16
Mitteldeutscher Meister
Dornenkrönung Christi. Um 1500
Gemälde auf Holz. 109 × 86 cm
Frankfurt/Oder, Ev. Gertraud-Marien-Kirchengemeinde

Die eigenwillige, karge Raumkomposition sowie die verhaltene Vehemenz der Figurendarstellungen lassen die Vermutung zu, daß es sich hier um ein qualitätvolles Vorbild für die zwei Dulderszenen-Tafeln vom Hochaltar (Wandelaltar) in St. Marien, Bernau, handelte (um 1520 datiert). Die meisterlich gezeichnete Christusfigur des Frankfurter Gemäldes läßt druckgraphische Anregungen Albrecht Dürers und Martin Schongauers ahnen.

Dehio, Bezirke Cottbus und Frankfurt/Oder (1987) S. 109

R. Mi.

E 17
Meister von Kappenberg
Geißelung und Dornenkrönung Christi (Dulderszenen). Um 1500
Gemälde auf Holz. 54 × 104 cm
Berlin, Staatliche Museen, Gemäldegalerie, Kat. 2233

Die Apostel Matthäus (27, 26–30), Markus (15, 15–19) und Johannes (19, 1–3) berichten eindringlich über die dargestellten Ereignisse im unmittelbaren Vorfeld der Kreuzigung Christi. Es handelt sich hier um ein Votivbild (rechts unten kniende Stifterin in der Tracht einer Äbtissin), das aus der Sammlung Beuth (1781–1853) stammt. »Man sucht in der westfälischen Schule nach Vergleichbarem und darf namentlich den Meister von Kappenberg in Vorschlag bringen.« (Rave S. 492)

Rave (1935) S. 475–495. R. Mi.

E 18–E 27 (Abbildungen)
Breslauer Werkstatt
Kreuztragung Christi. Anfang 16. Jh.
Lindenholz, Fassung 19. Jh.
Christus 97 × 172 cm; Maria H. 157 cm;
Johannes H. 162 cm; Veronika H. 148 cm; Simon von Kyrene H. 145 cm; Dismas H. 160 cm (Abbildung); Gesmas H. 163 cm; Kriegsknecht H. 166 cm (Abbildung); Kriegsknecht H. 176 cm; Kriegsknecht H. 160 cm
Wrocław, Nationalmuseum, Inv. X/1–10

Die zehnfigurige Kreuztragungsgruppe stammt aus St. Maria Magdalena, einer der größten Pfarrkirchen des mittelalterlichen Breslau. Wohl bald nach 1500 wurde sie in Auftrag gegeben und von der Werkstatt des Meisters geschaffen, die auch den Marientod-Altar der Corpus-Christi-Kirche gearbeitet hatte. Die dramatische Szene zeigt den unter dem Kreuz zusammenbrechenden Christus, der auf dem Weg nach Golgatha seiner Mutter und dem Lieblingsjünger Johannes begegnet. Demonstrativ zeigt Veronika das Schweißtuch vor, auf dem das Gesicht des Geschundenen seinen Abdruck hinterlassen hat. Angetrieben von drei Kriegsknechten, werden mit dem Gottessohn die beiden Schächer zur Richtstätte geführt. Simon von Kyrene, aufgefordert beim Kreuztragen zu helfen, hat sich dem Zug angeschlossen.

E 15

Von den lebensgroßen, frei stehenden und vollrund gearbeiteten Skulpturen geht eine theatralische Präsenzfaszination aus, die die Gefühle des Betrachters entfachen und seine Sinne fesseln sollte. Die Gestaltung verrät die Kenntnis oft erlebter Passionsspiele, die in der Inszenierung der Karwoche ihren festen Platz besaßen und auf den Marktplätzen gezeigt wurden, wenn man nicht gar die ganze Stadt zur Bühne des religiösen Dramas erklärte. Auch im Fall der Bildwerke kann man davon sprechen, daß dem Rezipienten etwas erzählend vorgespielt wird.

Offensichtlich ist, daß der Schongauersche Kupferstich der Kreuztragung (Bartsch 21) in der Werkstatt bekannt war. Doch nur in den Skulpturen Christi, Simons, des bösen Schächers und des Soldaten mit der erhobenen Hand erfolgte eine recht nahe Anlehnung an die Vorlage. Die stilistischen Auffassungen der beteiligten Künstler gehen weit auseinander; zumindest zwei recht divergierende Gestaltungsmodi sind zu erkennen, was aber nicht heißen soll, daß nur zwei Hände das Werk schufen. Während die Schmerzensmutter, Johannes und Veronika eine recht trokkene, konventionelle Gestalt- und Gewandbehandlung erfuhren, überraschen vor allem die Schächer und die Söldner durch die bewegte Körpersprache sowie durch die natürlich gebildeten, sprechenden Physiognomien. Die naturnahe Körpermodellierung und der gesteigerte gestische und mimische Ausdruck geben die Kenntnis zeitgenössischer niederländischer Plastik zu erkennen, so daß innerhalb des Werkes verschiedene Muster, unterschiedliches Formengut und individuelle Kenntnisse der Schnitzer synthetisiert worden sind.

Burgemeister (1930); Kat. Slaska (1968) Nr. 87; Sliwa (1976). F. K.

E 28/29 (Farbtafel E 28)
Oberdeutscher Meister
Zwei Glasgemälde mit Darstellung der Kreuztragung und der Beweinung Christi. Um 1490
Farbiges und weißes Hüttenglas, Schwarzlot
H. jeweils 91,5 cm, Br. 58 cm
Wörlitz, Gotisches Haus, Inv. I-645/I-643

Zu den bemerkenswertesten Kunstbeständen im Gotischen Haus, das zwischen 1773 und 1813 im Wörlitzer Landschaftsgarten errichtet wurde, zählt eine Sammlung von über 200 Glasgemälden der Spätgotik, der Renaissance und des Barock. Fürst Leopold III. Friedrich Franz von Anhalt-Dessau konnte diese Kabinettscheiben – sie stammen größtenteils aus der Schweiz – um 1780–1790 vor allem durch die Vermittlung Johann Caspar Lavaters erwerben. Gemeinsam mit zahlreichen »altdeutschen« Gemälden belegen sie ein in der Epoche der bürgerlichen Aufklärung neu erwachendes Interesse an derartigen Kunstwerken. Die beiden ausgestellten Scheiben mit Damasthintergründen gehörten wohl zu einem Passionsfenster, über dessen Standort jedoch nichts bekannt ist. Sie entstanden zu einer Zeit, in der sich die Techniken der Glasmalerei voll entfaltet und damit den künstlerischen Ausdrucksmöglichkeiten der Tafelmalerei angenähert hatten. Eine Zuschreibung an den herausragenden Glasmaler Peter Hemmel aus Andlau läßt sich heute nicht mehr halten. Möglicherweise stammen die Arbeiten aus der Werkstatt eines seiner zeitweiligen Mitarbeiter, etwa des Ratsmeisters oder des Lautenbacher Meisters.

Rahn (1885) Nr. 4 u. 5; Drachenberg u. a. (1979) S. 29 f., Nr. 159. R. A.

E 30 (Abbildung)
Mecklenburgischer Meister (?)
Kruzifixus aus Uenze (Kr. Perleberg). Um 1500
Eichenholz. H. 185 cm
Perleberg, Kreisheimatmuseum

Der grobschlächtige und widersetzliche Ausdruck des Gekreuzigten entspricht erstaunlich weitgehend der zeitgenössischen Vorstellung vom Bild eines der mit Jesus gekreuzigten Schächer. Verstärkt wird dieser Eindruck besonders durch das Fehlen der ursprünglichen Naturhaar-Perücke. Seitenwunde und Dreinagelung sind jedoch sicherer ikonographischer Beleg dafür, daß es sich um die Darstellung des Christus am Kreuz handelt. Dieser so elementar-kraftvolle Kruzifixus scheint fernab von der Blüte artifizieller Schnitzkunst vieles vom zähen und robusten Wesen jener Menschen auszudrücken, denen er als Abbild ihres Erlösers galt. Das bislang unpublizierte Werk konnte noch keiner der in Mecklenburg nachweisbaren Werkstätten zugeschrieben werden. Im Gestaltungstypus, nicht aber in seinem Ausdrucksgehalt, ist ihm ein kleinerer Kruzifixus im Schweriner Museum ähnlich (Inv. 150, vgl. Hegner [1979] Nr. 60). L. L.

E 31
Pancratius Grueber
Vesperbild. Um 1510
Holz. H. 85 cm
Bloßwitz, Ev.-luth. Kirchengemeinde

Die Schmerzensmutter, deren weiter, schwerer Mantel sie zu einem massiven, kompakten Block von gedrungener Wucht aufbaut, birgt den Leichnam des geliebten Sohnes mit behutsamer Gebärde und scheint ihn in ihrem Schoß umhüllen zu wollen. Geschlossenheit der Kontur, groß und ruhig angelegte Gewandpartien sind die formale Übersetzung stiller und würdevoller Trauer. Die von dem Großhainer Meister alpenländischer Herkunft geschaffene Pietà zählt zu den ergreifendsten Werken des Sujets in der sächsischen Kunst des späten Mittelalters.

Hentschel (1926) S. 43. F. K.

E 32 (Farbtafel)
Werkstatt des Matthias Plauener
Vesperbild. Um 1510–1520
Lindenholz, originale Fassung. H. 65 cm
Zeitz, Ev.-luth. Kirchengemeinde St. Stephan und Nicolai

Der in der thüringisch-sächsischen Plastik seit Ende des 15. Jahrhunderts weitverbreitete Typus der Pietà zeigt den Toten, noch dornengekrönt, mit dem Oberkörper nahezu horizontal auf dem Schoß der Mutter liegend. In Gewandstil

E18–27

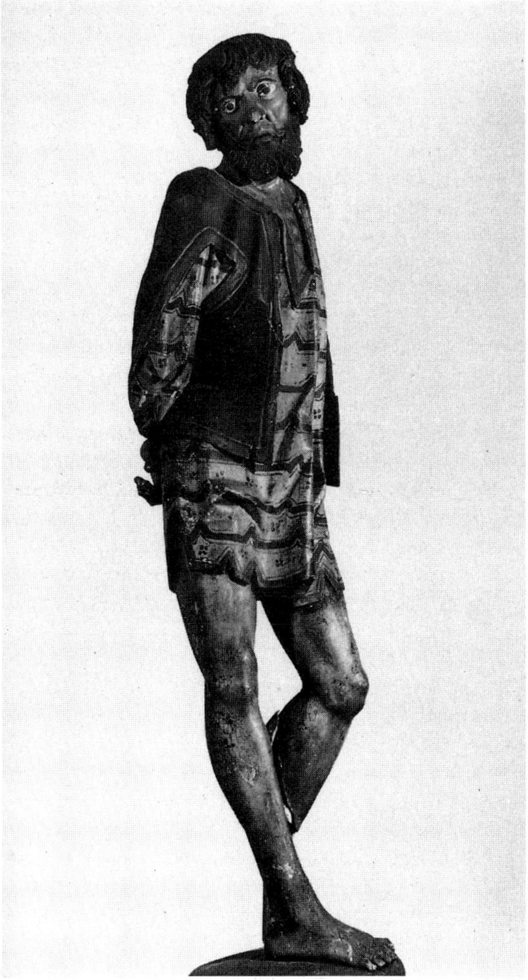
E24

E25

E30

und Gesichtstypus bietet eine um 1520 entstandene Grablegung Christi aus der Plauener-Werkstatt in der Zeitzer St.-Michaelskirche ein gutes Vergleichsbeispiel, so daß auch das Vesperbild als Arbeit dieser Zeitzer Altarwerkstatt bestimmt werden kann. F. K.

E 33
Barthel (Bartholomäus) Bruyn
Ecce homo. Um 1545–1550
Gemälde auf Eichenholz. 70,3 × 49 cm
Leipzig, Museum der bildenden Künste, Inv. 269

Mit den nur im Johannesevangelium (19, 5) überlieferten Worten »Ecce homo« stellte Pilatus den gegeißelten und dornengekrönten Christus dem Volke zur Schau. Ihre ikonographische Ausprägung erhielt diese Station der Passionsgeschichte erst seit Beginn des 15. Jahrhunderts, wobei die volkreiche szenische Darstellung des Geschehens zwischen 1450 und 1550 bevorzugt wurde, so auch mehrfach im Werk von Barthel Bruyn (frühestes Beispiel im Xantener Altar, 1529–1534). Daneben entwickelte sich als Andachtsbild eine auf die Figuren von Christus und Pilatus bzw. die Einzelfigur Christi reduzierte Form, deren Ausgangspunkt im Bilderkreis des gregorianischen Schmerzensmannes zu suchen ist. Diesen Typ des nach 1500 in Italien und Spanien häufiger als im Norden anzutreffenden Halbfigurenbildes gestaltete Bruyn nur in der Leipziger Tafel. Braunfels möchte darin eine Übernahme von Motiven Tizians sehen: des »Ecce homo« im Madrider Prado für die Gestalt Christi und eines Aretino-Porträts für den Kopf des Pilatus. Allerdings bleibt er den Beweis schuldig, wie Bruyn zur Kenntnis dieser Vorbilder gelangt sei und was ihn bewogen haben könnte, Pilatus ausgerechnet mit den Zügen dieses italienischen Satirikers zu versehen. Unbestritten für Bruyns Spätwerk, dem auch unser Bild zuzurechnen ist, ist dagegen die Verarbeitung italienischer, vermutlich durch graphische Reproduktionen vermittelter Anregungen, ohne die der edel geformte Körper Christi kaum zu denken wäre. Und bei einem Künstler, dessen stärkste Leistungen auf dem Gebiet des Bildnisses liegen, ist es auch wahrscheinlich, daß sich in der Figur des Pilatus das Porträt eines Zeitgenossen verbirgt.

Firmenich-Richartz (1891) S. 110; Braunfels (1955) S. 225 f.; Tümmers (1964) S. 103, Abb. S. 217. S. H.

E 34 (Abbildung)
Matthias Grünewald (Kopie)
Christus am Kreuz. Nach 1600
Gemälde auf Kupfer. 19,5 × 14,5 cm
Berlin, Staatliche Museen, Gemäldegalerie
Kat. 1694

Das wahrscheinlich für die Privatandacht geschaffene Täfelchen besticht durch die Suggestion, welche vom geschundenen Corpus Christi ausgeht. Das Gemälde ist eine von zahlreichen Kopien, die nach Grünewalds Klein-Kruzifix (um 1511) im Verlauf des 17. Jahrhunderts angefertigt wurden. Joachim von Sandrart hatte um 1650 das im Besitz des Herzogs Wilhelm V. von Bayern befindliche Stück (Lin-

:34

denholz, 61,6 × 46 cm, heute Washington, National Gallery of Art, Kat. 1379) erstmalig Grünewald zugeschrieben (Sandrart 1675 [1925] S. 82; Zülch [1938] S. 123–131, Anm., S. 324–326). Das Kruzifix gilt als einziges Grünewald-Werk, das im Kupferstich (R. Sadeler, 1605) reproduziert wurde.

Binder (1912) Kolumne 137–140, Abb. 70. R. Mi.

E 35
Albrecht Altdorfer
Die Stäupung des heiligen Florian. Um 1520
Gemälde auf Tannenholz. 81,5 × 66,5 cm
Prag, Nationalgalerie, Inv. DO 987

Der aus dem Gebiet des heutigen Österreichs stammende römische Legionär Florian (geb. 304) wurde wegen seines christlichen Bekenntnisses mit einem Mühlstein um den Hals in der Enns ertränkt. Als Schutzpatron gegen die Feuersbrunst war er seit dem 15. Jahrhundert einer der populärsten Heiligen des Alpengebietes. Gemeinsam mit sechs weiteren Tafeln von Altdorfers Hand, die Szenen aus der Vita St. Florians schildern, wird das Prager Bild zum Floriansaltar der Stiftskirche St. Florian/Oberösterreich gehör haben. Ob es sich gar um eine freie, heute womöglich unvollständige Gemäldefolge handelt, muß ebenfalls erwogen werden. Altdorfers Florianstafeln »sind schlichter, sachlicher, wirklichkeitsgemäßer und verkörpern reiner denn je den Stil volkstümlicher Heiligenlegendenerzählung«. (Benesch S. 25)

E 36

»Die Szene, wie der Heilige mit Stöcken geschlagen wird, ist in der Tafel der Erschlagung des hl. Sebastian [aus St. Florian bei Linz, Werktagsseite des St.-Florian-Altars 1518 – R. Mi.] deutlich vorbereitet.« (Baldass S. 132)

Benesch (1939) S. 47 Nr. 60, Abb. 60; Baldass (1941) S. 131 f., Abb. S. 288; Kotalik (1984) S. 208 f. R. Mi.

E 36 (Abbildung)
Lucas Furtenagel zugeschrieben
Die Verspottung Christi. Um 1540–1545 (?)
Gemälde auf Fichtenholz. 138 × 133 cm
Eisleben, Petrikirche

Das Gemälde bildetete zusammen mit einer Darstellung des Gebets am Ölberg einen einzigen großen Flügel, dessen Verwendung nicht deutlich ist. Der Reichtum an Verkürzungen und sorgfältig beobachteten Physiognomien, das differenzierte Halbdunkel des Raums, durch dessen Fenster ein Rest von Abendlicht spielt, heben das Bild über den Durchschnitt der Arbeiten des Cranachkreises. Die nur hypothetische Zuweisung an Furtenagel, den Meister des Doppelbildnisses Burgkmairs und seiner Frau in Wien, die auf den Verfasser zurückgeht, ist als ein Vorschlag zu betrachten, der Eigenart der beiden Tafeln gerecht zu werden. Erstaunlich ist, zu welcher Wirkung die alten Pathosformeln der Malerei des frühen 16. Jahrhunderts in diesen verhältnismäßig spät anzusetzenden Arbeiten noch zusammengefaßt sind.

Bünsche (1976); Restaurierte Kunstwerke, Kat. Berlin (1980) S. 53. W. S.

E 37 (Farbtafel)
Wolfgang Huber
Der Schmerzensmann. Um 1540
Kreide und Rötel, mit dem Pinsel weiß gehöht, auf ziegelrot getöntem Papier. 172 × 146 mm
Wien, Albertina, Inv. 30746

Die eindrucksvolle Darstellung wirkt wie eine Vorahnung von Guido Renis aufblickendem Christus. Gegenüber dem Gemälde in St. Florian, das das Motiv der Dornenkrönung enthält, wirkt das Gesicht straffer und klarer, wie es dem späteren Stil Hubers entspricht. Das Leiden des Menschen ist zurückgeführt auf den Dialog mit Gott.

Winzinger (1979) S. 104, Nr. 77. W. S

E 38
Lucas Cranach d. Ä.
Verspottung Christi. 1515/1520
Gemälde auf Lindenholz. 42 × 28,2 cm
Prag, Burg-Sammlung, Inv. PHO 256

Eine beklemmende Fülle von blöd dreinschauenden Henkersknechten als Inkarnation von Dummheit und Perversion beherrscht den Bildraum. Alle nur erdenklichen Gemeinheiten werden von ihnen ersonnen, um die menschliche Würde stellvertretend in der Gestalt des Gottessohnes zu erniedrigen. So wird ihm z. B. anstelle des Heiligenscheins die Sitzfläche eines dreibeinigen Schemels über das Haupt gehalten (beachte zur Thematik: Johannes 19,3; Matthäus 26, 67 und Markus 14, 65). Die Tafel ist bereits im ältesten erhaltenen Inventar der Prager Burg von 1685 verzeichnet.

Vgl. auch das Gemälde von Lucas Cranach d. Ä. »Die Verspottung Christi«, um 1515, Holz, 89 × 59 cm, Kunstsammlungen zu Weimar, Schloßmuseum. R. Mi.

Nachträge

Hans Baldung Grien
Beweinung Christi. 1. Hälfte 16. Jh.
Holzschnitt. Blattgr. 222 × 155 mm
Gotha, Schloßmuseum
Inv. 43,49

Hans Baldung Grien
Der Schmerzensmann wird gen Himmel getragen
1. Hälfte 16. Jh.
Holzschnitt. Blattgr. 222 × 155 mm
Gotha, Schloßmuseum
Inv. 43,50

Hans Schäufelein
Verspottung und Dornenkrönung Christi (Dulderszenen)
1. Hälfte 16. Jh.
Kupferstiche. Blattgr. 236 × 159 und 233 × 158 mm
Gotha, Schloßmuseum
Inv. 42,62 und 42,63

Hans Weiditz
Christus mit Leidenswerkzeugen. 1. Hälfte 16. Jh.
Holzschnitt. Blattgr. 284 × 218 mm
Gotha, Schloßmuseum
Inv. 41,8a

Hans Weiditz
Pietà. 1. Hälfte 16. Jh.
Holzschnitt. Blattgr. 291 × 221 mm
Gotha, Schloßmuseum
Inv. 41,8b

Eine Reihe von Kunstwerken aus dem Bestand der Staatlichen Museen zu Berlin sind der ausstellungstechnischen Praktikabilität wegen in den Nachträgen nicht angeführt.

Darüber hinaus können vereinzelt Stücke aus konservatorischen Gründen für die Ausstellung nach Redaktionsschluß noch zugesagt oder abgelehnt werden.

Epilog

Werner Tübke
Frühbürgerliche Revolution in Deutschland. 1979–1981
Mischtechnik auf Holz. 139 × 1230 cm
Berlin, Staatliche Museen, Nationalgalerie
Inv. A IV 602

Einem Vorschlag von Karl Max Kober (1988) folgend, läßt sich die 1 : 10-Fassung des Panoramabildes für Frankenhausen in fünf Abschnitte einteilen, welche auch den Intentionen des Malers entsprechen:

1. Winterlandschaft mit Babylonischem Turm und der ersten Predigt Thomas Müntzers
2. Die Schlacht von Frankenhausen und der Brunnen des Lebens (Farbtafel, Detail)
3. Jüngstes Gericht und Szenen aus dem Alltag mit zwei Selbstbildnissen Werner Tübkes und dessen Gattin zu Pferd
4. Die Große Wiese mit dem gestrandeten Schiff der Handwerker und den historischen Rahmenbedingungen
5. Totenklage in Felsenlandschaft und Erdrutsch

Im Gegensatz zu dem Panoramabild selbst, das den Betrachter an historischer Stätte in Frankenhausen umgibt, ermöglicht die 1 : 10-Fassung ein bequemeres »Ablesen« des Bildes von links nach rechts. Unter Nutzung bildkünstlerischer Quellen der Hochkunst und des volkstümlichen Einblattholzschnitts aus der Zeit der frühbürgerlichen Revolution in Deutschland entfaltet sich auf hochgezogenem Grund eine umfassende Gesamtschau der Zeit, die, entsprechend den erwähnten Abschnitten bzw. »Sätzen« des durch den Titel angegebenen Grundthemas, symphonisch geordnet wird. Die Verwendung zeitgenössischer Quellen, die z.T. bis zum beabsichtigten – und damit objektiv überprüfbaren – Zitat geht, versetzt den Betrachter in die Lage, gemeinsam mit dem Maler über Ursachen, Verlauf, Ausgang und Lehren des Großen Deutschen Bauernkrieges nachzusinnen.

Durch Buschwerk von dem an der Unterkante des Bildes befindlichen Brunnen des Lebens mit einer Gruppe von zwanzig hervorragenden Zeitgenossen und Zeitzeugen aus der Epoche der frühbürgerlichen Revolution getrennt, entfaltet sich das vielfigurige Panorama der Schlacht von Frankenhausen. In betonter Mittelpunktausrichtung das denkmalhafte Idealporträt Thomas Müntzers. Durch die gesenkte Bundschuhfahne in seiner Linken deutet sich die Niederlage der Bauern an, welche jedoch durch die glorifizierte Gestalt des stürzenden Ikarus in die Dimension eines historischen Vorgangs von weiterreichender und bedeutsamer Konsequenz gehoben wird.

Kober (1988). P.Th.

Anmerkungen zu den Beiträgen

Dasein und Vision

1 W. Lenk, »Ketzer«lehren und Kampfprogramme, Ideologienentwicklung im Zeichen der frühbürgerlichen Revolution, Berlin 1976, S. 105
2 E. Ullmann, Albrecht Dürer und die frühbürgerliche Kunst in Deutschland, in: Kunst und Reformation, Hrsg. E. Ullmann, Seemann-Beiträge zur Kunstwissenschaft, Leipzig 1982, S. 89
3 Ders., Lucas Cranach der Ältere, ebenda, S. 45
4 Siehe Anmerkungen 2, S. 98
5 A. Dürer, Schriften und Briefe, hrsg. von E. Ullmann, Leipzig 1971, S. 269

Umrisse des neuen Menschenbildes

1 Bezeichnend dafür sind allein die signierten Arbeiten von Hans Hoffmann, soweit Dürers Vorlagen dazu erhalten sind, vgl. Koreny (1985) Nr. 37, 59, 60, aber selbst eine seiner besten Arbeiten, das »Kleine Rasenstück« von 1584 (Koreny Nr. 65), erscheint kraftlos und unberrscht.
2 Siehe S. 144, Anm. 3
3 Thomas Morus, Utopia, Leipzig 1982, S. 22: »Eure Schafe ... Sie, die gewöhnlich so zahm und genügsam sind, sollen jetzt so gefräßig und wild geworden sein, daß sie sogar Menschen verschlingen sowie Felder, Häuser und Städte verwüsten und entvölkern.« Über »Luthers Beziehungen zu den Bauern« vgl. S. Bräuer, in: Leben und Werk Martin Luthers von 1526 bis 1546, hrsg. von H. Junghans, Band 1. Berlin 1983, S. 457–472
4 Holbeins Alphabet mit der Bauernkirmes
5 G. Habich, Das Gebetbuch des Matthäus Schwarz, München 1910
6 F. Winzinger (1979) S. 71f. Nr. 1; Kat. Kunst der Reformationszeit (1983) S. 271 Nr. 52
7 Franciscus Petrarcha, Von der Artzney bayder Glück, hrsg. von M. Lemmer, Leipzig 1983, Bl. XVII b
8 Vgl. FRR 378, auch 377
9 W. Fraenger, Matthias Grünewald, Dresden 1983, Taf. 47–49
10 Mende (1978) Nr. 546
11 J. Steinmann, Hieronymus, Leipzig 1973, S. 193
12 Hülße (1983) S. 231

Des Bauern Erdenleben

1 1. Buch Mose 3, 6–19
2 Georg Steinhausen, Geschichte der Deutschen Kultur, Wien/Leipzig 1904, Tafel nach S. 202: Die gesellschaftliche Gliederung des Volkes im Mittelalter
3 Martin Luthers Werke, Kritische Gesamtausgabe, 6. Bd., Weimar 1883ff., S. 409
4 »... der gemaine Pawersmann und arbaitend Leut in Stetten oder auf dem Land«, Lindauer Reichstagsabschied von 1497
5 H. Bossert/W. Starck, Das mittelalterliche Hausbuch, Leipzig 1912, Tafel 6ff.
Vgl. auch A. Schmitt, Die Planetenkinderbilder im mittelalterlichen Hausbuch, Magisterarbeit, Bamberg 1988, sowie R. M. Radbruch, Der deutsche Bauernstand zwischen Mittelalter und Neuzeit, München 1941, S. 32–36
6 A. Waas, Die Bauern im Kampf um Gerechtigkeit 1300 bis 1525, München 1976, S. 108
7 P. Brandt, Schaffende Arbeit und bildende Kunst im Altertum und Mittelalter, Leipzig 1927, 1. Bd., S. 145–212
8 G. Sand, Das Teufelsmoor, Leipzig 1961, S. 13
9 Mielke (1988) S. 227–239
10 Stange (1964) S. 53f.
11 Beachte auch J. Kuczynski, Geschichte des Alltags des deutschen Volkes (5 Bd.), Berlin 1980–1982. (Erst für die Zeit ab 1600.)

Visionen vom anderen Sein

1 Goertz (1988) S. 16
2 Im Interesse der Schaffung eines anschaulichen Modells wird hier die facettenreiche geistesgeschichtliche Situation – Täufer/Bauern – stark vereinfacht. Siehe dazu auch Goertz a. a. O.
3 Th. Müntzer, Die Fürstenpredigt, in: Hutten – Müntzer – Luther, Werke in zwei Bänden, hrsg. von S. u. Ch. Streller, Berlin/Weimar 1975, Bd. 1, S. 183 und 201
4 A. Dürer, Schriften und Briefe, hrsg. von E. Ullmann, Leipzig 1978, S. 152
Vgl. auch E. Ullmann, Bauernkrieg – Bildersturm – bildende Kunst, in: Kunst und Reformation, Leipzig 1982, S. 76–86

5 G. Wiederanders, Albrecht Dürers theologische Anschauungen, Berlin 1975, S. 12 f.
6 O. Flake, Ulrich von Hutten, Berlin 1983, S. 18
7 Faksimile: Die Zwölf Artikel der Bauern, in: A. Waas, Die Bauern im Kampf um Gerechtigkeit 1300–1525, München 1976, S. 265
8 Th. Müntzer, Ausgedrückte Emblößung des falschen Glaubens, in: a. a. O., S. 210
9 Goertz (1988) S. 55 f.
10 J. Ludolphy (Hrsg. u. Übers.), Die 95 Thesen Martin Luthers, Berlin 1975, S. 21 (8. These)
11 Dies., a. a. O., S. 21–22 (15. These)
12 Th. Müntzer, in: a. a. O., S. 219
13 Th. Müntzer, in: a. a. O., S. 224
14 Goertz (1988) S. 177
15 Goertz (1988) S. 53
16 A. Waas, Die Bauern im Kampf um Gerechtigkeit 1300 bis 1525, München 1976, S. 247
17 Goertz (1988) S. 64
18 Th. Müntzer, in: a. a. O., S. 226
19 H. Zschelletzschky, Vorgefecht des reformatorischen Bildkampfes. Zu Cranachs Holzschnitt »Himmelwagen und Höllenwagen des Andreas Bodenstein von Karlstadt« von 1519, in: Kunst und Reformation, Leipzig 1982, S. 67–75
20 Die antike Weltzeitaltervorstellung ist sogar in Müntzers Fürstenpredigt, a. a. O. S. 196, bemüht worden.
21 Th. Müntzer, in: a. a. O., S. 238

»Denn der Stein, vom Berge gerissen, ist groß geworden«

1 Martin Luther, Taschenausgabe, Christ und Gesellschaft, Berlin 1982, S. 14–27
2 Thomas Müntzer, Auslegung des anderen Unterschieds Danielis, in: Thomas Müntzer, Schriften und Briefe, hrsg. von G. Franz, Gütersloh 1968, S. 256
3 Martin Luther, Werke Bd. 18, Weimar 1908, S. 295

Bilder des Leids

1 H. Möbius, Passion und Auferstehung in Kultur und Kunst des Mittelalters, Berlin 1978, S. 90

Verzeichnis der Leihgeber

Amsterdam: Rijksmuseum, Rijksprentenkabinet
Augsburg: Städtische Kunstsammlungen
Basel: Historisches Museum, Amerbach-Kabinett; Kunstmuseum (Öffentliche Kunstsammlung), Kupferstichkabinett
Bamberg: Historisches Museum der Stadt
Bautzen: Kath. Domstift St. Petri
Berlin: Staatliche Museen – Gemäldegalerie, Skulpturensammlung, Kunstgewerbemuseum, Kupferstichkabinett, Münzkabinett, Museum für Volkskunde;
Museum für Deutsche Geschichte
Universitätsbibliothek
Konsistorium der Ev. Kirche Berlin-Brandenburg
Bern: Kunstmuseum
Bloßwitz: Ev.-luth. Kirchengemeinde
Braunschweig: Städtisches Museum
Bremen: Kunsthalle, Kupferstichkabinett
Buchholz: Kirchengemeinde St. Katharinen (Annaberg-Buchholz)
Callenberg: Ev.-luth. Kirchengemeinde
Dessau: Staatliche Galerie Schloß Georgium
Dresden: Staatliche Kunstsammlungen – Grünes Gewölbe, Gemäldegalerie Alte Meister, Kupferstich-Kabinett
Eisenach: Wartburg-Stiftung
El Escorial: Monasterio de San Lorenzo el Real
Erlangen: Graphische Sammlung der Universität
Erfurt: Museen der Stadt, Angermuseum
Frankfurt am Main: Historisches Museum;
Museum für Kunsthandwerk;
Städtische Galerie Liebieghaus
Frankfurt/Oder: Ev. Gertraud-Marien-Kirchengemeinde
Freiberg/Sa.: Stadt- und Bergbaumuseum;
Ev.-luth. Domgemeinde
Graz: Steiermärkisches Landesmuseum Joanneum
Gotha: Museen der Stadt, Schloßmuseum;
Forschungsbibliothek
Halle: Staatliche Galerie Moritzburg;
Universitäts- und Landesbibliothek
Hamburg: Kunsthalle;
Museum für Kunst und Gewerbe
Köln: Museum für Angewandte Kunst;
Schnütgen-Museum
Krakau: Wawel-Museum
Kreuzlingen: Privatsammlung
Kroměříz: Schloßmuseum
Leipzig: Museum des Kunsthandwerks;
Museum der bildenden Künste;
Universitätsbibliothek
Leningrad: Staatliche Ermitage
Lieberose: Ev.-luth. Kirchengemeinde Beeskow
Magdeburg: Museen, Gedenkstätten und Sammlungen, Kloster Unser Lieben Frauen
München: Bayerisches Nationalmuseum;
Staatliche Graphische Sammlung
Niedercrinitz: Ev.-luth. Kirchengemeinde
Nordhausen: Kirche St. Blasii, Bibliothek
Nürnberg: Germanisches Nationalmuseum
Oelsnitz: Ev.-luth. Kirchengemeinde
Oslo: Nationalgalerie
Perleberg: Kreisheimatmuseum
Prag: Nationalgalerie;
Nationalmuseum, Bibliothek; Burg-Sammlung
Regensburg: Museen der Stadt
Römhild: Ev.-luth. Kirchengemeinde
Rotterdam: Museum Boymans-van Beuningen
Saalfeld: Thüringer Heimatmuseum
Schmalkalden: Schloß Wilhelmsburg
Schulpforte: Erweiterte Oberschule Pforte
Schwerin: Staatliches Museum
Stade: Schwedenspeicher-Museum
Stuttgart: Staatsgalerie, Graphische Sammlung;
Württembergisches Landesmuseum
Weimar: Kunstsammlungen zu Weimar;
Nationale Forschungs- und Gedenkstätten der klassischen deutschen Literatur, Zentralbibliothek
Wesel: Städtisches Museum – Galerie im Centrum
Wien: Graphische Sammlung Albertina;
Kunsthistorisches Museum;
Österreichisches Museum für angewandte Kunst
Wörlitz: Staatliche Schlösser und Gärten, Oranienbaum, Luisium
Wrocław: Muzeum Narodowe
Zarrentin: Ev.-luth. Kirchengemeinde
Zeitz: Ev.-luth. Kirchengemeinde St. Stephan und Nicolai
Zürich: Privatsammlung
Zwickau: Ratsschulbibliothek

Verzeichnis der Autoren

Reinhard Alex (R. A.) Staatliche Schlösser und Gärten Wörlitz
Renate Barth (R. B.) Kunstsammlungen zu Weimar
Eugen Blume (E. B.) Staatliche Museen zu Berlin, Kupferstichkabinett
Lore Börner (L. B.) Staatliche Museen zu Berlin, Münzkabinett
Pavel Brodsky (P. B.) Bibliothek Nationalmuseum Prag
Ulrich Bubenheimer (U. B.) Reutlingen
Rita Gründig (R. G.) Staatliche Galerie Moritzburg, Halle
Susanne Heiland (S. H.) Leipzig
Bernhard Heitmann (B. H.) Museum für Kunst und Gewerbe Hamburg
Helga Hoffmann (H. H.) Kunstsammlungen zu Weimar
Frank Matthias Kammel (F. K.) Staatliche Museen zu Berlin, Skulpturensammlung
Erika Karasek (E. K.) Staatliche Museen zu Berlin, Museum für Volkskunde
Jutta Koppel (J. K.) Staatliche Kunstsammlungen Dresden, Grünes Gewölbe
Lothar Lambacher (L. L.) Staatliche Museen zu Berlin, Skulpturensammlung
Rainer Michaelis (R. Mi.) Staatliche Museen zu Berlin, Gemäldegalerie
Eva Mühlbächer (E. M.) Staatliche Museen zu Berlin, Kunstgewerbemuseum
Manfred Ohlsen (M. O.) Staatliche Museen zu Berlin
Konrad von Rabenau (K. v. R.) Eichwalde
Werner Schade (W. S.) Staatliche Museen zu Berlin, Kupferstichkabinett
Rita Skolaude (R. S.) Leipzig
Paul Thiel (P. Th.) Berlin
Gerhard Werner (G. W.) Thüringer Heimatmuseum Saalfeld
Angelika Wesenberg (A. W.) Staatliche Museen zu Berlin, Nationalgalerie

Bibliographie

Alfter, Dieter: Die Geschichte des Augsburger Kabinettschrankes. – Augsburg, 1986

Andersson, Chr.: Dirnen–Krieger–Narren. Ausgewählte Zeichnungen von Urs Graf. – Basel, 1978

Andersson, Chr. D.: Religiöse Bilder Cranachs im Dienste der Reformation. – In: L. W. Spitz u. a. (Hrsg.), Humanismus und Reformation als kulturelle Kräfte der deutschen Geschichte. – 1981

Andersson, Chr., und Ch. Talbot: From a Mighty Fortress. Prints, Drawings and Books in the Age of Luther 1483–1546. Katalog. – Detroit, 1983

Andree, R.: Votive und Weihegaben des Katholischen Volks in Süddeutschland. – Braunschweig, 1904

Andrews, K.: Catalogue of Netherlandish Drawings in the National Gallery of Scotland. – Edinburgh, 1985

Anzelewsky, F.: Albrecht Dürer. Das Malerische Werk. – Berlin (West), 1971

Appuhn, H. (Hrsg.): Albrecht Dürer. Die drei großen Bücher. – Dortmund, 1979

Baldass, L. v.: Meister der Historia Friederici et Maximiliani. – Wien, 1938

Baldass, L. v.: Albrecht Altdorfer. – Zürich, 1941

Bange, E. F.: Zur Datierung von Peter Flötners Plakettenwerken. – In: Archiv für Medaillen- und Plakettenkunde. – 3, 1921/1922

Bange, E. F.: Die Kleinplastik der deutschen Renaissance in Holz und Stein. – München o. J. (1928)

Bange, E. F.: Neue Bronzestatuetten für das Deutsche Museum. – In: Amtliche Berichte aus den Preußischen Kunstsammlungen, Berliner Museen. – Berlin. – 50, 1929

Bange, E. F.: Die deutschen Bronzestatuetten des 16. Jahrhunderts. – Berlin, 1949

Barth, R.: Zeichnungen deutscher und Schweizer Künstler des 15. und 16. Jahrhunderts, Ausstellungs- und Bestandskatalog der Kunstsammlungen zu Weimar. – Weimar, 1986

Bartholdi, C.: Pastor Nicolaus Andreae und die Kanzel der Kirche zu Zarrentin. – Wismar, 1907

Bartoš, F. M.: Soupis rukopisu Narodního muzea v Praze (I). – Praha, 1926.

Bartsch, A. v.: Le Peintre-Graveur. Bd. 1–21. – Wien, 1803 bis 1821

Baxandall, M.: Victoria & Albert Museum. South German Sculpture 1480–1530. – London, 1974

Beeh-Lustenberger, S.: Glasgemälde aus Frankfurter Sammlungen. – Frankfurt/M., 1965

Benesch, O.: Der Maler Albrecht Altdorfer. – Wien, 1939

Benesch, O.: Meisterzeichnungen der Albertina. Europäische Schulen von der Gotik bis zum Klassizismus. – Salzburg, 1964

Bergner, H.: Beschreibende Darstellung der älteren Bau- und Kunstdenkmäler der Provinz Sachsen. Kreis Naumburg. – Halle, 1905

Biedermann, G.: Alte Galerie am Landesmuseum Joanneum. Mittelalterliche Kunst. Tafelwerke – Schreinaltäre – Skulpturen. – Graz, 1982

Bilderhefte des Museums für Kunst und Gewerbe, 17 (Deutsche Kleinplastik). – Hamburg, 1975

Bildführer des Museums für Kunst und Gewerbe, 3. – Hamburg, 1972

Binder, A.: Alte Kopie nach einem verlorenen Grünewald. – In: Amtliche Berichte aus den Königlichen Kunstsammlungen. – Berlin, 1912

Birjukowa, N.: Bildteppiche in der Ermitage. – Leningrad, 1965

Bjurstrœm, P.: Nationalmuseum Stockholm. German Drawings. – Stockholm, 1972

Bock, E.: Holzschnitte des Meisters DS. – Berlin, 1924

Bock, E.: Die Zeichnungen in der Universitätsbibliothek Erlangen. – Frankfurt/M., 1929

Bookmann, H.: Die Stadt im späten Mittelalter. – Leipzig, 1986

Boerlin, P.-H.: Die Malerfamilie Holbein in Basel. Katalog. – Basel, 1960

Brant, S.: Das Narrenschiff. Text und Holzschnitte der Erstausgabe 1494. – Leipzig, 1986

Braunfels, W.: Die Ausstellung Barthel Bruyn. – In: Kunstchronik. – 1955

Bronzeplastik. Katalog Erwerbungen von 1956–1973. Bildführer 1. – München, 1974

Brulliot, F.: Dictionnaire des Monogrammes – Bd. 1. – München, 1832

Buchner, E.: Albrecht Altdorfer und sein Kreis. Gedächtnisausstellung zum 400. Todesjahr. – München, 1938

Buchner, E.: Das deutsche Bildnis der Spätgotik und der frühen Dürerzeit. – Berlin (West), 1953

Bünsche, B.: Verleimung, Planierung und Stabilisierung einer verwölbten Holztafel. In: Neue Museumskunde – Berlin. 19, 1976, S. 139–149

Burckhardt,D.: Die Schule Martin Schongauers am Oberrhein. – Basel, 1888
Burgemeister, L.: Die Kunstdenkmäler der Stadt Breslau. – Breslau, 1930
Busch, W.: Lucas van Leydens »Große Hagar« und die augustinische Typologie der Vorreformation. – In: Zeitschrift für Kunstgeschichte. – 45, 1982

Chytil, K.: Vývoj miniaturniho malířstvi za doby králu rodu Jagellonského. – Praha, 1896
Corssen, W.: Altertümer und Kunstdenkmäler des Zisterzienser-Klosters St. Marien und der Landesschule. – Halle, 1868

Dehio, G.: Handbuch der deutschen Kunstdenkmäler. Bezirke Cottbus und Frankfurt/Oder. – Berlin, 1987
Demmler, Th.: Die Bildwerke des Deutschen Museums. – Bd. 3. – Die Bildwerke in Holz, Stein und Ton. Großplastik. – Berlin/Leipzig, 1930
Demmler, Th., und Fr. v. Schrötter: Das Glasgemälde der Schaffhauser Münzstätte von 1565. In: Jahrbuch der Preußischen Kunstsammlungen. – Berlin. – 54, 1933
Demmler, Th.: Der Kanzelträger des Deutschen Museums. Ein Werk des Anton Pilgram. – In: Jahrbuch der Preußischen Kunstsammlungen. – Berlin. – 59, 1938
Denkmale in Sachsen. – Weimar, 1979
Deutsche Kunst der Dürerzeit. Katalog. – Dresden, 1971
Dodgson, C.: Catalogue of Early German and Flemish Woodcuts, preserved in the Department of Prints and Drawings in the British Museum. – London. – Vol. 1: 1903; Vol. 2: 1911
Dodgson, C.: Zum Holzschnittwerke Wolf Trauts. In: Mitteilungen der Gesellschaft für vervielfältigende Kunst. – Wien, 1906, S. 49–53
Dodgson, C.: Die Holzschnitte des Basler Meisters DS. – In: Jahrbuch der Preußischen Kunstsammlungen. – Berlin. – XXVIII, 1907
Dörner, K.: Gemäldekatalog der Staatlichen Schlösser und Gärten zu Wörlitz. – Leipzig, 1967 (maschinenschriftl. Manuskr.)
Drachenberg, E., K.J. Maerker und Ch. Richter: Mittelalterliche Glasmalerei in der DDR. – Berlin, 1979
Dürer, Schriftlicher Nachlaß. Hrsg. von H. Rupprich. – Bd. I–III. – Berlin, 1956–1969
Dvorák, M.: Dürers Apokalypse. – In: Kunstgeschichte als Geistesgeschichte. – München, 1924

Eißengarthen, J.: Mittelalterliche Textilien aus Kloster Adelhausen im Augustinermuseum Freiberg. – Freiberg/Br., 1985
Eyssen, E.: Daniel Hopfer. (Phil. Diss.) – Heidelberg, 1904

Falk, T.: Katalog der Zeichnungen des 15. und 16. Jahrhunderts im Kupferstichkabinett Basel. T. 1. – Basel/Stuttgart, 1979
Firmenich-Richartz, E.: Bartholomäus Bruyn und seine Schule. – Leipzig, 1891
Flechsig, E.: Albrecht Dürer. Bd. 1. – Berlin, 1928
FR und FRR siehe Friedländer, M.J., und J. Rosenberg
Fraenger, W.: Altdeutsches Bilderbuch. Hans Weiditz und Sebastian Brant. Denkmale der Volkskunst. Bd. 2. – Leipzig, 1930
Fraenger, W.: Eine neue Zeichnung Jörg Ratgebs im Dresdener Kupferstich-Kabinett. – In: Bildende Kunst. – 1960, S. 803–805
Fraenger, W.: Jörg Ratgeb. – Dresden, 1972
Friedländer, M.J.: Albrecht Dürer in Nachbildungen. – Bd. 1–7. – Berlin, 1883–1929
Friedländer, M.J.: Handzeichnungen deutscher Meister in der Herzoglichen Anhaltinischen Behördenbibliothek zu Dessau. 1914
Friedländer, M.J., und J. Rosenberg: Die Gemälde von Lucas Cranach. – Berlin, 1932 (auch zitiert als FR), ^{2}1975 (auch zitiert als FRR)
Fritz, J.M.: Gestochene Bilder. Gravierungen auf Goldschmiedearbeiten der Spätgotik. – Köln, 1966
Fründt, E.: Bildwerke aus sieben Jahrhunderten. – Berlin, Bd. II 1972

Gabelentz, H.-C. v. d.: Zeichnungen alter Meister im Kupferstichkabinett des Großherzoglichen Museums zu Weimar. – Frankfurt/M., 1912/1913
Geisberg, M. G.: Der deutsche Einzelblattholzschnitt in der ersten Hälfte des 16. Jahrhunderts. – München, 1924 bis 1929
Gerstenberg, K.: Schnitzaltäre aus der Zeit Kardinal Albrechts in der Umgebung Halles. – In: Jahrbuch der Denkmalpflege in der Provinz Sachsen und in Anhalt. – 1932
Giesecke, A.: Das Bildnis einer Nürnbergerin von Albrecht Dürer im Museum der bildenden Künste in Leipzig. – In: Zeitschrift des Deutschen Vereins für Kunstwissenschaft. – 23, 1969
Glaser, C.: Lucas Cranach. – Leipzig, 1921
Göbel, H.: Wandteppiche. T. 3: Die Germanischen und Slawischen Länder. – Leipzig, 1933
Goertz, H.J.: Die Täufer. Geschichte und Bedeutung. – Berlin 1988
Grossmann, F.: Notes on the Arundel and Imstenraedt Collections. II. – In: Burlington Magazine. – 85, 1944
Gümbel, A.: Dürers »Katharina Fürlegerin«. – Straßburg, 1928 (Studien zur deutschen Kunstgeschichte: 258)

Habich, G.: Die deutschen Schaumünzen des 16. Jahrhunderts. Bd. I. – München (1929 und 1931)
Hagelstange, A.: Die Holzschnitte des Ratonarium Evangelarium. – In: Zeitschrift für Bücherfreunde. – 9, 1905/1906
Hahnloser, H. H., und S. P. Brugger-Koch: Corpus der Hartsteinschliffe des 12. bis 15. Jh. – Berlin (West), 1985
Halm, Ph. M.: Die Landschaftszeichnungen des Wolfgang Huber. In: Münchner Jahrbuch der bildenden Kunst. Neue Folge, Bd. VII, Heft 1, 1930
Halm, Ph. M.: Ikonographische Studien zum Armenseelen-

Kultus. – In: Münchner Jahrbuch der bildenden Kunst. – 12 (1921/22)
Hanckel, H.: Narrendarstellungen im Spätmittelalter (Diss.). – Freiburg/Br., 1952
Hanisch, A.: Kunsthandwerk und Plastik aus Deutschland im Museum des Kunsthandwerks Leipzig. – Leipzig, 1961
Harksen, M.L., und R.Alex: Gothisches Haus Wörlitz. Staatliche Schlösser und Gärten Wörlitz – Oranienbaum – Luisium. – Wörlitz, 1983
Hasse, M.: Benedikt Dreyer. – In: Niederdeutsche Beiträge zur Kunstgeschichte. – München/Berlin. – 21, 1982
Hausherr, R.: Michelangelos Kruzifixus für Vittoria Colonna. – In: Wiss. Abhandlung der Rheinisch-Westfälischen Akademie der Wissenschaften. – XLIV. – Opladen, 1971
Haverkamp-Begemann, E.: Vijf eeuwen tenkenkunst. – Rotterdam, 1957
Hegner, K.: Mittelalterliche Kunst. Staatliches Museum Schwerin. – Bd. 1: Architekturfragmente, Skulpturen und Tafelbilder, Bd. 2: Kleinkunst, Kunsthandwerk. – Schwerin, 1979 und 1983
Heitz, P., und K.Haebler: Hundert Kalenderinkunabeln. – Straßburg, 1905
Held, J.: Marienbild und Volksfrömmigkeit. – In: Frauen-Bild. Männer-Mythen. – Berlin (West), 1987
Heller, J.: Das Leben und die Werke Albrecht Dürers. – Bamberg, 1827
Hentschel, W.: Sächsische Plastik um 1500. – Dresden 1926
Hentschel, W.: Hans Witten. Der Meister H.W. – Leipzig, 1938
Hentschel, W.: Peter Breuer. Eine spätgotische Bildschnitzerwerkstatt. – Dresden, 1951
Hermans, C.: Die Glasgemälde des Freiburger Münsterchors und ihr Meister Hans von Ropstein. (Phil. Diss.) – Freiburg/Br., 1953
Hieronymus, F.: Oberrheinische Buchillustration. Katalog. Bd. 1, 2. – Basel, 1984
Hieronymus, F.: Sebastian Münster, Conrad Schnitt und ihre Baselkarte von 1538. – In: Speculum orbis I 2. – Neustadt a.d. Saale, 1985
Himmelmann, N.: Über Hirten-Genre in der antiken Kunst. – In: Wiss. Abhandlung der Rheinisch-Westfälischen Akademie der Wissenschaften. – LXV. – Opladen, 1980
Hintze, E.: Die deutschen Zinngießer und ihre Marken. Bd. 4: Schlesische Zinngießer. – Leipzig, 1926
Hobusch, C.: Deutsche Schützenkleinodien. – Zerbst, 1927
Hoffmann, F.: Rukopisné sborniky horniho práva. – In: Studie o rukopisech. – 10 (1971)
Hofmann, B.: Kranker und Krankheit um 1500. Die Darstellung der Kranken im Zusammenhang mit den spätgotischen Bildnissen der Heiligen Elisabeth. (Diss.) – Aachen/Herzogenrath, 1983
Hollstein, F.W.H.: Dutch and Flemish Etchings, Engravings, and Woodcuts ca. 1400–1700. Bd. 1–30. – Amsterdam, 1949ff.
Hollstein, F.W.H.: German Engravings, Etchings and Woodcuts ca. 1400–1700. Bd. 1–8. – Amsterdam, 1954 bis 1968
Hugelshofer, W.: Swiss Drawings. Masterpieces of five centuries. Katalog Washington. – 1967
Hülße, F.: Die Einführung der Reformation in der Stadt Magdeburg. – In: Geschichts-Blätter für Stadt und Land Magdeburg. – 18. – Magdeburg, 1883
Hünicken, R.: Halle in der mitteldeutschen Plastik und Architektur der Spätgotik und Frührenaissance 1450–1550. – Halle, 1936
Hupp, O.: Scheltbriefe und Schandbriefe. – München/Regensburg, 1930
Husband, T.: The Wild Man. Medieval Myth and Symbolism. Katalog Metropolitan Museum of Art. – New York, 1980

Jahn, J.: Deutsche Renaissance. – Leipzig, 1969
Jahn, J.: Lucas Cranach d.Ä. Das gesamte graphische Werk. Mit Exempeln aus dem graphischen Werk Lucas Cranachs d.J. und der Cranachwerkstatt. – Berlin, 1972
Jahrbuch der Hamburger Kunstsammlungen. – Hamburg. – 10, 1965

Kammel, F.M.: St. Georg im Drachenkampf. Ein Problemaufriß zu Bildgebrauch und Bildverständnis am Ausgang des Mittelalters. – In: Sprawozdania. – Poznan. (Manuskript, erscheint 1990 in Nr.106 Wydziat Nauk o szuce)
Kammel, F.M.: Zwei Werke Hallescher Bauplastik in der Skulpturensammlung. – In: Forschungen und Berichte 29. Staatliche Museen zu Berlin, 1990
Katalog. Heinrich Aldegrever. Die Kleinmeister und das Kunsthandwerk der Renaissance. Ev. Stadtkirche Unna. – Unna, 1986
Katalog. Heinrich Aldegrever und die Bildnisse der Wiedertäufer. – Münster 1985
Katalog. Apokalypse. Ein Prinzip Hoffnung? Hrsg. von W.Gassen und B.Holeczek. Wilhelm-Hack-Museum. – Ludwigshafen, 1985
Katalog. Der Bauer und seine Befreiung. Kunst vom 15.Jh. bis zur Gegenwart. – Dresden, 1975/1976
Katalog. Die Campesche Historische Kunststiftung. Erwerbungen seit 1945. – Hamburg, 1960
Katalog Albrecht Dürer 1471. 1971. Germanisches Nationalmuseum Nürnberg. – München, 1971
Katalog des Großherzoglichen Museums. – Weimar, 1913
Katalog Wenzel Jamnitzer. Germanisches Nationalmuseum. – Nürnberg, 1985
Catalogue of Paintings 13th–18th Century. Staatliche Museen Preußischer Kulturbesitz. – Berlin (West), ^{2}1978
Killermann, S.: A.Dürers Pflanzen- und Tierzeichnungen und ihre Bedeutung für die Naturgeschichte. – Straßburg, 1910
Klipstein, A.: Käthe Kollwitz. Verzeichnis des graphischen Werkes. – Bern, 1955
Knoblauch, E.: Die Baugeschichte der Stadt Öhringen bis

zum Ausgang des Mittelalters (Ing. Diss.). – Stuttgart, 1970
Kober, K.M.: Reformation – Revolution. Panorama Frankenhausen. Monumentalbild von Werner Tübke. – Dresden, 1988
Koegler, H.: Die Holzschnitte des Baseler Meisters Conrad Schnitt. – In: Monatshefte für Kunstwissenschaft. – 5, 1912
Kohlhaussen, H.: Nürnberger Goldschmiedekunst des Mittelalters und der Dürerzeit 1240–1540. – Berlin (West), 1968
Koepf, H.: Die Heilbronner Kilianskirche und ihre Meister. – Heilbronn, 1961
Koepplin, D., und T. Falk: Lucas Cranach. Gemälde, Zeichnungen, Druckgraphik. – Basel/Stuttgart, Bd. 1: 1974, Bd. 2: 1976
Koepplin, D.: Kommet her zu mir alle. Das tröstliche Bild des Gekreuzigten nach dem Verständnis Luthers. – In: Martin Luther und die Reformation in Deutschland. Vorträge zur Ausstellung im Germanischen Nationalmuseum. – Nürnberg, 1983 – und in: Wissenschaftliche Beibände zum Anzeiger des Germanischen Nationalmuseums. – 8, 1988: Schriften des Vereins für Reformationsgeschichte. –194, 1988
Koreny, F.: Albrecht Dürer und die Tier- und Pflanzen-Studien der Renaissance. – München, 1985
Koschatzky, W., und A. Strobl: Die Dürer-Zeichnungen der Albertina. – Salzburg, 1971
Köster, K.: Ein rätselhafter »Siegeldruck« des 15. Jahrhunderts aus Regensburg. Studien zur mittelalterlichen Wallfahrt nach St. Emmeram und ihren Pilgerzeichen. – In: Bibliothekswelt und Kulturgeschichte. Festgabe für Joachim Wieder. – München, 1977
Kotalik, J., u. a.: Narodní Galerie v Praze. – Praha, 1984
Kriss, R.: Eisenopfer. Das Eisenopfer in Brauchtum und Geschichte. – München, 1957
Kriss-Rettenbeck, L.: Bilder und Zeichen religiösen Volksglaubens. – München, 1963
Kuhrmann, D.: Dürer und seine Zeit. Zeichnungen und Aquarelle aus den Sammlungen Biblioteca Ambrosiana Mailand, Bayerische Staatsbibliothek, Staatliche Graphische Sammlung München. Katalog. – München, 1967
Kuhrmann, D.: Altdeutsche Zeichnungen aus der Universitätsbibliothek Erlangen. Katalog. – München, 1974
Die Kunst der Donauschule 1490–1540. Katalog. – Linz, 1965
Kunst der Reformationszeit. Eine Einführung. – Berlin, 1983
Kunst der Reformationszeit. Katalog Staatliche Museen. – Berlin, 1983
Kunstepochen der Stadt Freiburg. Katalog der Ausstellung. – Freiburg/Br., 1970
Kunsthandwerk der Dürerzeit und der deutschen Renaissance. Ausstellung anläßlich des 500. Geburtstages von Albrecht Dürer. Katalog Staatliche Museen zu Berlin, Kunstgewerbemuseum. – Berlin, 1971
Kunsthandwerk im Grassimuseum. Antike bis Renaissance. Sammlungskatalog. – Leipzig, 1978
Die Brandenburgisch-Preußische Kunstkammer. Eine Auswahl aus den alten Beständen. Staatliche Museen Preußischer Kulturbestiz. – Berlin (West), 1981
Kurth, B.: Die Deutschen Bildteppiche des Mittelalters. Bd. 1–2. – Wien, 1926.
Kurthen, J.: Zum Problem der Dürerschen Pferdekonstruktion. – In: Repertorium für Kunstwissenschaft. – 49, 1924

Landolt, H.: 100 Meisterzeichnungen des 15. und 16. Jh. aus dem Basler Kupferstichkabinett. – Basel, 1972
Lange, P.: Peter Flötner. Ein Bahnbrecher der Renaissance. Auf Grund neuer Entdeckung. – Berlin, 1897
Lapkovskaja: Rabota Jorga Selda v Ermitaźe. In: Soobščenija Gosudarstvennogo ordena Lenina Ermitaža. – Leningrad. – 30, 1969
Le Blanc, M. Ch.: Manuel de l'amateur d'estampes. – Bd. 1–4. – Paris, 1854–1859
Legner, A.: Kleinplastik der Gotik und Renaissance aus dem Liebieghaus. – Frankfurt/M. 1967
Lehrs, M.: Vorlagen für Goldschmied-Gravierungen vom Meister ES. – In: Zeitschrift für christliche Kunst. – 7, 1894
Lehrs, M.: Geschichte und kritischer Katalog des deutschen, niederländischen und französischen Kupferstichs im 15. Jh. Bd. 1–9. – Wien, 1908–1934
Lemper, K. H.: Alte Kunst in Sachsen. Katalog. – Meißen, 1955
Lexikon der Kunst. – Leipzig, 1968 ff. Bd I ^{2}1987
Liebmann, M. J.: Die deutsche Plastik 1350–1550. – Leipzig, 1982
Liedke, V.: Regensburger Bildschnitzer und Schnitzaltäre der Spätgotik. – In: Ars Bavarica. – 8, 1977
Lippmann, F.: Zeichnungen von Albrecht Dürer in Nachbildungen. Bd. 1–7. – Berlin, 1883–1929
Loeffler, H.: Ikonographie des Schmerzenmannes. – Berlin, 1923
Lüdecke, H.: Lucas Cranach in seiner Zeit. – In: Lucas Cranach d. Ä. Der Künstler und seine Zeit. – Berlin, 1953
Lülfing, H., und H.-E. Teitge: Handschriften und alte Drucke. Kostbarkeiten aus Bibliotheken der DDR. – Leipzig, 1981
Luther, M.: Werke. Kritische Gesamtausgabe. Bd. 1: Tischreden. – Weimar, 1912
Martin Luther und die Reformation in Deutschland. Katalog. – Nürnberg, 1983
Lutze, E., und E. Wiegand: Die Gemälde des 13.–16. Jahrhunderts. Katalog des Germanischen Nationalmuseums zu Nürnberg. Text- und Bildbd. – Leipzig, 1936
Lymant, B.: Die Glasmalerei des Schnütgen-Museums. Bestandskatalog. – Köln, 1982

Maedebach, H.: Stadt- und Bergbaumuseum Freiberg. 1: Katalog der Plastiksammlung. – Freiberg o. J. (1955)
Maedebach, H. (Bearb.): Deutsche Bildwerke aus sieben Jahrhunderten. – Berlin, Bd. I: 1958
Magirius, H.: Die Baugeschichte des Klosters Altzella. – Berlin, 1962

Magirius, H.: Der Dom zu Freiberg. – Berlin, 1977
Meder, J.: Dürer-Katalog. Ein Handbuch über Dürers Stiche, Radierungen, Holzschnitte, deren Zustände, Ausgaben und Wasserzeichen. – Wien, 1932
Meier, H.: Die Figur des Narren in der christlichen Ikonographie des Mittelalters. – In: Das Münster. – 1/2, 1955
Meller, S.: Peter Vischer d.Ä. und seine Werkstatt. – Leipzig, 1925
Mende, M.: Hans Baldung Grien. Das graphische Werk. – Unterschneidheim, 1978
Meuche, H., und J. Neumeister: Flugblätter der Reformation und des Bauernkrieges. 50 Blätter aus der Sammlung des Schloßmuseums Gotha. – Leipzig, 1976
Meyer, B.: Mittelalterliche Bronzen. – Hamburg (1960) – (Bilderhefte des Museums für Kunst und Gewerbe; 3)
Meyer, H.: Gemälde von Lucas Cranach dem älteren und jüngeren in Weimar. – In: Die Vorzeit. – Erfurt. – 1, 1817
Meyer, W.: Die Kunstdenkmäler in Schwaben. Bd. VII Landkreis Dillingen a. d. Donau. – München, 1972
Mielke, H.: Albrecht Altdorfer. Zeichnungen, Deckfarbenmalerei, Druckgraphik. Ausstellungskatalog der Staatlichen Museen Preußischer Kulturbesitz. – Berlin (West), 1988
Moeller, B.: Reichsstadt und Reformation. – Berlin, 1987
Möller, L. L.: Die Wilden Leute des Mittelalters, Katalog der Ausstellung im Museum für Kunst und Gewerbe. – Hamburg, 1963
Müller, Ch.: Studien zur Darstellung und Funktion »Wilder Natur« in deutschen Minnedarstellungen des 15. Jahrhunderts (Phil. Diss.). – Tübingen, 1982
Müller, Th.: Katalog des Bayerischen Nationalmuseums München. Die Bildwerke in Holz, Ton und Stein ... – München, 1959
Müller, Th.: Sculpture in the Netherlands, Germany, France, Spain. 1400–1500. – Harmondsworth, 1966
Museen in Köln. – München, 1986
Museum für Kunsthandwerk. Auswahlkatalog 1. – Frankfurt/M., 1987
Musper, Th.: Die Holzschnitte des Petrarcameisters. – München, 1927

Nagler, G. K.: Die Monogrammisten. – Bd. 1–5. – München/Leipzig, 1858–1879
Natur und Antike in der Renaissance. Katalog. – Frankfurt/M., 1985
Noth, W.: Die Wartburg. Denkmal und Museum. – Leipzig, 1985
Nürnberg 1300–1550. Kunst der Gotik und Renaissance. Katalog. – München, 1986

Oehler, L.: Das Dürer-Monogramm auf Werken der Dürerzeit. – In: Städel-Jahrbuch. Neue Folge. – München, 1971
Ohly, F.: Gesetz und Evangelium. Zur Typologie bei Luther und Lucas Cranach. Zum Blutstrahl der Gnade in der Kunst. – Münster, 1985
Osten, G. v. d.: Der Schmerzensmann. – Berlin, 1935
Osten, G. v. d.: Zur Kleinplastik von Hans Wydyz d. Ä. und seiner Werkstatt. – In: Anzeiger des Germanischen Nationalmuseums. – Nürnberg, 1981
Osten, G. v. d.: Hans Baldung Grien. Gemälde und Dokumente. – Berlin, 1983
Oettinger, K.: Anton Pilgram und die Bildhauer von St. Stephan. – Wien, 1951
Oettinger, K., und K. A. Knappe: Hans Baldung Grien und Albrecht Dürer in Nürnberg. – Nürnberg, 1963

Panofsky, E.: Albrecht Dürer. – Bd. 1, 2. – Princeton, 1948
Panofsky, E.: An Unpublished Portrait Drawing by Albrecht Dürer. – In: Master Drawings. Bd. 1. – New York, 1963
Panofsky, E.: Das Leben und die Kunst Albrecht Dürers. – Darmstadt, 1977
Passavant, J. D.: Le Peintre-Graveur. Bd. 1–6. – Leipzig 1860–1864
Pauli, G.: Hans Sebald Beham. Ein kritisches Verzeichnis seiner Kupferstiche, Radierungen und Holzschnitte. – Straßburg, 1901
Petermann, E.: Katalog der Holzschnitte. – In: Kaiser Maximilians Weißkunig. – Hrsg. H. Th. Musper. – Bd. 1 (Textband) Stuttgart, 1956. – S. 101–135
Petrarca, F.: Von der Artzney bayder Glück, des guten und widerwärtigen. – Augsburg, 1532
Petrarca, F.: Glücksbuch. Reprint. – Leipzig, 1983
Pfeiffer, W.: und lobt die Schöne Maria. Ein Votivrelief der Regensburger Wallfahrt von 1520. – In: Anzeiger des Germanischen Nationalmuseums. – Nürnberg, 1983
Pinder, W.: Die deutsche Plastik vom ausgehenden Mittelalter bis zum Ende der Renaissance. – Wildpark-Potsdam, 1924 (Handbuch der Kunstwissenschaft)
Planiscig, L.: Die Bronzeplastiken. Kunsthistorisches Museum Wien. – Wien, 1924
Puhle, M.: Die Belagerung Wolfenbüttels im Jahre 1542. Gemälde in der Großen Dorse des Altstadtrathauses. – In: Miszellen. Städtisches Museum Braunschweig. – 40, 1985

Radeke, F.: Die eschatologischen Anschauungen Bernhards von Clairvaux. – Langensalza, 1915
Rahn, J. R.: Die Glasgemälde im Gotischen Hause zu Wörlitz. – In: Gesammelte Studien zur Kunstgeschichte, Festschrift für das Anton-Springer-Jubiläum. – Leipzig, 1885
Raupp, H. J.: Die Illustration zu Francesco Petrarca. Von der Artzney bayder Glück, des guten und widerwärtigen. – In: Wallraf-Richartz-Jahrbuch. – 45, 1984
Raupp, H. J.: Bauernsatiren, Entstehung und Entwicklung des bäuerlichen Genres in der deutschen und niederländischen Kunst ca. 1470–1570. – Niederzeir, 1986
Rave, P. O.: Die Kunstsammlung Beuths. – In: Zeitschrift des Deutschen Vereins für Kunstwissenschaft. – Berlin. – 2, 1935
RDK (Reallexikon zur Deutschen Kunstgeschichte). – Stuttgart, 1937 ff.

Reinhardt, H.: Holbein und die Basler Reformation. – In: Zeitschrift für Schweizer Archäologie und Kunstgeschichte. – 34, 1977
Renaissance. Katalog der Sammlung für Plastik und Kunstgewerbe im Kunsthistorischen Museum. II. – Wien, 1966
Röber, W.-D.: Peter Breuer. Ein Zwickauer Bildschnitzer. Seine Werke in Stadt und Kreis Zwickau. – Zwickau, o.J. (1979)
Röber, W.-D.: Der Callenberger Altar. – In: Museum und Kunstsammlung Schloß Hinterglauchau. Schriftenreihe. – Glauchau. – 2, 1980
Rockar, J.J.: Abendländische Bilderhandschriften der Forschungsbibliothek Gotha. – Gotha, 1970
Rode, A. v.: Das Gothische Haus zu Wörlitz nebst anderen Ergänzungen der Beschreibung des Herzoglichen Landhauses und Gartens zu Wörlitz. – Dessau, 1818
Rosenberg, J.: Die Zeichnungen Lucas Cranachs des Älteren. – Berlin (West), 1960
Rott, H.: Quellen und Forschungen zur südwestdeutschen und schweizerischen Kunstgeschichte im 15. und 16. Jahrhundert. – 3. Der Oberrhein (Textband). – Stuttgart, 1938
Röttinger, H.: Erhard Schön und Niklas Stör, der Pseudoschön. – Straßburg, 1925
Röttinger, H.: Ergänzungen und Berichtigungen des Sebald-Beham-Kataloges Gustav Paulis. – Straßburg, 1927
Rowlands, J.: The age of Dürer and Holbein. German Drawings 1400–1550. Katalog. – London, 1988
Rupprich, H. siehe Dürer!

Salmen, W.: Musikgeschichte in Bildern. III/9. Musikleben im 16. Jahrhundert. – Leipzig 1976
Die Sammlung Clemens. Katalog. Kunstgewerbemuseum der Stadt Köln. – Köln, 1963
Die Sammlung Dr. Albert Figdor. – Berlin, 1930
Sander, J.: Hans Hesse. Ein Maler der Spätgotik in Sachsen. – Dresden, 1983
Joachim von Sandrarts Academia der Bau-, Bild-und-Malerey-Künste von 1675. Hrsg. A. R. Peltzer. – München, 1925
Sauerlandt, M.: Städtisches Museum für Kunstgewerbe Halle a.d.S. Verwaltung und Erwerbungen des Jahres 1911. – Halle, 1912
Schade, W.: Zum Werk der Cranach. – In: Jahrbuch 1961/62 Staatliche Kunstsammlungen Dresden, 1962, S. 29–49
Schade, W.: Altdeutsche Zeichnungen. Ausstellungskatalog des Kupferstich-Kabinetts der Staatlichen Kunstsammlungen. – Dresden, 1963
Schade, W., und H.-J. Gronau: Lucas Cranach d.Ä. (1472 bis 1553). Lucas Cranach d.J. (1515–1586). Jacob Lucius d.Ä. (1530–1597). Gemälde und Holzschnitte aus Sammlungen der Deutschen Demokratischen Republik. Ausstellung der Staatlichen Museen zu Berlin im Kunstmuseum der Sozialistischen Republik Rumänien. – Bukarest, 1973 (Manuskript)
Schade, W.: Lucas Cranach. Seine Werke in den Sammlungen der DDR. – In: Neue Museumskunde. – Berlin. – 16, 1973
Schade, W.: Die Malerfamilie Cranach. – Dresden, 1974
Scheidig, W.: Katalog der Lucas-Cranach-Ausstellung. – Weimar/Wittenberg, 1953
Scheidig, W.: Die Holzschnitte des Petrarca-Meisters (zu Petrarcas Werk »von der Artzney bayder Glück, des guten und widerwärtigen«). – Berlin, 1955
Schilling, E.: Zeichnungen der Künstlerfamilie Holbein. – Basel, [2]1954
Schilling, E.: Zwei Porträtstudien von Georg Lemberger. – In: Pantheon. – 21, 1963
Schmid, H.A.: Holbeins Tätigkeit für die Baseler Verleger. – In: Jahrbuch der Preußischen Kunstsammlungen. – Berlin. – 20, 1899
Schmitz, H.: Die Glasgemälde des Königlichen Kunstgewerbemuseums zu Berlin. – Berlin, 1913
Schmitz, H.: Bildteppiche. Geschichte der Gobelinwirkerei. – Berlin (1919)
Schmitz, H.: Deutsche Glasmalerei der Gotik und Renaissance. Rund- und Kabinettscheiben. – München, 1923
Schmitz, W.: Die Wallfahrtszeichen zur schönen Maria in Regensburg und die sonstigen Regensburger Marien-Münzen. – In: Mitteilungen der Bayerischen Numismatischen Gesellschaft. – München. – 6, 1887
Schramm, A.: Der Bilderschmuck der Frühdrucke. – Leipzig, 1921 ff.
Schratz, W.: Die Wallfahrtszeichen zur schönen Maria in Regensburg. – In: Mitteilungen der Bayerischen Numismatischen Gesellschaft. – 6 (1887), S. 41–75
Schreiber, W.L.: Handbuch der Holz- und Metallschnitte des XV. Jh. Bd. 1–8. – Leipzig, 1926
Schubert, H.: Wenn Steine reden. 7. Anton Pilgram – der Baumeister, Bildhauer, »Kanzelträger« und »Fenstergucker«. – In: 1487–1987. Kirche Simon und Judas Heutingsheim. – Freiberg am Neckar, 1987
Schuchardt, Ch.: Goethes Kunstsammlungen. 1. Teil. – Jena, 1848
Schuchardt, Ch.: Lucas Cranach des Älteren Leben und Werke. Nach urkundlichen Quellen bearbeitet. – Leipzig – T. II: 1851, T. 3: 1871
Schwarz, O.: Kunst des Mittelalters. – Graz, 1955
Slaska Rzezba Gotycka. Katalog. Wrocław Muzeum Narodowe. – Wrocław, 1968
Sliwa, K.: Grupa »Drogi na Golgote« z Kosziola sw. Marii Magdeleny we Wrosławiu. (Mag.-arb.). – Wrocław, 1976
Spätgotik am Oberrhein. Meisterwerke der Plastik und des Kunsthandwerks 1450–1530 Katalog. Karlsruhe, 1970
Stadt im Wandel. Kunst und Kultur des Bürgertums in Norddeutschland 1150–1650. Katalog. – Braunschweig, 1985
Stange, A.: Malerei der Donauschule. – München, 1964
Starke, E.: Martin Luther. Ein seer gut und nützlichs Bettbüchlein. Kommentarheft. – Leipzig, 1983
Strauss, W.L.: The Complete Drawings of Albrecht Dürer. Vol. 1–6. – New York, 1974

Strauss, W. L.: The Intaglio Prints of Albrecht Dürer. – New York, 1977
Strauss, W. L.: The Woodcuts and Woodblocks of Albrecht Dürer. – New York, 1980
Stuhr, M.: Die Bildwerke des Meisters H. W. – Leipzig, 1985
Suhle, A.: Geld, Münze und Medaille. Führer durch die Schatzkammer des Münzkabinetts. – Berlin, 1957

Talbot, Ch. W.: Dürer in America. His Graphic Work. Katalog. – Washington, 1971
Tavel, H. C. v.: Niklaus Manuel, – Bern, 1979
Thulin, O.: Cranach-Altäre der Reformation. – Berlin, 1955
TIB (The Illustrated Bartsch). Hrsg. v. W. L. Strauss. – New York, 1980ff.
Timm, W.: Die Einklebungen der Lutherbibel mit den Grünewaldzeichnungen. – In: Forschungen und Berichte 1. Staatliche Museen. – Berlin, 1957
Togner, M.: Kresby stařych mistru ve sbírkách Kroměříšského Zámku. – In: Umeni. – Praha. – 26, 1986
Troescher, G.: Der Kanzelfuß der Tübinger Stiftskirche und das Frühwerk des Anton Pilgram. – In: Zeitschrift des Deutschen Vereins für Kunstwissenschaft. – 4, 1950
Trudzinski, M.: Von Holbein zu Brueghel. – In: Niederdeutsche Beiträge zur Kunstgeschichte. – München/Berlin. – 23, 1984
Tümmers, H.-J.: Die Altarbilder des älteren Bartholomäus Bruyn. – Köln, 1964
Turner, E.: Brass. Victoria and Albert Museum. – London, 1982

Ullmann, E.: Lucas Cranach d. Ä. – Bürger und Hofmaler. – In: Kunst und Reformation. – Leipzig, 1982

Verzeichnis der im Großen Jägerhause zu Weimar aufgestellten Gemälde, Zeichnungen und Bildhauerarbeiten. Hrsg. Kunstsammlungen Weimar. – Weimar, 1824
Vetter, E. M.: Der verlorene Sohn und die Sünder im Jahrhundert des Konzils von Trient. – In: Spanische Forschungen der Görresgesellschaft. – 15, 1960

Wallfahrt kennt keine Grenzen. Katalog der Ausstellung im Bayerischen Nationalmuseum. – München, 1984
Waetzoldt, W.: Dürer und seine Zeit. – Leipzig, 1936
Weber, I.: Deutsche, Niederländische und Französische Renaissanceplaketten 1500–1650. Bild- und Textbd. – München, 1975
Weltschätze der Kunst – der Menschheit bewahrt. Katalog der Staatlichen Museen. – Berlin, 1985
Wesenberg, A.: Ein Schreibkabinett mit reformatorischem Bildprogramm aus der Werkstatt Wenzel Jamnitzer und Plaketten von Peter Flötner. – In: Forschungen und Berichte 30. Staatliche Museen zu Berlin
Wielandt, F.: Schaffhauser Münz- und Geldgeschichte. – Schaffhausen, 1959
Wilm, H.: Gotische Tonplastik. – Augsburg, 1929
Wilsdorf, H.: Montanwesen. – Leipzig, 1987
Winkler, F.: Dürerstudien. – In: Jahrbuch der Preußischen Kunstsammlungen. – Berlin – 50, 1929
Winkler, F.: Die Zeichnungen Albrecht Dürers. Bd. 1–4. – Berlin, 1936–1939
Winkler, F.: Die Zeichnungen Hans Süß von Kulmbachs und Hans Leonhard Schäufeleins. – Berlin, 1942
Winkler, F.: Dürer und die Illustrationen zum Narrenschiff. – Berlin, 1951 (Forschungen zur Deutschen Geschichte 36)
Winkler, F.: Albrecht Dürer – Leben und Werk. – Berlin, 1957
Winkler, F.: Die deutschen Werke Nicolaus Hogenbergs von München. – In: Zeitschrift des Deutschen Vereins für Kunstwissenschaft. – 18, 1964
Winzinger, F.: Albrecht Altdorfer. Zeichnungen. Gesamtausgabe. – München, 1952
Winzinger, F.: Albrecht Altdorfer. Graphik. – München, 1963
Winzinger, F.: Wolf Huber. Das Gesamtwerk. – München/Zürich, 1979
Wölfflin, H.: Die Kunst Albrecht Dürers. – München, ^{4}1920, ^{6}1943
Wolter, F.: Bayerische Plastik des 15. und 16. Jahrhunderts. Beitrag zu Forschung und Geschichte. – In: Festschrift des Münchener Altertums-Vereins. – München, 1914

Zülch, W. K.: Der historische Grünewald. Mathis Gothardt-Neithardt. – München, 1938

Verzeichnis der Künstler

Aldegrever, Heinrich
Kupferstecher, Goldschmied und Maler
geb. 1502 Paderboren, gest. 1555/1561 Soest
C 75–C 77

Aelst, Pieter Coecke van
Maler, Zeichner für die Teppichherstellung u. a.
geb. 1502 Aelst, gest. 1550 Brüssel
A 95

Altdorfer, Albrecht
Maler, Kupferstecher und Baumeister
geb. vor 1505, gest. 1541 Regensburg
A 143.1, C 27, C 30, C 31, E 35

Amberger, Christoph
Maler
geb. um 1505 Nürnberg (?), gest. 1561/1562 Augsburg
A 8

Apelles siehe Schwegeler

Baegert, Derick
Maler
um 1440 bis nach 1515 in Wesel/Niederrhein
A 158

Baldung, Hans, gen. Grien
Maler und Zeichner
geb. um 1480 Weyersheim bei Straßburg, gest. 1545 Straßburg, tätig in Freiburg und Straßburg, bischöflicher Hofmaler und Ratsherr
Nachträge C und E

Barbari, Jacopo de', gen. Walch
Maler und Kupferstecher
geb. 1440/1450 Venedig (?), gest. vor 1516 Mecheln
A 10

Beck, Leonhard
Maler und Illustrator
geb. um 1480 Augsburg, gest. nach 1534 ebd.
tätig in Augsburg
Nachtrag B

Beham, Barthel (Bruder des Sebald Beham)
Maler und Kupferstecher
geb. 1502 Nürnberg, gest. 1540 in Italien
Nachträge A und B, C 65

Beham, Sebald (Bruder des Barthel Beham)
Kupferstecher und Maler
geb. 1500 Nürnberg, gest. 1550 Frankfurt/M.
Nachtrag A, D 11

Binck, Jakob
Maler, Kupferstecher und Medailleur
geb. um 1500 Köln, gest. 1569 Königsberg
B 17

Breu, Jörg d. Ä.
Maler und Zeichner
geb. um 1475 Augsburg, gest. 1537 ebd.
A 82, B 11

Breuer, Peter
Bildschnitzer
geb. um 1472/1473 Zwickau, gest. 1541 Zwickau
E 14, E 15

Brosamer, Hans
Maler und Kupferstecher
geb. um 1500 Fulda (?), gest. um 1554 Erfurt
C 57

Bruyn, Barthel (Bartholomäus) d. Ä.
Maler
geb. 1493 Wesel (?), gest. 1555 Köln
A 7, E 33

Burgkmair, Hans d. Ä.
Maler
geb. 1473 Augsburg, gest. 1531 ebd.
D 26

Corthois, Anthony d. Ä.
Formschneider, Maler und Briefmaler
tätig um 1535 in Augsburg und 1560–1563 in Heidelberg
B 21

Cranach, Lucas d. Ä.
Maler und Kupferstecher
geb. 1472 Kronach, gest. 1553 Weimar
A 1, A 2, A 6, A 11, A 15, A 115, A 124, A 168, B 31, B 37, B 55, B 57, Nachtrag B, C 37, C 55, C 56, C 60, C 64, Nachtrag C, D 2, D 12, D 33, E 38

Cranach, Lucas d. J. (Sohn Lucas Cranachs d. Ä.)
Maler und Zeichner
geb. um 1513 Wittenberg, gest. 1586 ebd.
C 74

Dell, Peter d. Ä. (Geselle bei T. Riemenschneider)
Bildhauer und -schnitzer
geb. um 1501, gest. 1552
D 16

Deutsch siehe Manuel

Fotonachweis

Farbaufnahmen

Berlin, Staatliche Museen, Fotowerkstatt, E.-M. Borgwaldt, R. Mai, M. Schrick: A98, C58, Epilog; El Escorial, Monasterio de San Lorenzo el Real: B43; Erfurt, Museum der Stadt, Angermuseum: C74; Graz, Steiermärkisches Landesmuseum Joanneum: D14; Hamburg, Museum für Kunst und Gewerbe: B77; Köln, Schnütgen-Museum: C71; München, Bayerisches Nationalmuseum: B39, D16; München, Privatbesitz: B2; Nürnberg, Germanisches Nationalmuseum: B13; Prag, Nationalgalerie: A12; Regensburg, Museen der Stadt: C3; Wien, Österreichisches Museum für angewandte Kunst: B79; Wien, Graphische Sammlung Albertina: C23, E32, A13; Wörlitz, Staatliche Schlösser und Gärten: C1, E28; Zürich, Privatbesitz: A3; I. Limmer, Bamberg: A160; W. Schönborn, Berlin: A1, A2; M.-P. Treuholz, Berlin: A120; K. Wieckhorst, Leipzig: A139; H. Ziegenfusz, Frankfurt a. M.: C40, C41.

Schwarzweiß-Abbildungen

Berlin, Institut für Denkmalpflege: C66 (Meßbildstelle) E36 (Arbeitsstelle Halle); Berlin, Staatliche Museen, Fotowerkstatt: Vorlagen für die Exponate der Staatlichen Museen zu Berlin; Dresden, Fotothek der Sächsischen Landesbibliothek: Textabbildungen Nr. 4 und 11; G. Bielefeld Wittenberge: E30; R. Dreßler, Weimar: B1, C36; L. Held Weimar: B35, C70; Fotoatelier Schnaase, Zarrentin: Textabbildungen Nr. 6, C78.1, C78.3, C78.4; Claudia Luther Köln: A173; P. H. Treuholz, Berlin: A21, B15.10, D13, E14. Die übrigen Schwarzweiß-Abbildungen stellten die Leihgeber zur Verfügung.

Die Reproduktion der druckgraphischen Werke ist häufig ohne deren Randleisten erfolgt.